U0117189

国家社科基金
后期资助项目
GUOJIA SHEKE JIJIN HOUQI ZIZHU XIANGMU

基于互惠理论的企业合作型原始创新过程与演化研究

李柏洲　高　硕　罗小芳　著

科学出版社

北　京

内 容 简 介

　　本书在创新管理理论、行为经济学理论的基础上构建基于互惠理论的企业合作型原始创新过程与演化的理论框架，进行基于互惠理论的企业合作型原始创新的行为生成机制研究，系统分析互惠条件下企业合作型原始创新的合作形成阶段、知识交互阶段和成果分配阶段中主体间的合作演化问题，并对企业合作型原始创新绩效进行评价，通过构建企业合作型原始创新的共生演化模型，揭示两类原始创新主体在互动过程中如何形成长期稳定的互惠共生关系，在此基础上提出促进企业合作型原始创新稳定发展的对策建议。

　　本书可作为经济学、管理学领域的学者、高校教师、博士研究生、硕士研究生，以及企业管理者的参考用书。

图书在版编目（CIP）数据

基于互惠理论的企业合作型原始创新过程与演化研究 / 李柏洲，高硕，罗小芳著. —北京：科学出版社，2024.6

国家社科基金后期资助项目

ISBN 978-7-03-078545-9

Ⅰ. ①基… Ⅱ. ①李… ②高… ③罗… Ⅲ. ①企业创新－经济合作－研究－中国 Ⅳ. ①F279.23

中国国家版本馆 CIP 数据核字（2024）第 101576 号

责任编辑：邓　娴 / 责任校对：王晓茜
责任印制：张　伟 / 封面设计：有道文化

科学出版社出版
北京东黄城根北街 16 号
邮政编码：100717
http://www.sciencep.com

北京中石油彩色印刷有限责任公司印刷
科学出版社发行　各地新华书店经销
＊

2024 年 6 月第 一 版　开本：720×1000　B5
2024 年 6 月第一次印刷　印张：13 3/4
字数：250 000

定价：**148.00 元**
（如有印装质量问题，我社负责调换）

国家社科基金后期资助项目
出版说明

后期资助项目是国家社科基金设立的一类重要项目，旨在鼓励广大社科研究者潜心治学，支持基础研究多出优秀成果。它是经过严格评审，从接近完成的科研成果中遴选立项的。为扩大后期资助项目的影响，更好地推动学术发展，促进成果转化，全国哲学社会科学工作办公室按照"统一设计、统一标识、统一版式、形成系列"的总体要求，组织出版国家社科基金后期资助项目成果。

全国哲学社会科学工作办公室

前　言

习近平总书记在党的二十大报告中指出："以国家战略需求为导向，集聚力量进行原创性引领性科技攻关，坚决打赢关键核心技术攻坚战。加快实施一批具有战略性全局性前瞻性的国家重大科技项目，增强自主创新能力。加强基础研究，突出原创，鼓励自由探索。提升科技投入效能，深化财政科技经费分配使用机制改革，激发创新活力。加强企业主导的产学研深度融合，强化目标导向，提高科技成果转化和产业化水平。强化企业科技创新主体地位，发挥科技型骨干企业引领支撑作用，营造有利于科技型中小微企业成长的良好环境，推动创新链产业链资金链人才链深度融合。"①创新是引领发展的第一动力，原始创新是创新发展的基石，以企业为主导进行产学研融合原始创新是实现我国科技自立自强、破解"卡脖子"问题的重要平台和有效支撑，是创新驱动发展战略的关键环节。随着数字经济的深入发展，以企业为主导的创新模式也在发生深刻变化，伙伴选择、合作博弈、知识交互、互惠共生、价值共创、利益共享、演化共进等越来越成为企业合作型原始创新绩效的关键词。

为了促进企业进一步提升企业合作型原始创新水平，不断提高企业合作型原始创新绩效，为企业原始创新决策提供依据，本书以企业合作型原始创新为研究对象，运用行为经济学的互惠理论、创新理论对企业合作型原始创新过程与演化进行系统研究，对企业合作型原始创新绩效的重要影响因素进行深入探讨与分析。本书按照"理论分析—推理演绎和实证研究—对策建议"的思路展开研究：第一，通过梳理国内外已有的研究成果，分析企业合作型原始创新和互惠理论的相关理论，构建基于互惠理论的企业合作型原始创新过程与演化的理论框架；第二，探究互惠条件下企业合作型原始创新的行为生成机制及合作形成阶段、知识交互阶段和成果分配阶段中主体间的合作演化问题；第三，建立企业合作型原始创新绩效评价模型；第四，构建企业与高校和科研机构的共生演化模型，揭示两类原始创新主体在互动过程中如何形成长期稳定的互惠共生关系；第五，提出促进

---

① 中国共产党新闻网-人民网. 党的二十大报告[EB/OL]. [2024-03-29]. http://cpc.people.com.cn/GB/64162/448633/.

企业合作型原始创新稳定发展的对策建议。

本书是在国家社科基金后期资助项目"基于互惠理论的企业合作型原始创新过程与演化研究"（项目编号 19FGLA001）的资助下完成的。

本书是三位作者密切合作的结晶，李柏洲负责全书的总体设计和统稿，并负责撰写第 1、2 章，高硕负责撰写第 3、4、5、6、8、9 章，罗小芳负责撰写第 7 章。作者在项目研究和书稿撰写过程中参考了国内外学者大量相关文献，这些文献对作者的研究和写作提供了良好支撑，在此一并表示感谢！

诚然，企业原始创新研究还是一个崭新的研究领域。虽然作者深耕相关研究领域十余年，但由于作者水平有限，书中难免有诸多疏漏与不足之处，敬请广大读者批评指正，以便今后进一步深入研究和修改完善。

李柏洲　高　硕　罗小芳

2024 年 2 月 26 日

目　　录

第1章 绪 论

1.1 研究背景、目的及意义

1.1.1 研究背景

创新是推动人类社会进步的重要力量，是一个国家、一个民族持续发展的根本动力。创新驱动发展战略实施以来，我国经济社会发展取得了巨大成就。事实上，引进—消化—吸收—再创新是许多后发国家实现技术创新赶超的重要途径，我国自改革开放以来也通过此途径推动了经济的持续发展。但是，近年来，经济社会发展环境发生了深刻变化，百年变局与世纪疫情交织，国内外环境日益复杂，我国经济发展进入新常态，全球新一轮科技革命和产业变革正在加速演进，传统的技术进步、经济增长模式已难以为继。因此，要塑造国际竞争新优势，必须依靠新引擎以培育新的经济增长点。2021 年 3 月由十三届全国人大四次会议表决通过的《中华人民共和国国民经济和社会发展第十四个五年规划和 2035 年远景目标纲要》为新阶段经济社会发展确定了主题、指明了方向。"十四五"时期，我国经济社会发展要以推动高质量发展为主题，坚持创新驱动发展，把科技自立自强作为国家发展的战略支撑，加快建设科技强国。

近年来，尤其是党的十八大以来，我国研发经费投入显著增长，原始创新能力有了很大提升。2021 年我国全社会研发经费投入强度接近经济合作与发展组织（Organisation for Economic Co-operation and Development，OECD）成员的平均水平；世界知识产权组织（World Intellectual Property Organization，WIPO）发布的全球创新指数排名显示，中国从 2012 年的第 34 位上升至 2021 年的第 12 位；2021 年的基础研究经费是 2012 年的4.588 倍，达 1817 亿元，占全社会研发经费投入的比例为 6.50%，达到历史最高值。我国在基础研究领域的国际影响力大幅提高，在探月工程、载人航天、量子反常霍尔效应、诱导多功能干细胞、中微子振荡等方面取得重大创新成果；部分领域实现了从跟跑到并跑，甚至达到领跑的转变，如高铁、人工智能、移动支付、第五代移动通信技术（5th-generation mobile communication technology，5G）网络、量子通信、智能驾驶、区块链、北斗导航等。

然而，当前受保护主义上升、全球市场萎缩等因素影响，世界经济发展低迷，世界格局日趋复杂严峻，我国关键核心技术受制于人。作为世界经济强国的龙头，美国在基础研究领域的巨额投入奠定了它在基础科学研究方面的雄厚实力和世界领先地位。21世纪以来，美国全社会研发经费投入的年均增长率为4.8%，2012年美国全社会研发经费投入已经接近5000亿美元[1]，其基础研究经费占全社会研发经费投入的比例已达到19%[2]，而且以企业为主导的研发经费投入强度始终高于政府的研发经费投入强度，在真正意义上实现了由政府主导向企业主导的转变[1]。与美国相比，我国在推动原始创新能力提升的过程中还存在投入不足、产学研融合程度有待提升、关键核心技术创新亟待突破、基础研究能力相对不足等制约因素。从根本上说，这是基础理论研究跟不上、源头和底层的创新问题没有搞清楚造成的。

以基础研究为根本的原始创新能力是决定国家发展水平的核心竞争力，只有加强自主科技创新，特别是原始创新，才能在关键领域不被"卡脖子"，掌握主动权，建立完整、稳定且不受制于人的产业链、供应链，这对构建国内国际双循环新发展格局具有重要的作用。与此同时，基础研究是实现原始创新的重要抓手，是促进产生更多"从0到1"突破性创新的根基，能够进一步释放创新的潜能，推动经济社会高质量发展。高科技能够主导全球供应链的配置布局，只有掌握关键核心技术，才能提升产业链和供应链现代化水平，打造未来发展新优势。这将对基础研究提出新的更高的要求。由此可见，实现科技自立自强，促进更高质量的经济社会发展并构建国内国际双循环新发展格局必须建立在基础研究和原始创新的深厚根基之上。

在推进中国式现代化过程中，发挥企业的科技创新主体作用是非常必要的。《中华人民共和国国民经济和社会发展第十四个五年规划和2035年远景目标纲要》指出完善技术创新市场导向机制，强化企业创新主体地位，促进各类创新要素向企业集聚，形成以企业为主体、市场为导向、产学研用深度融合的技术创新体系。在我国，部分具有国际竞争优势的领军企业普遍拥有很高的原始创新能力。WIPO发布的全球国际专利申请报告显示，2021年，华为技术有限公司（简称华为）的专利申请量高达6954件，位居全球第一，OPPO广东移动通信有限公司以2208件和京东方科技集团股份有限公司以1980件分列第六、第七，中兴通讯股份有限公司（简称中兴通讯）以1493件排位第十三。目前，华为在全球各地设立了多个研究院所，还和领先运营商成立了若干联合创新中心。华为坚持每年将10%以上的销售收入投入研发。截至2021年末，中兴通讯拥有约8.4万件全球专利申请量，历年全球累计授权专利约 4.2 万件，同华为一道均是全球 5G 研究、标准制定的主要贡献者和参与者。以华为和中兴通讯为典型代表的国际化的中国企业的发展充分印证了在国际竞争中原始创新的重要作用。然而，原始创新通常具有很强的探索性和未知性，是一种高投入、高风险、长期性的创新活动，要求企业具备雄厚的科研实力和极强的抗风险能力。此外，原始创新涵盖两大领域——纯基础研究和应用基础研究，导致原始创新主体具有多样化的特征[3]。因此，当企业仅凭自身内部资源和能力而难以实现原始创新时，通过与高校和科研机构以合作形式进行的合作型原始创新，是企业获取创新源的有效途径。以华为为例，2010 年 3 月，华为创新研究计划（Huawei Innovation Research Program，HIRP）面向全球发布，它是一项长期的开放合作模式和联合创新机制。HIRP 主要关注对新技术、新领域及用创新思路解决传统问题的研究与合作，前身是 1999 年设立的"华为高校基金"。截至 2017 年底，全球已有多位诺贝尔奖获得者、100 多位国际计算机学会（Association for Computing Machinery，ACM）和电气电子工程师学会（Institute of Electrical and Electronics Engineers，IEEE）的院士及数千名专家学者参与 HIRP，覆盖全球 30 多个国家和地区，300 多所高校、科研机构及 900 多家企业，资助超过 1200 个创新研究项目。在欧洲，华为已与 140 多所高校、科研机构建立了合作关系，并与 200 多位专家学者、150 多个学术机构开展了技术合作。合作双方共同努力，通过协同创新，构建开放共赢的产学研生态系统，促进产业发展。华为构建的高校和科研机构合作是一种伙伴式的、通过发挥各自优势不断进行技术创新的过程。知识在合作过程中得到了有益的双向流动，一方面，华为得到了学术界的基础技术，另一方面，专家学者得到了工业界的大量隐性知识。华为之所以在外部环境剧烈变化过程中岿然不动，与其长期实施企业主导的合作型原始创新战略密切相关。由此可知，企业合作型原始创新要在强化企业主体地位的同时，加强各类创新主体之间的联动、创新主体之间的融通创新，加强企业之间、企业和高校/科研机构之间的协同互动，激发知识重组过程中的创新潜力，加快知识流动，进而提升创新的整体效能。

尽管企业合作型原始创新是企业获取创新源、保持竞争优势及实现高收益的有效途径，但是由于参与主体的成员来自不同的组织，不同主体之间的合作往往具有非长期性和不可预见性，一些主体为追求自身利益最大化，在很大程度上会采取机会主义行为，导致合作一方为保护自己的核心知识不泄露给对方而降低知识共享的意愿和努力程度，破坏彼此间的关系信任，增加了企业合作型原始创新的风险，使得企业合作型原始创新陷入个体利益和其他主体利益及共同利益相冲突的合作困境，不利于合作的稳定发展。

传统经济学以完全理性经济人为假设，即经济主体纯粹追逐自己利益的最大化且不关心其他经济主体的利益，这一假设的产生可以追溯到亚当·斯密的《国富论》。近些年来，随着行为经济学的逐渐兴起，越来越多博弈实验的证据表明，经济主体并不是完全理性的自私个体，他们的行为不仅受到利益的驱使，而且受到互惠、非公平规避等社会偏好的影响。这些实验的结果对传统经济学的完全理性经济人假设提出挑战。作为行为经济学的理论基础，互惠理论认为经济主体追逐自身利益，兼顾对他人利益的关注[4]。行为经济学家在此基础上对传统经济学的人性假设进行了修正，并建立了反映新行为偏好的经济理论，旨在说明由于经济主体在一定条件下具有合作的倾向，在适当的环境中会产生合作行为。互惠理论在物质激励、最优契约及合作行为治理等方面起到不容忽视的作用。

鉴于企业合作型原始创新存在的合作困境问题，从行为经济学的互惠理论视角研究企业合作型原始创新过程与演化显得尤为迫切和必要。这对杜绝机会主义行为，降低企业合作型原始创新的风险，治理合作困境，促进企业与高校和科研机构合作关系的稳定发展，以及我国企业原始创新能力的提高具有重要的理论和实践意义。

1.1.2 研究目的及意义

1. 研究目的

本书的研究目的如下：界定企业合作型原始创新的概念，分析企业合作型原始创新的参与主体及其特征，构建基于互惠理论的企业合作型原始创新过程与演化的理论框架；探究互惠条件下行为生成机制、合作形成阶段、知识交互阶段和成果分配阶段中主体间的合作演化问题；建立企业合作型原始创新绩效评价模型，并通过构建企业合作型原始创新的共生演化模型，揭示两类原始创新主体在互动过程中如何形成长期稳定的互惠共生关系；在此基础上，提出促进企业合作型原始创新稳定发展的对策和建议，以期在丰富互惠理论、创新管理理论的同时，为我国企业提高原始创新能力提供依据和参考。

2. 研究意义

1）理论意义

从现有文献看，国内外学术界对于企业原始创新的研究还处于初级阶段，关于企业合作型原始创新的研究更是缺乏，从行为经济学的互惠理论视角对企业合作型原始创新的过程与演化研究则鲜有涉及。虽然对于非亲缘关系主体的合作演化问题一直是社会学、心理学的研究热点，但已有研究多侧重企业内部个体、团队层面的互惠理论研究，对于企业层面两类主体间合作过程的互惠理论研究较少；同时，学术界对企业原始创新理论与方法研究明显不足。因此，本书在界定企业合作型原始创新内涵的基础上，构建基于互惠理论的企业合作型原始创新过程与演化的理论框架，探究互惠条件下行为生成机制、合作形成阶段、知识交互阶段和成果分配阶段中主体间的合作演化问题，拓展原始创新研究领域，进一步丰富互惠和合作演化理论、企业原始创新理论，弥补相关研究成果的不足，对创新管理学科发展具有重要价值。

2）实践意义

大力加强基础研究及原始创新是实现我国科技自立自强、解决关键核心技术"卡脖子"问题、提高企业自主创新能力的重要途径。鉴于国际竞争环境日益复杂严峻，且我国企业原始创新能力普遍相对薄弱，展开对我国企业合作型原始创新的过程与演化研究具有重要的现实意义和实践价值。参与创新主体增加，企业合作型原始创新的复杂性随之增加。因为参与创新主体的成员来自不同的组织，不同主体之间的合作普遍具有非长期性和不可预见性，既没有非契约关系基础，又不易观测到成员的努力程度，所以不同主体之间存在个体利益和其他主体利益及共同利益相冲突的合作困境。本书基于互惠理论和演化博弈论，从合作行为动机的视角探究企业合作型原始创新的演化过程，提出促进企业合作型原始创新稳定发展的对策和建议，对企业治理原始创新过程中的合作困境，促进企业与高校和科研机构合作关系的稳定发展，以及我国企业原始创新能力的提高具有重要借鉴意义。

1.2　国内外研究现状

1.2.1　国外刊物研究现状

1. 原始创新相关研究

1）原始创新内涵

国外对原始创新内涵的研究源于对创新的研究。20世纪初，奥地利经济学家熊彼特（J.A.Schumpeter）首次提出"创新"这一概念，并给出定义：创新是建立一种新的生产函数或供应函数的数量关系，是在生产体系中首次应用一种新的生产要素和生产条件的组合[5]。美国科学研究发展局局长Bush 在《科学：永无止境的前沿》（*Science：The Endless Frontier*）报告中提出新产品和新工艺（应用性原始创新）是以新概念和新原理（基础性原始创新）为基础的，而作为科学研究的产物，这些新概念和新原理对技术发明起到重要作用[6]。Barber 在《科学与社会秩序》（*Science and the Social Order*）中多次提到科学创新，其主要指科学发现或者发明，可将其看作原始创新的雏形[7]。赖欣巴哈在《科学哲学的兴起》一书中提到原始创新是一种采用新技术并创造出新产品和新工艺的全新创新，属于根本性创新[8]。Goldenberg 等通过研究提出原始创新是由创新内部要素的变化导致的，并将原始创新视为一种新的问题解决方案，具有不连续性、动态性和难以预测性等特征，与原有方案相比，它能以一种更有效的方式来降低系统的复杂程度[9]。托马斯·库恩认为科学主要是指基础研究尤其是纯基础研究，基础性原始创新不同于应用性原始创新，其更侧重原始创新的基础性，是在科学积累的基础上，从危机阶段开辟一个全新的研究领域和研究方向的过程，这种改变不仅包括研究领域最基本的理论概括，而且包括研究范式的重建和应用[10]。Zhu 等认为原始创新是指企业取得前所未有的重大科学发展、技术进步或原创的领先技术，使得企业在某些方面取得巨大的市场价值、经济价值和社会价值，它是技术创新领域和高新技术研究领域基础研究的根本性创新，它创造新的知识和理论，使企业获得全新的自主知识产权[11]。Heinze 认为原始创新是指一项具有重要的科学价值及具备颠覆性的科学研究，该研究具有高度的独创性，一般包括理论、方法、经验现象及研究工具的重大发现与创造[12]。Hochberg 等从生物学角度将创新定义为一系列具有新颖性、前所未有的发明，在生物学上体现在突变，在社会文化和技术上体现在新发现、想法或者设备[13]。

2）原始创新模式

就目前外文文献的检索情况而言，暂时没有和原始创新模式直接相关的文献，可以参考国外学者对技术创新模式的研究来研究原始创新模式。按照产生根源，学者提出了五代技术创新模式，分别是技术推动模式、需求拉动模式、交互作用模式、"链环—回路"模式、系统集成和网络创新模式[14]。从技术创新模式的发展过程中可以看出它呈现出从企业自身的简单线性模式逐渐向协同合作的网络模式过渡的特点。其中，"链环—回路"模式包含产学研合作的思想，涉及基础研究的主体（高校和科研机构），基础研究是知识生产的主要源泉，知识生产又是原始创新的基础，因此，可以借鉴"链环—回路"模式间接地研究原始创新模式。该模式是 Kline 和

Rosenberg 率先提出的，他们认为技术创新过程是一个多路径、多回路、战略集成的并行过程，并揭示了科学研究与创新之间的互动关系[15]。技术创新不仅涉及企业，而且包括相关的高校和科研机构等，后者主要从事基础研究，是应用性技术创新的基础[16]。20 世纪 80 年代后期，美国经济学家甘地（Grander）分别以企业和高校以及两者互动的视角，对其合作行为进行了数理分析。这标志着对合作创新的研究已经逐渐走向系统分析阶段[17]。该成果可视为对企业与高校间合作型原始创新模式的研究雏形。Bolton 总结了技术创新网络模式中七种产学合作的形式[18]。Liyanage 研究了研发合作网络形成创新集群的过程，概括了技术创新网络模式的若干合作形式[19]。Cohen 等对技术创新网络模式中产学研合作的形式进行了研究，研究表明出版物和书面报告是最主要的产学研合作形式，非正式的信息交流、咨询及公开的会议也是常见的产学研合作形式[20]。Drejer 和 Jørgensen 研究发现高校和科研机构的知识产出不能直接提高产业的技术能力，而是需要一个"溢出"过程；这种合作可以产生技术创新，但由于缺乏相关制度的支持阻碍了合作[21]。Saariluoma 等从微观层面提出了一种快速地将高校的基础研究知识传递到企业产品开发过程的创新模式[22]。Joly 通过对以往关于创新模式文献的回顾来分析创新模式的演化，在基于创新的线性模式占主导地位的基础上，提出了三种替代模式：用户创新模式、分布式创新模式、社会创新模式[23]。

　　3）原始创新过程

　　目前国外关于原始创新过程研究的相关文献很少，可以参考学者对创新过程、技术创新过程和突破性创新过程等的相关研究。Rothwell 总结了20 世纪 50～90 年代的五代企业创新过程模型，包括技术推动、市场拉动、耦合互动、一体化和系统集成网络模型[24, 25]。Chaminade 和 Roberts 在此基础上提出了基于知识和学习的第六代企业创新过程模型，更强调创新过程中知识的创造、获取、转移、整合、运用及企业的学习能力[26]。Ma 和 Nakamori 通过构建多主体模型，探究了在结构选择、环境选择及两者相互作用下技术创新的演化过程[27]。Galanakis 提出了一种新的动态创新系统概念——创意工厂，其核心创新过程由公共和工业研究的知识创造、新产品的设计和开发，以及产品的成功商业化三个子系统组成[28]。Song 和 Swink 实证研究了营销-制造整合机制在突破性创新过程不同阶段的作用，结果发现，该机制只在突破性创新过程的前期阶段起到显著作用，而对后期阶段的作用并不显著[29]。Koppinen 等提出了一种并行研究的创新过程，以促进研究成果的产生[30]。Ali 等提出了一个技术创新过程中的知识吸收能力模型，主要包括知识的传授、知识的模仿、知识的改进和知识的创新[31]。van Lancker 等提出了组织创新系统的概念，认为突破性创新过程应该是一个非线性的、反复学习的过程，主要包括三个阶段：创意开发阶段、发明阶段和商业化阶段[32]。Kahn 总结分析了创新的含义，将创新视为一种结果、过程和心态，当创新作为一种过程时特别关注创新的组织方式和应该如何组织创新，此过程包含发现、开发和交付三个阶段[33]。Jasinski 认为技术创新过程是一个越来越频繁的松散集合，并且是分散的过程，而不是有序的、多阶段的过程[34]。

4）企业合作型原始创新

就目前外文文献的检索情况而言，暂时没有和企业合作型原始创新直接相关的文献，可以参考学者对企业合作型技术创新的相关研究。Kalaignanam 等认为规模不对称的研发联盟企业间进行合作创新可以实现双赢，但是机会主义行为会导致其投入不足，影响合作的有效性[35]。Antoncic 和 Prodan 指出组织支持、成员数量和价值取向的一致性对战略联盟企业的合作技术创新存在重要影响[36]。Bosch-Sijtsema 和 Postma 研究了企业合作创新中的能力共享及合作的治理机制[37]。Diestre 和 Rajagopalan 探究了研发联盟中企业合作伙伴的选择问题[38]。Xie 探究了企业合作创新效应的影响因素，以及合作创新效应和创新绩效之间的关系[39]。Wu 提出了技术合作对产品创新的影响取决于市场竞争和行业技术密集度[40]。Zhang 等构建了供应链系统中跨组织合作创新的知识分工决策模型[41]。Vásquez-Urriago 等分析了科技园的位置对合作创新的影响及相应的促进机制[42]。Müller 等研究了巴西的企业合作创新网络，认为大量公司可以通过合作组建网络，该网络可以共享风险和资源，提供信息和解决方案的权限，还可以促进产品和流程的创新[43]。Jiang 等运用合作博弈法分析企业技术创新合作的利益分配机制，并根据夏普利（Shapley）值法，提出了一种可以保持稳定合作关系的利润分配机制，研究发现，企业间的协同系数大于 0 时，每个成员都可以通过合作联盟提高技术创新的收益[44]。Nie 等研究了企业合作绿色创新，运用演化博弈法分析合作绿色创新过程中的行为演化，结果表明，排污税激发了企业间的合作绿色创新，同时发现了搭便车的现象[45]。

2. 产学研合作创新相关研究

国外学者对产学研合作创新的研究主要包括以下方面：产学研合作创新的促进因素（包括合作动机、政府政策的支持和合作的演进过程）；产学研合作创新过程中的知识转移；产学研合作创新的模式；产学研合作创新的绩效。

1）产学研合作创新的促进因素

学者从合作动机、政府政策的支持和合作的演进过程等方面研究促进因素。在合作动机方面，Santoro 和 Gopalakrishnan 指出企业与高校和科研机构合作的目的在于希望得到对方的互补性资源，由合作主体之间资源的互补性产生协同效应，为合作者带来丰厚的潜在利益[46]。Eom 和 Lee 通过对韩国创新调查数据的实证研究，发现分担成本和风险是企业产学研合作创新的动机[47]。Broström 通过与研发经理访谈的形式调查发现开发或改进产品（工艺）是产学合作的主要动机[48]。Ankrah 等研究发现产学研合作的动机是寻求稳定合作而非控制[49]。de Moraes Silva 和 Vonortas 研究发现产学研合作的主要决定因素是规模、校外研发和产品创新，校外研发似乎是主导因素[50]。在政府政策的支持方面，美国学者 Etzkowitz 和 Leydesdorff 提出三螺旋（triple helix）理论，其本质是通过增强高校、企业和政府三者之间的互动以促进创新资源的不断整合及创新系统的螺旋上升[51]。Etzkowitz 和 Dzisah 研究了三螺旋发展模型，通过鼓励人员在高校、企业和政府三者之间的流动来提高彼此的互动能力[52]。Chen 等将三螺旋关系定义为复杂的交织混合体，研究了外部资助对官产学创新绩效的影响[53]。Leydesdorff 等提出了三螺旋关系的定量测度方法，采用基于香农（Shannon）信息熵的三螺旋算法并开发了相应的软件[54]。Farinha 基于三螺旋案例研究认为产学研合作之间的知识和技术转移过程应该有政府干预，以利用合作机会并消除可能存在的合作障碍[55]。Li 等基于三螺旋理论构建了中国农业官产学研合作创新网络演化模型，分析了官产学研合作创新网络演化的特征[56]。在合作的演进过程方面，de Fuentes 和 Dutrénit 总结了产学互动的三个主要阶段，即合作驱动力、互动渠道和感知的合作收益，并研究了合作驱动力对互动渠道及互动渠道对感知的合作收益的影响[57]。Plewa 等认为产学研合作过程中的人员间信任关系能驱动并确保合作在不同阶段的顺利进行[58]。Pu 等利用锂电池存储领域专利数据，从时间维度上分三个阶段讨论了锂电池存储领域产学研合作创新网络的演进，指出三个阶段没有连续的、单一的中心模式[59]。

2）产学研合作创新过程中的知识转移

Meyer-Krahmer 和 Schmoch 通过对德国高新技术行业产学研合作的研究，发现在合作过程中，知识转移的路径不只是从高校向企业的单向流动，而是双向流动[60]。Abbasnejad 等认为企业从高校获取知识的能力受到企业自身资源禀赋及组织特征的影响[61]。Lee 研究发现隐性知识转移困难，促进了企业通过直接吸收学术人力资本以实现多种形式的组织整合[62]。

Fernández-Esquinas 等通过分析外部创新系统中的转移机制，研究了高校和企业之间的知识转移问题[63]。Azagra-Caro 等通过一个高度引用的学术专利案例，探究了产学研合作创新中知识转移的正式和非正式渠道，以及两者之间的动态互动对地方经济的影响[64]。Makkonen 等通过对欧洲邻国跨境合作创新的研究，发现合作成员之间的文化和技术差异促进了跨境的知识转移[65]。Cao 和 Li 采用仿真分析法分析了产学研合作创新网络中知识转移的演化规律，结果表明，与高校和科研机构相比，企业的知识转移进化更深，随着网络规模的扩大，它们之间的知识转移进化深度差距逐渐拉大[66]。Figueiredo 和 Fernandes 运用文献计量法分析了产学研合作过程中知识转移的发生机制，并总结了目前产学研合作创新的主要主题与趋势，包含三螺旋模型、知识转移、合作的决定因素和战略联盟[67]。

3）产学研合作创新的模式

Schartinger 等认为产学研合作模式中的委托和合作模式之间具有此消彼长的关系，当其中一种模式被过多运用时会减少对另外一种模式的运用[68]。Grimpe 和 Hussinger 认为产学研合作模式可以被划分为具有互补关系的正式和非正式合作模式，两种合作模式有助于提高创新绩效[69]。Motoyama 通过分析日本纳米技术发展的两个案例探究了产学研中更多非正式合作模式，研究表明，高校是发展研发人员网络的枢纽，它不仅实现了技术的转移，而且培养了企业研发人员获取知识的思维过程[70]。Xiang 等认为在云计算时代，云计算和云服务平台为产学研合作创新提供了更好的机制，在其合作创新过程中资源共享、信息传递、协同研发会变得更佳[71]。Wang 和 Jing 构建了基于模糊决策控制算法的校企协同创新最优发展路径模型，分析了自主创新与开放式创新有机结合的新格局中产学研合作创新的最优路径[72]。

4）产学研合作创新的绩效

Bonaccorsi 和 Piccaluga 基于企业和高校的合作关系不只是关系的交换，更重要的是组织机构和合作过程，提出了产学研的系统评价模型[73]。Barnes 等基于对影响产学研合作创新的因素进行案例分析，构建了产学研合作有效性的评价模型[74]。von Raesfeld 等研究了合作双方的技术异质性和价值链互补性对商业化绩效的影响[75]。Wu 等实证研究了特定投资，以及正式契约和关系信任两种治理机制对合作创新项目绩效的影响[76]。Xia 等通过研究创新人才投入、开放式创新环境与产学研合作创新成效的关系，得到创新人才投入对产学研合作创新成效具有倒 U 形影响，当创新人才投入达到一定值时，开放式创新环境的调节作用会减缓其下降的正边际效应[77]。Ai 实证研究了产学研合作型企业的关系质量和吸收能力对创新绩效的影响，并强调吸收能力对于企业创新的关键作用[78]。

3. 互惠理论相关研究

礼物交换是互惠理论的雏形[79, 80]，后被扩展到精神领域[81]。人们对互惠理论的正式研究始于生物学领域。生物学家 Hamilton 提出亲缘选择（kin selection）理论，从个体角度解释了具有血缘关系的群体间的合作利他行为，认为亲缘关系越近，合作利他行为倾向越强[82]。但是该理论无法对非亲缘关系个体间的合作利他行为做出恰当的解释。为此，哈佛大学生物学家 Trivers 提出了互惠利他理论，如果未来重复交易的概率足够大，那么双方在博弈过程中会倾向于选择合作行为，即非亲缘关系个体间可以以利益交换的方式来实现合作[83]。随后，Axelrod 和 Hamilton 进一步发展了该理论，认为即使利益存在冲突的个体间也会有合作的可能[84]。互惠利他理论也称直接互惠理论，是基于个体间的直接相互作用。Nowak 和 Sigmund 提出间接互惠理论，并建立了基于印象计分（image scoring）的间接互惠模型[85]。Nowak 进一步指出当个体选择合作后，在间接互惠的作用下，通过声誉机制会得到群体中其他成员的回报[86]。在此基础上，Gintis 提出了强互惠理论，即群体中的个体会为了群体利益，不惜付出巨大代价也要惩罚破坏合作的个体[87]。

学者在行为经济学研究中开展了一系列检验互惠理论的实验[88-90]，包括最后通牒博弈[91-93]、礼物交换博弈[94-96]、公共物品博弈[97-100]和信任博弈[101-103]等，发现互惠广泛存在于人们的行为中且影响人们的决策，使得个体行为既受到个人利益影响，又受到包括对互惠追求在内的社会偏好的影响[104]。此外，还有学者从进化理论视角为互惠偏好的存在提供理论依据，Takezawa 和 Price 首次提出了互惠偏好能在大规模群体中进化出来的观点[105]。Moreno-Okuno 和 Mosiño 将个人嵌入群体中，通过构建序贯互惠模型分析了利益之和最大化的结果是一个连续的群体互惠均衡，拓展了群体互惠理论[106]。Ito 等构建了一个合作的计算模型，个体通过基于直接互惠、间接互惠、广义互惠及第三方倾向选择策略，重复进行囚徒困境博弈，研究发现，只有当个体进化为以直接互惠或间接互惠为主时，才能实现高水平的合作[107]。Zonca 等通过实验方法发现，在社会群体中人们会依据间接互惠来权衡他人的建议或意见，这反映了人类之间信息传递过程中的一种规范扭曲[108]。

学者通过构建演化模型刻画互惠偏好，如基于结果公平的费尔-施密特（Fehr-Schmidt，FS）模型[104]和公平-互惠-竞争（equity, reciprocity, and competition，ERC）模型[109]、基于动机公平的拉宾（Rabin）模型[110]与杜夫温伯格-科契斯泰格尔（Dufwenberg-Kirchsteiger）序贯互惠模型[111]、基于结果公平与动机公平相结合的福尔克-菲施巴赫尔（Falk-Fischbacher，FF）模型[112]和一般化公平互惠模型[113]、基于机会公平的困境博弈与交替式互惠模型[114]。还有学者从回报的平等性、即时性和利益性解释互惠偏好[115]，总结了互惠的形式，包括广泛互惠、平衡互惠和负面互惠[116]，并测量了互惠程度[117]。Molm研究发现互惠形式决定了社会交换类型，随之产生了不尽相同的影响机制和结果[118]。Li等研究发现积极互惠和消极互惠的倾向程度影响互惠行为的回报，具体而言，积极互惠的倾向程度越高导致的收益分配越多，消极互惠的倾向程度越高导致的收益分配越少[119]。Gong和Yang通过一个随机匹配的囚徒困境实验研究人们如何使用高阶信息来辅助做出合作决策，研究发现，合作取决于间接互惠形式而非直接互惠形式，声誉分数的建立和判断会显著影响合作意向[120]。Szcześniak等通过以往研究经验构建了下游间接互惠的测量量表，该量表考虑了结构和心理测量特征[121]。

4. 合作演化相关研究

合作演化研究始于生物学领域，而演化博弈是研究合作行为产生的重要方法。关于合作演化博弈方面的研究主要围绕两类经典博弈模型展开，即囚徒博弈模型和雪堆博弈模型。针对囚徒博弈中合作演化的研究，Axelrod和Hamilton以囚徒博弈为背景，在演化均衡策略的基础上建立了演化博弈模型，分析了参与者的合作行为[84]。Ockenfels指出虽然理论研究表明不合作是囚徒博弈模型的一种占优均衡，但无论是在一般囚徒博弈模型还是在次序囚徒博弈模型中，合作偏好都能达到一种演化均衡[122]。Bach等研究了在N人囚徒博弈中的合作演化问题[123]。Liu等通过研究遗传率对囚徒博弈中合作演化的影响，发现遗传率的增加可以提高合作者的比例[124]。El Seidy和Almuntaser研究了囚徒博弈中合作演化的具体机制，如亲缘选择、群体选择、直接和间接互惠，结果发现，多种机制组合比单种机制更能促进合作行为的发生[125]。Núñez Rodríguez和Neves基于囚徒困境演化博弈方法，分析了由总是背叛、几乎以牙还牙、慷慨三种个体组成的策略的合作演化问题[126]。Knight等对迭代囚徒困境莫兰（Moran）过程中的策略进行了实证研究，检验进化随着自我认知机制的出现对合作演化的影响，结果表明，收益最大化策略相对较弱的入侵抵抗力不如握手机制策略在进化上稳定[127]。Li等研究发现网络的异质性越高，越有利于合作的产生和传播[128]。Shi等研究了囚徒困境中的合作问题，针对同时多种群的加入，分析了相关个体和种群之间合作行为的演变[129]。Bahel等基于囚徒困境博弈模型，在研究其合作演化过程中增加了参与者事前沟通环节，研究发现，合作频率会随着撒谎收益的增加而减少，随着参与者更加注重诚实，合作可能会更少[130]。

针对雪堆博弈中合作演化的研究，Hauert 和 Doebeli 研究发现空间结构往往抑制了雪堆博弈中的合作演化[131]。Lee 等研究了基于鲍劳巴希-阿尔贝特（Barabási-Albert，BA）无标度网络的 N 人雪堆博弈的合作演化问题[132]。Ni 等研究了在有限理性和有限信息的条件下，N 人雪堆博弈的合作演化问题[133]。Xu 等将惩罚机制加入 N 人雪堆博弈模型，构建了复制动力学下三种策略演化频率的动态方程，研究了惩罚机制对合作演化的影响[134]。Su 等针对以往研究中空间结构可能不利于雪堆博弈中合作的结论，提出了多元交互动态模型，使得每个个体可以同时与不同的相邻个体合作或背叛，结果发现，空间结构有利于雪堆博弈中合作行为的发生[135]。Li 等基于雪堆博弈研究了有影响力的人对合作演化的影响，仿真结果表明，有影响力的人相比普通人更能促进合作行为[136]。Pu 等在雪堆博弈的铲雪成本中加入时间成本，探究时间成本对合作演化的影响，结果表明，合作频率随着时间成本占比的增加而提高[137]。Zhu 和 Liu 研究发现雪堆博弈中策略更改的次数可用于促进合作，虽然单次最大收益只能由背叛者获得，但在进化博弈中合作者更有可能获得稳定的收益[138]。

还有学者基于网络博弈的视角研究合作演化问题。Nowak 和 May 提出空间囚徒博弈，研究发现，如果个体分布在二维方格网络上，并且每个个体只和相邻个体进行博弈，合作行为便会涌现并维持某种特定的稳定状态[139]。Santos 和 Pacheco 研究发现无标度网络更能促进合作，而且合作现象在雪堆博弈中更容易涌现[140]。Langer 等通过数值仿真研究了空间网格上囚徒博弈的策略入侵过程[141]。Wu 等研究了动态社会网络如何影响网络中的合作水平，以网络中连接个体的边为研究对象，根据连接个体策略属性将边分为三种类型，赋予相应的断边重连概率，结果表明，连接合作者和背叛者的边断开的概率越大，合作演化越容易[142]。Luo 等研究了在相互依存网络上引入自愿参与附加策略的囚徒博弈的演化问题，结果表明，合作密度受到自愿参与和两个耦合网络相互依存强度的显著影响[143]。Su 等对社会互动网络如何控制亲社会行为问题进行了探索，通过构建演化模型分析了当行为受到社会情境限制时合作的演化，结果表明，社会情境化行为激发了合作[144]。Wang 等探究了自然环境中有限且不均匀的资源分布网络对合作行为的影响，研究表明，资源贫乏会促进网络成员之间的合作和可持续的发展[145]。

1.2.2 国内刊物研究现状

1. 原始创新相关研究

1）原始创新内涵

国内关于原始创新内涵的研究主要如下。中国科学院院士白春礼提出原始创新是基础研究的灵魂[146]。中国科学院院士徐冠华提出原始创新是指在基础研究和高新技术研究领域创造出前所未有的创新成果[147]。叶鑫生认为原始创新是指研究者首次提出科学研究的新思想和新方法，即具有原始性和唯一性，并且其研究结果将开拓新的领域、带来新的科学发展[148]。邹承鲁等认为原始创新是重大项目的突破性创新[149]。陈雅兰等认为原始创新是探究事物的运行规律或解决关键技术的过程[150]。973 计划基础研究共性重大问题战略研究组将原始创新分为科学上的和技术上的两方面。前者主要包括开拓新领域、引领新方向及培育新学科，其成果表现为发现新现象、形成新的理论体系；后者侧重技术上的突破，主要表现为新产品、新工艺等的重大发明；后者也会对前者起到促进和推动作用[151]。陈劲等在论述基础研究与原始创新中指出，原始创新体现在首次的重大发现，包含基础的概念、理论和技术方法，同时在国际上具有突破性，其结果直接能够推动该领域学科范式的变革[152]。陈民芳等认为原始创新能够使企业突破核心技术并率先实现创新成果转化[153]。舒成利和高山行认为原始创新活动包括新知识的生产和对新知识的应用两个阶段，并基于知识生产方式将原始创新分为纯基础研究原始创新和应用基础研究原始创新[3]。苏屹提出大型工业企业原始创新的概念，即通过利用内外部资源在应用基础研究或高技术领域获得新成果并市场化的过程[16]。裴云龙等指出企业原始创新是企业研发出前所未有的、拥有自主知识产权的、突破性的创新[154]。李妹和高山行从企业角度阐释了企业原始创新是自主创新形式之一，是企业依靠自身能力展开的新的且具有突破性和自主知识产权的高水平创新[155]。原长弘等基于以往原始创新含义的回顾与分析，将企业原始创新能力定义为以企业为主体，通过整合内外部创新资源，做出新的发现和发明，从而形成自主知识产权和核心技术的原创性创新能力[156]。王聪从知识生产过程出发，提出了不同的见解，认为原始创新并非一种结果，而是一项研究活动[157]。王云飞阐释了基础前沿科学原始创新的含义，指出该原始创新是创新能力中的最高级，是通过全球最前沿的新的科学知识、规律、发明技术进行研究所获得的首次创新[158]。程磊指出原始创新是根植于基础研究并在前沿科学领域取得重大突破，继而引发的一系列创新性活动[159]。余江等阐释了重大原始创新的含义，该创新具有重大的影响力和根本性的变革，包括基础研究的重大突破和高端技术的根本性创新，需要依靠跨学科、大纵深、开创性的研究，实现科学技术的前沿性，并拓展人类知识的边界[160]。韩晨和高山行在研究员工导向提升企业原始创新的机制中提出，原始创新是企业自主研究和开发的空前的、突破性的、具有知识产权的新产品、新技术、新发明的过程[161]。顾超基于科学史视域，以高温超导研究为例，运用科学史的方法诠释了"从 0 到 1"的原始创新：①深刻改变研究领域的整体格局，开辟新的研究领域；②具有颠覆性的范式革新，建立或直接催生新的范式[162]。

2）原始创新模式

目前，国内对原始创新模式的直接研究成果主要如下。沈超和王学力基于创新主导者角度将原始创新分为三种模式：①由政府主导，通过加强平台建设，以支持重大项目；②由企业主导，通过集成创新优势，使得产学研密切结合；③由高校主导，通过强化基础研究，以创造知识产权优势[163]。苏屹在此基础上又提出了第四种模式——孤立型原始创新，并针对以上四种模式，分别对大型工业企业原始创新模式的演进和运行进行了超循环分析和动力学分析[16]。韩晨和高山行从市场学习角度研究市场学习活动对原始创新能力的影响从而增强企业竞争力，认为企业原始创新在强调自主研发和创新的同时并不是闭门造车，也需要持续学习、吸收外部高价值的知识和信息[164]。刘立春通过梳理制药行业原始创新模式的演化历程，归纳了其内在规律[165]。

3）原始创新过程

国内对原始创新过程的研究源于对技术创新过程的研究。叶金国和张世英认为技术创新过程是知识从产生、创造到应用的进化过程，经历的是从无序到有序、从旧结构到新结构的自组织演化过程[166]。张子刚等提出企业技术创新过程包括研发活动、设计、生产、市场投放及与此相关的管理活动，分析了知识管理对企业技术创新过程的影响机理[167]。汪寅等按时间序列将原始创新过程分为原始创新的孕育、激发、验证和扩散四个阶段，从知识螺旋角度研究了原始创新的演化机制[168]。檀润华等从发明问题解决理论中需求进化定律的角度提出了一类原始创新的过程模型[169]。石芝玲和和金生从知识发酵理论视角研究了技术创新过程[170]。涂振洲和顾新从知识流动视角研究了产学研协同创新过程，将其分为知识共享、知识创造及知识优势形成三个递进的演化阶段[171]。刘小花和高山行认为原始创新的触发机制包括产生创新想法、形成创新概念、确定设计、确定元件知识、完成创新原型和商业化等一系列过程，并从实践团体及其嵌入网络的角度研究了触发机制模型的运作机理[172]。杨燕和蔡新蕾将原始创新分为三个阶段，即创造性想法的提出和创新概念的形成、创新原型的构建和创新产品的推出，以及创新产品的商业化，在动机性信息处理理论的基础上，从利益相关者视角研究了原始创新的触发机制[173]。苏屹等基于复杂系统科学研究方法构建了理论分析框架，以屠呦呦获诺贝尔生理学或医学奖为例，对原始创新的产生过程进行了分析[174]。王晨筱等从全流程角度构建了颠覆性创新扩散过程模型，研究指出颠覆性创新扩散过程包含创意产生、创新产品的开发、侵蚀非主流市场、占据主流市场四个阶段[175]。王健等基于组织遗忘和即兴角度探究了企业原始创新过程，并进一步分析了环境动态性在组织遗忘与企业原始创新之间的正向调节作用[176]。

4）企业合作型原始创新

目前国内学者对企业合作型原始创新的相关研究很少。郑登攀和党兴华分析了合作创新中的技术溢出对中小企业合作倾向的影响[177]。李玲研究了企业间的依赖关系对企业合作绩效的影响[178]。黄健柏和白冰运用实物期权理论研究了电动汽车企业合作技术创新中不同阶段的投资决策问题[179]。郑登攀和党兴华还研究了网络嵌入性对企业合作技术创新伙伴选择的影响[180]。杨皎平等从集群企业类型和技术创新类型角度研究了企业间的关系强度对合作技术创新的影响[181]。单英华和李忠富以住宅建筑行业为例，通过构建演化博弈模型研究了企业间合作技术创新的机理[182]。苏先娜和谢富纪分别研究了企业间存在合作和不存在合作的两类合作技术创新，通过构建相应的演化博弈模型，分析了企业合作技术创新策略的选择问题[183]。苏先娜和谢富纪还研究了不同情况下产学合作技术创新的策略博弈，并构建了"弱国无外交"模型对其收益分配进行博弈分析[184]。孙玉涛和臧帆研究了企业选择不同区域的研发合作对其创新绩效的影响[185]。吴言波和邵云飞实证研究了联盟组合重构对企业合作创新绩效的影响，结果表明，结构性重构和功能性重构均对企业合作创新具有正向的影响[186]。张芳和蔡建峰分析了政府支持方式对军民企业合作技术创新的影响[187]。宋潇和张龙鹏研究了成渝地区的优质跨域合作创新的驱动逻辑，研究指出，在知识邻近、技术邻近、地理邻近及制度邻近因素共同作用下，通过跨组织合作促成其合作创新的形成[188]。张洓贤等实证研究了组织间信任与被信任感对于企业合作创新的影响，信息共享质量在此影响过程中具有部分中介作用[189]。池睿等基于交易成本理论和社会交换理论，对不同类型专用性投资如何影响组织间合作创新绩效进行了实证分析，并将战略信息共享加入合作研究框架[190]。

2. 产学研合作创新相关研究

国内学者对产学研合作创新的研究主要包括以下方面：对国外产学研合作创新的借鉴；产学研合作创新模式、动机和利益分配的相关研究；三螺旋理论研究；产学研合作创新网络、知识转移和创新绩效的相关研究。

1）对国外产学研合作创新的借鉴

国内学者对国外产学研合作创新的借鉴如下。陈劲和张学文从多元角度对官产学合作创新的独特模式进行了研究[191]。许长青通过对美国案例的研究指出了产学新型合作伙伴关系的突出特征[192]。施莉莉基于日本高校和企业创新体制的演变，研究了政府在促进高校和企业协同创新中的积极作用[193]。赵东霞等考察了国外高校科技园在三螺旋的相互作用下形成的三种具有代表性的官产学协同创新模式[194]。孙天慈和孟宇对比研究了英国与美国产学研协同创新的差别，发现英国的低水平政策干预未能促使高校在市场导向下发挥高质量学术知识的经济效益，并建议政府应该在产学研合作创新中合理施为[195]。

2）产学研合作创新模式、动机和利益分配的相关研究

国内学者对产学研合作创新模式的研究如下。仲伟俊等根据合作双方在合作过程中的作用和技术转移特点，划分了六种产学研合作技术创新模式[196]。鲁若愚等将产学研合作创新模式分为技术转让、委托研究、联合攻关、内部一体化、共建基地和共建实体六种形式[197]。李梅芳等通过问卷调查的方式对产学研合作的七种模式进行对比分析，提出基于使用频率的产学研合作模式三梯度结构[198]。马家喜和金新元总结了以高校为主导兴建的企业模式和以企业为主导的集成创新模式两种产学研合作创新模式，并通过构建动态博弈模型分析了合作关系和控制权对第二种模式的影响[199]。董睿和张海涛将产学研协同创新模式演进过程分为三个阶段，分别是技术转让、联合研发和共建实体[200]。

还有学者对产学研合作的动机进行了研究。秦玮和徐飞以产学双方合作为动机，研究了双方不同的动机及其产生的行为对合作绩效的影响[201]。徐静等系统分析了影响产学研合作的动力因素与阻力因素，并提出了产学研合作的帆船动力机制模型[202]。章熙春和蒋兴华分别从定性和定量视角分析了产学研战略联盟的合作动机对联盟绩效的影响机理[203]。马文聪等对产学研合作中合作伙伴选择和知识共享对合作绩效的影响进行了实证探索，研究发现，伙伴匹配性通过影响知识分享进一步影响合作绩效[204]。朱桂龙和杨小婉研究了产学研合作动机及合作过程中的博弈问题[205]。盛永祥等

从技术因素角度构建了基于技术成熟度和技术创新度的产学研合作创新博弈模型[206]。

此外，学者还研究了产学研合作博弈中最优利益分配的比例问题。罗利和鲁若愚将 Shapley 值法应用在产学研合作利益分配的博弈分析中[207]。詹美求和潘杰义构建了校企合作创新的利益分配模型，并确定了最优利益分配系数[208]。鲍新中和王道平通过对产学研合作的博弈分析，指出产方可以通过技术创新成本补贴方式来刺激学研方的技术创新；合作博弈情况下的技术创新规模和整体收益都比非合作博弈高[209]。游达明和宋姿庆通过构建产学研生态技术合作博弈模型，探究了各方合作过程中决策的演化机理，研究表明，政府征收高额污染税及给予创新激励津贴将有助于调节产学研双方的利益分配，以实现帕累托最优均衡[210]。

3）三螺旋理论研究

三螺旋理论突出了政府、企业和高校的协同演化关系。方卫华系统地介绍了三螺旋的概念起源、理论发展、含义、模型结构，以及其对公共政策的指导意义[211]。饶凯等运用三螺旋理论研究了隶属于政府部门的研发投入对高校技术转移的影响[212]。庄涛和吴洪运用三螺旋理论研究了我国产学研协同创新的紧密度[213]。韩秋明和王革基于三螺旋理论，从政府、企业和科研机构角度分析了丹麦空间技术官产学研合作模型，并识别了促成该模型的外部因素、内在驱动因素和衍化机制[214]。杨博旭等运用三螺旋理论实证探究了制度、地理与技术多维邻近对官产学合作创新的影响[215]。柳剑平和何凤琴依据三螺旋理论研究了赣江新区的创新发展模式，揭示了赣江新区多主体协同创新的现状和未来发展趋势[216]。此外，还有学者针对三螺旋理论的局限性进行了拓展研究，周春彦和亨利·埃茨科威兹提出了高校-公众-政府可持续发展三螺旋，作为创新三螺旋的补充[217]。

4）产学研合作创新网络、知识转移和创新绩效的相关研究

关于产学研合作创新网络的研究如下。冯锋和王亮研究了产学研创新网络的小世界特征及应用[218]。陈伟等分析了网络结构与特征对成员创新产出影响效应及整体网络的聚类特征[219]。张雷勇等提出了产学研共生网络的"双轮驱动"培育机制[220]。曹霞和刘国巍基于不同组织资源配置模式界定了产学研合作创新网络协同演化的内涵，并运用进化博弈、纳什（Nash）等价博弈与协同学序参量方法构建了创新网络协同演化的理论模型[221]。刘国巍运用社会网络分析方法研究了合作创新网络的空间状态，用最优分割理论确定了网络时空演化路径[222]。刘国巍还基于偏好适应度模型和平均场理论，建立了产学研合作创新网络多核型结构演化模型，并进

行了数值仿真研究[223]。王建国等基于社会网络分析方法探究了内蒙古地区的产学研合作创新网络结构的演化路径和趋势[224]。胡海鹏和吕拉昌在定性分析的基础上分析了产学研合作创新网络的时空演化特征[225]。高霞等利用信息与通信技术（information and communications technology，ICT）产业的联合授权专利数据，构建了产学研合作创新网络，探究了网络开放度对其产学研合作中企业创新绩效的影响[226]。李晨光和赵继新基于角色和地域多网络视角构建了随机交互网络连通生成函数模型，通过仿真比较了不同连接态势对产学研合作创新网络的连通机制和效果的影响[227]。高霞等还探究了产学研合作开放度的异质性对企业创新绩效的影响[228]。

关于知识转移的研究主要集中在影响因素、转移绩效和合作博弈等方面。林莉等在分析产学研知识转移影响因素的基础上，研究了其促进机制[229]。刘芳分析了产学研合作中社会资本各维度对知识转移绩效的影响，引入界面管理作为中介变量，构建了三者的结构方程概念模型并进行了实证研究[230]。孙卫等提出了影响知识转移绩效的四个因素，包括学研方的知识输出能力、成员互动性、产方的组织学习能力和产学研联盟自组织性，并运用结构方程模型进行了实证检验[231]。刁丽琳和朱桂龙首先构建了产学研合作中两种契约维度、信任与两类知识转移关系的理论框架，并运用多案例研究方法对其进行了探讨，归纳出相关的理论命题；然后通过问卷调查对该理论框架进行了实证研究[232, 233]。吴洁等从博弈论角度研究了产学研合作中的知识转移问题，并构建了产学研知识转移的动态控制模型[234]。董睿和张海涛从产学研协同创新模式演进过程出发，构建了知识转移机制设计模型，对每种模式下的知识转移机制设计最优方案和有效性进行了研究[200]。洪勇和李琪基于主体多维交互视角，通过单案例研究探索了产研双方知识转移过程中的交互形式与作用机理[235]。李梓涵昕和朱桂龙从产学研合作中参与主体差异性的不同维度出发，实证分析了参与主体差异在学习意愿与吸收能力对知识转移影响过程中的调节作用[236]。吴蓉等基于复杂系统理论构建了产学研合作创新知识转移的多主体建模仿真模型，揭示了产学研合作创新复杂系统中知识转移的内在机理[237]。

关于产学研合作创新绩效的研究如下。戴勇等引入企业家精神作为调节变量，实证研究了不同属性的研发投入对产学研绩效的影响[238]。李成龙和刘智跃运用结构方程模型实证研究了产学研创新系统耦合和互动行为对创新绩效的影响[239]。张秀峰等研究了企业所有权性质对产学研合作创新绩效的影响[240]。陈光华和杨国梁通过构建负二项分布模型，探究了边界效应对跨区域产学研合作创新绩效的影响[241]。曹霞和刘国巍研究了产学研合作创新网络规模、连接机制对创新绩效的影响[242]。卢艳秋和叶英平实证研究了网络惯例、组织间学习对产学研合作创新绩效的影响[243]。张树静和张秀峰实证分析了城市创新环境在科研创新、知识创新和产品创新三个阶段对产学研合作创新绩效的影响[244]。李鹏等研究发现企业研发投入对产学研协同创新具有正向影响[245]。王丽平和栾慧明实证研究了组织距离、价值共创与产学研合作创新绩效的关系[246]。张秀峰等探究发现政府补贴在融资约束对产学研合作创新绩效影响过程中具有调节作用[247]。李明星等研究了企业、政府、组织间、区域层面各因素对产学研合作创新的影响[248]。

3. 互惠理论相关研究

国内学者在国外学者研究的基础上从不同角度诠释了互惠理论。部分学者对公平和互惠偏好理论进行了综述[249-252]。还有学者将互惠理论引入委托-代理模型。蒲勇健在 Rabin 研究的基础上，植入公平博弈概念，构建了具有互惠行为的新委托-代理模型[253]。随后，蒲勇健引入物质效用效应进一步完善该模型，并证明在一定条件下，与传统的帕累托状态相比，互惠性委托-代理合同是帕累托改进的[254]。李训和曹国华也将公平偏好理论融入传统委托-代理理论[255]。万迪昉等运用实验经济学方法，研究了管理者可信行为对有不同互惠倾向员工的激励作用[256]。刘敬伟将公平互惠理论与委托-代理理论相结合，构建了基于公平互惠的委托-代理模型，并研究了该理论对和谐经济的贡献[257]。韩姣杰等在考虑代理人互惠偏好的前提下，构建了来自不同主体的多个代理人的项目团队委托-代理模型[258]。赵宸元构建了链式多重委托-代理结构，并植入公平偏好理论，研究了相应的激励机制问题[259]。徐鹏等基于互惠偏好视角研究了农产品供应链金融中第四方物流和第三方物流的委托-代理关系[260]。安庆贤和胡明杰同样基于互惠偏好视角构建了医患委托-代理模型，研究了医患交易激励机制[261]。行为经济学将互惠纳入行为模型构建，相较于传统经济学模型具有更强的解释力和预测能力，互惠又分为直接互惠和间接互惠。国内关于直接互惠的研究相对较少，关于间接互惠的研究主要集中在基础视角和概念。刘国芳和辛自强基于进化博弈论视角对间接互惠进行了诸多研究，认为人群中大量存在的间接互惠是声誉机制的结果[262]。梁平汉和孟涓涓通过实施一个间接信任博弈实验，探究了人际关系和互惠期望对于个体基于偏好的间接互惠行为的影响[263]。林润辉和米捷基于计算机仿真实验方法，研究了间接互惠机制对团队大范围知识共享行为的维系机理[264]。孙熠諿等通过文献回顾，对间接互惠的内涵与特征给予了清晰的界定，并基于社会偏好模型和进化论对间接互惠行为的产生及其机制进行了诠释[265]。

还有学者从序贯互惠博弈角度进行了研究。万迪昉等构建了基于员工互惠的管理者可信行为和员工努力程度的两阶段序贯互惠模型[266]。钱峻峰和蒲勇健构建了基于员工物质效用和互惠心理效用的序贯互惠囚徒困境博弈模型，并进行了定量分析[267]。蒲勇健和师伟通过构建两阶段序贯博弈模型证实了互惠具有显著的激励作用[268]。师伟和蒲勇健还以序贯互惠模型为基础，考察了不同信息条件下植入参与者互惠偏好所产生的激励效应[269]。韩敬稳和彭正银构建了企业网络嵌入过程中的序贯博弈模型，研究了互惠偏好情形下企业网络嵌入的动态过程[270]。占永志等基于序贯互惠均衡（sequential reciprocity equilibrium，SRE）模型分析了核心企业与供应商之间的利益协调问题，探究了供应商接受核心企业延长信用期要求的互惠心理条件和物质效用条件[271]。王亦虹等通过构建巨型项目中发包人-承包人信任互惠行为机理模型，运用序贯互惠博弈分析了发包人与承包人双方的行为策略[272]。赵俊等基于互惠偏好理论，构建了基于互惠心理收益的序贯互惠模型来分析航权资源双方谈判的博弈问题[273]。

还有一部分学者研究了互惠性与企业创新之间的关系，侧重两个方面。一方面，从组织内部个体和团队视角研究其互惠行为对知识转移和技术创新能力的影响。林昭文等研究发现个体间的互惠偏好能够有效克服传统隐性知识转移中的诸多障碍[274]。张同健和蒲勇健从研发型团队视角研究发现互惠偏好通过促进隐性知识的转化，进而促进技术创新能力的提高[275]。林昭文等研究表明互惠偏好通过促进知识型团队的知识转移与组织学习，最终实现对技术创新能力的提高[4]。李锋等基于互惠偏好视角研究了互惠偏好行为对成员之间隐性知识转移的影响[276]。陈佳丽等以乐高创意平台为案例研究了开放式创新平台中创新用户的互惠行为，用户可以通过互惠行为实现对彼此的认可[277]。另一方面，从网络视角探讨网络互惠性与企业创新之间的关系。谢洪明等基于外部社会资本视角实证了网络互惠程度对企业技术创新绩效有正向促进作用[278]。此外，谢洪明等还分别从知识流出[279]、学习能力和成员聚集度[280]视角研究了网络互惠程度对企业管理创新的影响。姜照君和吴志斌运用社会网络分析方法探究了社会结构资本、社会关系资本与信任互惠关系在不同生命周期中对集群企业创新绩效的影响[281]。

4. 合作演化相关研究

国内学者从不同的视角对合作演化问题进行了研究。刘鹤玲从生物学视角阐述了达尔文自然选择学说从竞争进化到合作进化的新发展[282]。易余胤等将合作研发的企业分为互惠主义者和机会主义者两种类型，运用演化博弈理论研究了企业在能够彼此识别和不能彼此识别两种情形下合作研发过程中机会主义行为的演化[283]。陈阳综述了合作演化中基于互惠的重复囚徒困境模型、空间囚徒困境模型及连续囚徒困境模型，并提出未来可以从网络演化的特性和非对称个体之间博弈等方面进行更深入的研究[284]。韦森总结了阿克斯罗德进行的三次重复囚徒困境博弈试验，研究了从合作演化到合作复杂性的人类合作生成机制[285]。黄璜以形式化的社会资本变量（社会网络、信任、声誉和互惠行为）为基础构建了合作演化模型，运用基于主体建模方法模拟了社会资本和社会合作互动的演化过程[286]。黄璜还总结了合作进化研究的基本模型和方法，分别讨论了基于直接互惠理论、间接互惠理论、"惩罚"或"奖赏"，以及文化与基因双选择的四类合作进化模型[287]。王先甲等总结了基于个体的学习机制及网络上的演化博弈研究，分析了网络与博弈的思想，归纳了演化博弈框架下合作的进化及合作机制的研究[288]。刘凤朝等绘制了我国"985 高校"与其他创新主体（包括企业、高校和科研机构）的产学研专利合作网络，并实证研究了 1985～2009 年专利合作网络结构和空间分布的演化路径[289]。黄璜运用基于主体建模方法构建了基于惩罚策略（强合作策略和强欺骗策略）的合作演化模型[290]。王龙等研究了合作演化中的反馈机制，从惩罚对合作的促进、惩罚的演化和负面效应等三个方面综述了代价惩罚相关理论和实验的研究成果，探究了惩罚的逃避对演化动力学的影响，以及机构性奖励和惩罚对合作演化的作用[291]。曹霞和刘国巍构建了产学研合作创新的两阶段博弈模型及合作创新网络的演化算法，通过演化仿真探究了其动态演化规律[292]。曹霞和张路蓬基于无标度网络和小世界网络拓扑结构，通过仿真研究了不同利益驱动对创新网络主体合作行为的影响和演化[293]。韩姣杰和魏杰通过构建间接演化博弈模型，研究了项目复杂团队合作中自私偏好和利他偏好的演化规律，分析了项目规模、属性和利润分享等因素对利他偏好生存和演化的影响[294]。曹霞和张路蓬还通过仿真研究了不同利益分配（合作利益分配和机会利益诱导）下创新主体合作行为的涌现，揭示了创新网络合作密度的演化规律[295]。原驰等基于强互惠理论构建了企业合作创新行为的演化博弈模型，研究发现，强互惠能通过演化促进企业间合作创新的生成，并减少企业间投机的行为[296]。何建佳等利用演化博弈分析方法，构建了供需网企业合作演化博弈模型，分析了其合作过程中策略的选择及演化的路径[297]。全吉等运用演化博弈分析方法，研究了具有代价的第二方惩罚机制对公共物品的博弈均衡选择及合作行为演化的影响[298]。李壮阔和吕亚兰通过构建政府、企业和公众的三方演化博弈模型，研究了公众参与下公私合作（public-private partnership，PPP）演化趋势[299]。杨剑等基于有限理性假设构建了合作创新博弈收益感知模型，对企业间合作博弈行为演化进行了研究，结果表明，企业对收益的感知和分配、创新成本的分担是影响合作稳定性的重要因素[300]。全吉等还研究了自愿参与机制下随机系统的均衡和群体合作行为，结果表明，总体上随机系统更有利于群体合作演化[301]。徐杰和李果林基于风险收益动态视角，通过演化博弈模型分析了其对政府合作和社会资本积极性的影响[302]。吴军等基于演化博弈模型探究了电信企业与互联网企业之间合作创新的策略选择问题，产品额外收益、销量增加及成本降低促进双方向合作创新方向演化，合理的收益分配和违约金赔偿有助于减少利己行为，促成双方的合作[303]。冯琳等构建了演化博弈模型，探究了"21 世纪海上丝绸之路"沿线企业之间的合作形式，并明确了其合作的广度与深度[304]。李文鹏等构建了以整车企业与电池企业为主题的演化博弈模型[305]。赵丹等构建了在有无政府监管情况下，纯电动汽车企业与燃油车企业合作创新的动态演化博弈模型[306]。

1.2.3　国内外研究现状评述

国内外学者对原始创新的研究与技术创新模式、创新过程、技术创新过程、突破性创新过程及企业合作型技术创新相关。国内学者对原始创新模式、原始创新过程和企业合作型原始创新的研究虽有涉及但是并不多见。国外学者关于产学研合作创新的相关研究成果比较丰富，为国内学者的研究提供了借鉴和启示。关于互惠理论的研究，国外学者的研究起步较早，从生物学领域的研究过渡到行为博弈实验，再到互惠模型的构建及与其他理论的融合，并开发了相应的量表；国内学者在国外研究的基础上，分别从委托-代理模型、序贯互惠博弈及与企业创新关系等角度进行了诠释。关于合作演化的研究，国外学者多数关注囚徒博弈和雪堆博弈等经典合作问题，而且参与者以个体为主；国内学者在国外研究的基础上，引入包括互惠、信任和声誉在内的社会资本因素，而且对项目复杂团队合作与产学研合作创新网络中的合作演化问题进行了较为深入的研究。已有成果为本书的研究提供了理论基础和研究依据，但还存在以下不足。

1. 由不同创新主体合作的企业合作型原始创新研究较少

目前，关于企业原始创新的研究多侧重内涵、模式及企业自身层面，对于不同创新主体合作的原始创新过程研究较少。鉴于我国创新基础相对薄弱、企业原始创新能力普遍较低的现状，当企业仅凭自身内部资源和能力而难以实现原始创新时，合作型原始创新是企业获取创新源的有效途径，但是缺乏对企业合作型原始创新过程的系统研究。

2. 企业层面不同主体间合作过程的互惠性研究缺乏

目前，国内外关于互惠性的研究多以个体和团队为研究对象，而且多数集中在企业内部，未见企业层面不同主体间合作过程的互惠性研究。由不同主体参与的合作型原始创新是未来原始创新活动发展的趋势，而互惠性是阐释合作行为动因的内在机理，但是目前对于企业合作型原始创新过程中的互惠性研究缺乏。

3. 基于互惠理论的合作演化在企业合作型原始创新中的研究缺乏

已有研究多侧重参与主体完全理性的决策过程，忽视了参与主体的偏好会随着环境的变化而改变的问题。互惠理论以有限理性为基础，是治理合作困境、促进合作演化的关键，但是目前缺乏基于互惠理论的企业合作型原始创新的合作演化研究。

1.3　研究思路、主要内容和研究方法

1.3.1　研究思路

本书将按照"理论分析—推理演绎和实证研究—对策建议"的思路展开研究：第一，通过梳理国内外已有的研究成果，分析企业合作型原始创新和互惠理论的相关理论，构建基于互惠理论的企业合作型原始创新过程与演化的理论框架；第二，探究互惠条件下企业合作型原始创新的行为生成机制及合作形成阶段、知识交互阶段和成果分配阶段中主体间的合作演化问题；第三，建立企业合作型原始创新绩效评价模型；第四，构建企业与高校和科研机构的共生演化模型，揭示两类原始创新主体在互动过程中如何形成长期稳定的互惠共生关系；第五，提出促进企业合作型原始创新稳定发展的对策和建议。

1.3.2　主要内容

在对原始创新、产学研合作创新、互惠理论、博弈论、合作演化等相关文献资料研究的基础上，本书主体内容共分为 8 个部分，主要研究内容如下。

1. 基于互惠理论的企业合作型原始创新过程与演化的理论框架

首先，科学界定企业合作型原始创新的概念，并分析企业合作型原始创新的参与主体及该创新过程的特征；其次，对直接互惠理论、间接互惠理论及互惠理论的博弈论进行分析；再次，将企业合作型原始创新过程分为行为生成机制、合作形成阶段、知识交互阶段和成果分配阶段，基于互惠理论视角对各个阶段进行分析；最后，对企业合作型原始创新的绩效进行评价，并分析企业合作型原始创新中主体间互惠关系的动态演化，构建基于互惠理论的企业合作型原始创新过程与演化的理论框架。

2. 基于互惠理论的企业合作型原始创新的行为生成机制分析

基于互惠理论的企业合作型原始创新的行为生成机制主要分析企业内外部因素与企业合作型原始创新行为的交互作用及组态效应。首先，基于资源基础理论和行为科学理论，从企业内外部因素角度考虑其对企业合作型原始创新的影响。然后，对技术能力、原始创新合作意愿、企业规模、市场导向及政策导向与企业合作型原始创新行为的关系进行理论分析，并构建理论模型。最后，运用模糊集定性比较分析（fuzzy-set qualitative comparative analysis，fsQCA）法，探讨上述变量对企业合作型原始创新行为的组态效应，通过对多条路径的分析明确企业合作型原始创新的行为生成机制。

3. 基于互惠理论的企业合作型原始创新的合作形成阶段分析

基于互惠理论的企业合作型原始创新的合作形成阶段主要包括互惠共生伙伴的选择和合作型原始创新氛围的形成。首先，对企业合作型原始创新的互惠共生关系进行理论分析，构建互惠共生伙伴选择的评价指标体系，运用模糊网络分析法–模糊逼近理想解法（fuzzy analytic network process - fuzzy technique for order preference by similarity to an ideal solution，FANP-FTOPSIS）对企业合作型原始创新互惠共生伙伴选择进行评价，并通过算例分析验证该方法的可行性和有效性；然后，探究基于互惠理论的企业合作型原始创新氛围的形成机理，分别构建直接互惠和间接互惠两种机制下企业合作型原始创新氛围形成的演化博弈模型，并进行稳定性分析。

4. 基于互惠理论的企业合作型原始创新的知识交互阶段分析

首先，分析互惠性、知识共享对企业合作型原始创新的作用机理及战略柔性的调节作用，构建概念模型，运用层次回归法和问卷调查法进行实证分析，然后，通过构建序贯互惠模型，研究企业合作型原始创新中两类原始创新主体间知识共享的动态互惠激励效应；最后，基于别洛索夫-扎鲍京斯基（Belousov-Zhabotinsky，B-Z）反应模型，以互惠性文化为控制变量，构建企业合作型原始创新知识流动过程中知识共享、知识整合、知识创造的逻辑斯谛（logistic）模型，通过问卷数据和 MATLAB 软件仿真研究在三种初始状态下，当互惠性文化强度变化时，企业合作型原始创新知识流动的演化趋势。

5. 基于互惠理论的企业合作型原始创新的成果分配阶段分析

基于互惠理论的企业合作型原始创新的成果分配阶段主要包括收益分配和知识产权风险的研究。首先，构建企业主导的标准斯塔克尔伯格（Stackelberg）收益分配博弈模型（简称标准 Stackelberg 博弈模型），考虑高校和科研机构是具有互惠行为的跟随者，提出基于互惠行为的 Stackelberg 收益分配博弈模型（简称基于互惠行为的 Stackelberg 博弈模型），比较分析在不同收益分配博弈模型中，企业与高校和科研机构的最优收益分配比例、最优努力程度、最优收益及总体最优收益，并进行数值模拟分析；然后，分析企业合作型原始创新知识产权风险的主要内容及诱发原因，阐述知识产权风险在企业合作型原始创新各阶段的表现。

6. 基于互惠理论的企业合作型原始创新的绩效评价研究

运用平衡计分卡法建立企业合作型原始创新的评价指标体系，并基于层次分析法（analytic hierarchy process，AHP）确定各指标的权重，建立企业合作型原始创新绩效评价模型。

7. 基于互惠理论的企业合作型原始创新的共生演化研究

基于互惠理论的企业合作型原始创新的共生演化研究主要从共生理论视角研究两类原始创新主体的互动发展，从不同共生关系视角分析两类原始创新主体规模的演化，探究企业合作型原始创新中企业与高校和科研机构之间共生关系的动态演化过程。首先，从互惠理论视角对企业合作型原始创新的共生演化进行理论分析；然后，构建企业合作型原始创新的共生演化模型，并对模型的稳定性进行分析；最后，对模型进行仿真分析，探究企业合作型原始创新的共生演化规律。

8. 促进企业合作型原始创新稳定发展的对策和建议

分别从行为生成机制、合作形成阶段、知识交互阶段、成果分配阶段，以及主体间互惠关系等方面提出促进企业合作型原始创新稳定发展的对策和建议。

本书的研究思路图如图 1.1 所示。

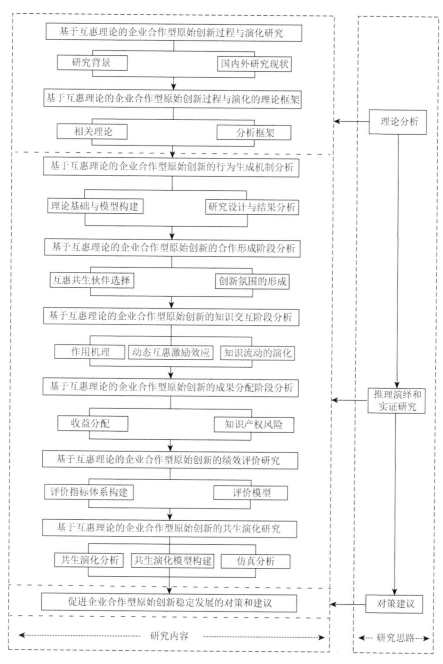

图 1.1 研究思路图

1.3.3 研究方法

（1）文献研究与归纳总结方法。通过多种渠道收集查阅与原始创新、产学研合作创新、互惠理论、合作演化等相关的国内外文献资料，提炼文献中的精华，归纳总结企业合作型原始创新的概念、参与主体、创新过程的特征、直接互惠理论、间接互惠理论、互惠理论的博弈论分析，以及企业合作型原始创新过程的多阶段性，构建基于互惠理论的企业合作型原始创新过程与演化的理论框架。

（2）fsQCA 法。运用 fsQCA 法探讨技术能力、原始创新合作意愿、企业规模、市场导向及政策导向对企业合作型原始创新的组态效应，分析企业合作型原始创新的行为生成机制。

（3）FANP-FTOPSIS。引入三角模糊数，运用 FANP 确定指标权重，采用 FTOPSIS 对企业合作型原始创新互惠共生伙伴选择进行评价。

（4）层次回归法和问卷调查法。运用层次回归法和问卷调查法实证研究互惠性、知识共享对企业合作型原始创新的作用机理，以及战略柔性的调节作用。

（5）序贯互惠模型。基于行为经济学的互惠动机视角，运用序贯互惠模型实证研究企业合作型原始创新中两类原始创新主体间知识共享的动态互惠激励效应。

（6）B-Z 反应模型、logistic 模型和仿真分析法。基于复杂系统理论中的 B-Z 反应模型，以互惠性文化为控制变量，构建企业合作型原始创新知识流动过程中知识共享、知识整合和知识创造的三维 logistic 模型，通过有效问卷数据和 MATLAB 软件仿真研究在三种初始状态下，当互惠性文化强度变化时，企业合作型原始创新知识流动的演化趋势。同时，运用 logistic 模型和微分方程构建合作主体的动态互惠模型，探究企业合作型原始创新中企业与高校和科研机构之间共生关系的动态演化过程。

（7）Stackelberg 博弈模型和数值模拟法。首先，构建企业主导的标准 Stackelberg 博弈模型；然后，考虑高校和科研机构是具有互惠行为的跟随者，提出基于互惠行为的 Stackelberg 博弈模型；最后，比较分析在不同收益分配博弈模型中，企业与高校和科研机构的最优收益分配比例、最优努力程度、最优收益及总体最优收益，并进行数值模拟分析。

（8）平衡计分卡法和 AHP。基于平衡计分卡法构建企业合作型原始创新绩效评价指标体系，运用 AHP 确定指标的权重。

1.4　创新之处

（1）构建基于互惠理论的企业合作型原始创新过程与演化的理论框架，系统分析企业合作型原始创新过程的合作形成阶段、知识交互阶段和成果分配阶段。为企业合作型原始创新的研究提供新思路，也将互惠理论扩展到企业层面，丰富了互惠理论领域的研究。

（2）揭示企业合作型原始创新行为生成机制。从企业内外部因素视角，基于资源基础理论和行为科学理论，运用 fsQCA 法，探讨技术能力、原始创新合作意愿、企业规模、市场导向及政策导向对企业合作型原始创新的组态效应，归纳企业合作型原始创新的行为生成机制。

（3）基于互惠理论揭示企业合作型原始创新氛围的形成机理，并构建演化博弈模型，运用数值模拟法实证研究直接互惠和间接互惠两种机制下企业合作型原始创新氛围形成的演化过程。

（4）实证检验知识共享在互惠性与企业合作型原始创新之间的部分中介作用，揭示互惠性对企业合作型原始创新的作用机理，将战略柔性置于调节变量的位置，进一步完善战略柔性对企业合作型原始创新的影响关系模型，弥补相关的实证研究。

（5）基于 B-Z 反应模型，以互惠性文化为控制变量，构建企业合作型原始创新知识流动过程中知识共享、知识整合、知识创造的 logistic 模型，运用仿真分析法揭示企业合作型原始创新知识流动的演化规律，为企业合作型原始创新知识流动提供新的研究思路和方法。

（6）构建企业主导的标准 Stackelberg 博弈模型，并考虑高校和科研机构是具有互惠行为的跟随者，提出基于互惠行为的 Stackelberg 博弈模型，比较分析在不同收益分配博弈模型中，企业与高校和科研机构的最优收益分配比例、最优努力程度、最优收益及总体最优收益。

（7）基于生态学中的 logistic 模型，构建企业合作型原始创新的共生演化模型，运用仿真分析法揭示企业合作型原始创新主体间共生关系的动态演化过程。

第 2 章　基于互惠理论的企业合作型原始创新过程与演化的理论框架

本章首先对企业合作型原始创新的概念进行界定，并分析企业合作型原始创新的参与主体及该创新过程的特征；然后对直接互惠理论、间接互惠理论及互惠理论的博弈论进行阐述；最后将企业合作型原始创新过程分为行为生成机制，以及合作形成阶段、知识交互阶段和成果分配阶段，在此基础上构建基于互惠理论的企业合作型原始创新过程与演化的分析框架。

2.1　企业合作型原始创新的相关理论

2.1.1　企业合作型原始创新的概念

企业原始创新是指企业以获取关键核心技术及自主知识产权为目的，通过利用内部和外部资源，侧重在应用基础研究及高新技术领域取得独有成果，并使其实现市场化的过程[16]。舒成利和高山行将原始创新分为纯基础研究原始创新和应用基础研究原始创新[3]，并指出两类原始创新主体具有分布性特征[307]。两类原始创新的关系是紧密相连的，一般而言，纯基础研究的成果通常是应用基础研究的创新源，应用基础研究过程中的新知识和新问题则为纯基础研究提供新的方向[3]。纯基础研究领域的研究成果主要包括重大理论突破和重大发现，其表现形式有获得诺贝尔奖、被权威检索系统（《科学引文索引》（*Science Citation Index*，SCI）、《工程索引》（*Engineering Index*，EI）等）收录、获得自然科学奖等；应用基础研究领域的研究成果主要包括重大技术创新和重大发明，其表现形式有获得技术发明奖、获得科技进步奖、申请发明专利、申请技术秘密和获得诺贝尔奖[3]。

结合学者的研究成果，本书将企业合作型原始创新定义为企业根据成长与发展需要，当其在一定时间内仅凭自身内部资源和能力而难以实现原始创新时，通过委托高校和科研机构，由企业主导与之合作共同完成原始创新的过程。其中，企业侧重应用基础研究原始创新，高校和科研机构侧重纯基础研究原始创新。

2.1.2　企业合作型原始创新的参与主体

企业合作型原始创新的参与主体主要包括两类，分别是纯基础研究原始创新主体和应用基础研究原始创新主体。其中，纯基础研究原始创新主体主要包括高校和科研机构，其主要关注科学发现、新概念和新原理等，相应的贡献为纯基础研究领域的新知识；应用基础研究原始创新主体主要是企业，其具有明确的应用目的，一旦研发成功，可以为企业取得竞争优势并带来丰厚的利润。

在企业合作型原始创新中，企业处于主导地位。应用基础研究原始创新主要针对社会经济发展中的关键性问题，因此可以通过市场需求来引导，这样企业就可以将原始创新的范围及研究方向限定在相应的领域之内，在一定程度上降低了原始创新的风险和不确定性，有利于原始创新成功率的提高。在合作过程中，企业根据市场需求，以委托开发的形式，向高校和科研机构提出创新需求，为高校和科研机构的原始创新研发活动提供资金支持和人才交流，高校和科研机构进行的是有目的的纯基础研究领域的原始创新，为企业提供的是纯基础研究原始创新的成果，企业在该成果的基础上进行应用基础研究原始创新，最终主导企业可以实现对核心技术及自主知识产权的掌握，并完成技术商品化和商品市场化。

2.1.3　企业合作型原始创新的特征

企业合作型原始创新具有以下特征。

（1）原始积累是企业合作型原始创新不可或缺的条件和基础。基础研究不但是创新的过程，而且是积累的过程[5]。基础研究是在链状渐进积累基础上的变革和飞跃，这种积累包括科学能力基础的积累、基础研究人才的积累、学术传统的积累、学术思想或知识的积累等[5]。

（2）知识交流和互动是企业合作型原始创新的核心，并且贯穿两类原始创新主体合作的全过程。企业合作型原始创新是由为了实现科技前沿重大突破的多主体共同参与的原始创新活动，这个过程实际上是新知识的生产过程，参与主体在合作中投入的最重要的资源是各自领域的专业知识，这些专业知识的深度是企业合作型原始创新成功的基础和前提。企业选择合作伙伴、主体间磨合合作关系、培养关系信任等行为都是为了使两类原始创新主体的知识可以有效匹配，以促进企业合作型原始创新活动的开展，进而产生高质量的原始创新成果。

（3）企业合作型原始创新中两类原始创新主体及其合作行为构成了一

个具有自组织特征的复杂系统。两类原始创新主体之间及主体和外部环境之间都在不断地进行交互，各主体在交互过程中持续学习、积累经验，同时调整自身的策略和行为方式，以提高对外部环境的适应程度。主体之间及主体和外部环境之间也存在着复杂的非线性关系，通过各子系统之间的非线性作用，使各子系统耦合互动从而产生整体的协同效应。

2.2　互惠理论的相关理论

亚当·斯密在《道德情操论》中指出，"人的天赋中总是存在着这样一些本性，这些本性使得他关心别人的幸福，并将其看成自己的事情，即使他仅为此感到高兴而一无所得"[308]。该书对人类行为进行了深刻的审查，用同情和利他的基本原理阐释了道德情操产生的根源。礼物交换是最早的互惠表现形式，对礼物交换的研究代表着互惠理论形成的开端，也是互惠性社会规范的体现[309]。Gouldner 提出互惠性规范一方在给予另一方帮助时，后者有义务在未来给予前者回报，且这种规范是普遍存在的[310]。Sparrowe 和 Liden 总结了三种互惠形式：广泛互惠、平衡互惠和负面互惠[116]。Uhl-Bien 和 Maslyn 提出了积极互惠性规范和消极互惠性规范[311]。

互惠理论是解释社会交换的根本机制[309]。社会交换各方的交互作用会改变主体的认知及心理，这种变化会对社会交换各方的情绪产生影响，进而影响其对互惠方式的选择，最终对社会交换各方的态度和行为产生影响[312]。通常来说，人们对于友善行为的反应往往比自我利益模型所预测的更为友好而且更愿意合作；与此相反，人们对于恶意行为的反应往往更为恶劣，甚至可能不惜采取损害自身利益的对抗行为[313]。

2.2.1　直接互惠理论和间接互惠理论

互惠阐明了人与人之间相互依存的合理性[104]。依据互惠行为中是否牵涉第三方，可以将互惠分为直接互惠和间接互惠[314]。

直接互惠理论是基于个体间的直接相互作用，即 A 向 B 表示友善或者恶意，B 会以同样的方式回报 A。此时，友善行为的发起方也是互惠行为的接受者，友善行为的接受方亦是互惠行为的发起者。需要双方重复相遇，这样才能有机会用一方的好意去回报另一方的好意。有学者将此特征称为双重重合[315, 316]。直接互惠可以解释个体间多次互动中的合作行为，而且这种合作机制更可能发生在规模较小的群体中。

间接互惠通过社会规范来对个体行为进行评估，将其用作标记每个人声誉的基础[317]，如果对另一方声誉判断正确的概率大于成本收益比，合作进化就可能发生[316]。间接互惠合作机制与共情能力的进化有明显的联系，可以借助心智理论来理解他人的欲望和动机。在行为经济学中，可以从感恩情绪视角来解释间接互惠合作机制的产生，即体验到较强状态感恩的人更可能做出亲社会的行为，从而促进间接互惠合作行为的产生[265, 318]。间接互惠包括三种形式：上游互惠、下游互惠及广义互惠。其中，上游互惠是 A 先帮助 B，B 受到激励后又会帮助 C；下游互惠是 A 通过先帮助 B 而建立声誉并被 C 观察到，随后 C 会帮助 A；广义互惠是 A 先帮助 B 并被 C 观察到，随后 C 会帮助 D[319]。上游互惠需要结合直接互惠或网络互惠才能促进合作演化，下游互惠和广义互惠可以单独促进合作演化[319]。

概括来说，直接互惠具有双重重合的特征。与此相比，间接互惠仅存在一次重合，友善行为的发起方并不是互惠行为的接收者，更具有一种利他行为倾向。A 帮助 B 时不存在策略动机，B 得到 A 的帮助后对与友善行为发起方无关的第三方 C 进行反馈，B 也不会因此直接得利。同时，间接互惠具有传递性，该特征更加强调上游间接互惠和广义互惠，A 的友善行为或者恶意行为会通过互动链传递，造成大范围的积极或消极的影响[265]。

2.2.2　互惠理论的博弈论分析

在人类进化的过程中，合作是除自然选择和变异之外的第三种演化的基本法则[86]，而互惠理论可以在一定程度上解释社会系统中不同种类合作行为的动力机制。研究合作行为在群体系统中演化的一门重要的数学工具是演化博弈论。博弈论起源于经济学，它是一门研究多个体之间交互策略的学科，与传统最优化方法的区别在于一个博弈参与者的收益不仅取决于自己的策略，而且取决于其他博弈参与者的策略[320]。1944 年，冯·诺伊曼（J. von Neumann）和摩根斯顿（O. Morgenstern）的著作《博弈论与经济行为》（*Theory of Games and Economic Behavior*）的出版被认为是博弈论的正式开端。1950 年，Nash 首次把纳什均衡概念引入博弈论中，运用不动点理论证明了在有限策略中均衡点的存在[321]，也就是说在这样的策略中，任何参与者都不能通过单独改变自己的策略而提高其收益。一个博弈的基本要素包括博弈的参与者、每个参与者可选择的策略集、在所有参与者的任意一种策略组合下每个参与者的收益。经典博弈论有两个基本假定：①参与者是完全理性的个体；②参与者互相知道对方是完全理性的。也就是说，完全理性的参与者总是遵循自身收益最大化原则去选择自己的策略。但是，随着研究的深入，越来越多的实验数据对经典博弈论的基本假定提出疑问和挑战。在现实生活中，人性是复杂的，既有理性的一面，也有感性的一面，人们的决策行为会受到情感、认知等心理因素的影响，也就是说，人是有限理性的，具体表现为并非总是最大化自身收益，更多地以追求自身满意为目的。Carpenter 认为，如果一个个体不仅关注自身的支付，而且关注其他作为参照点的相关当事人的支付及导致这种支付的意图，这个个体就具有社会偏好[322]。这里的意图就是对互惠的体现，即使是相同的相对支付差，如果它的意图不同，那么当事人采取的行为也会不同，而这种意图的互动会使博弈变得更加复杂。

演化博弈论是博弈论和动态演化过程的有机结合。1973 年，史密斯（J. M. Smith）和普赖斯（G. R. Price）将博弈论的概念和方法进行革命性的改造后引入生物学，用于动物行为的研究，由此促成了演化博弈论的形成。他们对博弈论概念和方法的改造主要表现在三个方面：①物种的策略集来自父代的遗传和变异；②在演化的每一代中个体在整个种群中进行随机的两两配对交互作用；③引入演化稳定策略（evolutionarily stable strategy，ESS）以取代纳什均衡概念[320]。1978 年，泰勒（P. Taylor）和琼克（L. Jonker）在研究生态演化现象时提出复制动态（replicator dynamics）方程，为演化稳定策略提供了一种动力学解释。演化博弈论以有限理性假设为前提，博弈参与者是通过在博弈中不断地学习和试错来发现更优策略的，而不是一开始就能找到更优策略。演化博弈论的核心不是分析单个博弈参与者的最优策略选择问题，而是分析博弈参与者群体策略的调整过程、演化趋势和稳定性问题。演化博弈论更强调系统达到均衡的一个渐进过程，解决了系统演化的多重均衡选择问题，运用演化博弈论研究企业与高校和科研机构合作行为的演化，会得到更为贴切和令人信服的解释。

2.3 基于互惠理论的企业合作型原始创新过程与演化的分析框架

2.3.1 企业合作型原始创新过程的多阶段划分

企业合作型原始创新过程具有明显的动态性和复杂性。首先，科学研究充满了不确定性，尤其是原始创新为了实现科技前沿的重大突破，通常具有很强的探索性和未知性，对专业知识的宽度及深度有更高的要求，同时涉及更多的交叉学科和边缘学科，因此不确定性更高。在合作过程中，原先拟定的基本方案和技术路线也会随着创新过程的推进而做相应的调整和改变。然后，企业合作型原始创新是一项多主体共同参与的高投入、高风险的创新活动，参与主体的成员来自不同的组织，而且不同主体承担着不同的任务，因此会增加整体的协调难度。如果不同主体之间的合作互动受到阻碍，就会影响企业合作型原始创新活动的进展，最终可能导致企业合作型原始创新的失败。

对企业合作型原始创新过程进行阶段划分不仅有助于明晰主体合作过程的主线，而且可以识别主体合作过程中的关键活动，以有效应对其复杂性。一般而言，学者对合作过程的阶段划分基本和项目的生命周期的各个阶段相对应。孟潇提出面向重大项目的跨组织科研合作过程可以分为合作创建阶段、合作形成阶段、合作保持阶段及合作收尾阶段[323]。因此，本书将企业合作型原始创新过程划分为行为生成机制，以及合作形成阶段、知识交互阶段和成果分配阶段。企业首先基于自身的能力及环境情况，通过选择互惠共生伙伴来获取高校和科研机构可以利用的资源，并与高校和科研机构形成合作创新的氛围，然后经过与高校和科研机构进行的知识交互活动，包括知识共享、知识整合、知识创造等，形成企业合作型原始创新的成果，最后对合作型原始创新的成果进行收益分配，并对可能出现的知识产权风险问题进行研究。各个阶段中的关键要素之间相互影响和制约，形成了企业合作型原始创新的整个过程。

2.3.2　基于互惠理论的企业合作型原始创新的行为生成机制

主体行为要充分考虑市场和政策环境，当企业面临不同的市场及政策环境时，会基于自身能力水平而采取合适的行为。企业合作型原始创新的行为生成机制就是要充分探讨出在什么情况下企业会采取合作型原始创新的行为。因此，为深入挖掘企业合作型原始创新的行为生成机制，本书从企业内外部层面入手，基于资源基础观和行为科学理论，将技术能力、原始创新合作意愿、企业规模、市场导向及政策导向纳入研究框架，探讨上述变量组态效应对企业合作型原始创新行为的影响，厘清企业合作型原始创新的形成路径。

在企业内部层面，企业开展原始创新是为了取得重大原创性的关键技术突破，但是突破性技术体现的新知识需要原有知识库的支撑，因此企业要有一定的知识积累，技术能力恰恰体现了企业所拥有的知识量与知识权力，企业间具有差异性的技术能力更为企业开展合作型原始创新奠定了基础。原始创新合作意愿体现了企业内部的原始创新合作动机，较高的原始创新合作意愿会激发并引导企业积极与外部创新主体进行原始创新合作。

在企业外部层面，主要是市场导向与政策导向的影响。市场导向是指企业为了抓住市场机会，满足市场需求，利用市场中的新方法与新理念进行原创性活动，开发具有原创性、探索性的新产品，从而占据并引领市场。在市场导向下，企业在原始创新方向与行为决策上更加具有前瞻性，实现对关键技术的突破与原创，从而激发企业开展合作型原始创新。政策导向是指企业在政策的引导下，为了获得政策内的便利或降低税收等有利条件，通过积极开展企业合作型原始创新，从而增加企业行为与政策的契合度。同时，政策一定程度上指明了企业合作型原始创新的方向及原始创新的迫切性，从而引导企业开展合作型原始创新。

综上，企业合作型原始创新行为的产生受到多种因素共同作用，但这些因素可能并不都是企业开展合作型原始创新的必要条件，而是通过多种因素的组合共同作用影响企业最终行为的产生。

2.3.3　基于互惠理论的企业合作型原始创新的合作形成阶段

企业合作型原始创新的合作形成阶段主要包括互惠共生伙伴的选择和合作型原始创新氛围的形成。

高校和科研机构合作伙伴的选择不仅是企业合作型原始创新的开端，而且是企业获取外部资源的有效途径。企业合作型原始创新可以使企业与高校和科研机构实现资源互补、分担研发成本和原始创新风险。合适的合作伙伴既要在资源方面实现互补，在企业文化与信仰方面又要兼容，同时伙伴自身的创新能力要能够满足原始创新的需求。此外，两类原始创新主体的信任沟通程度及高校和科研机构参与原始创新的合作意愿也会影响双方互惠共生关系的形成。

企业合作型原始创新氛围是指双方对合作型原始创新状况的共同感知，它反映了企业与高校和科研机构对于合作型原始创新的整体态度，也影响着两类原始创新主体对其在合作型原始创新过程中的行为选择。这种氛围会为两类原始创新主体营造自由宽松、学术气氛浓厚、宽容失败的创新环境，它会潜移默化地影响两类原始创新主体的科研人员，调动他们创新的积极性，鼓励他们敢于冒险、刻苦钻研、勇于创新，是一种软性的理智约束。企业合作型原始创新是企业与高校和科研机构之间有意识地不断进行交互以实现各自利益和目的的过程。互惠作为合作行为产生进化的机制之一，是合作稳定持续的前提。企业合作型原始创新氛围是合作创新行为的原因，也是合作创新行为的结果。两类原始创新主体的科研人员对企业合作型原始创新氛围的感知会影响他们对合作创新行为的选择，而行为又是氛围形成的关键。互惠是两类原始创新主体合作创新行为稳定持续的前提，而两类原始创新主体对合作创新行为的选择不仅会影响各自的收益和整体的收益，而且决定着互惠程度。同时，双方互惠行为也是良好企业合作型原始创新氛围形成的前提，而有利于合作的原始创新氛围又会促进主体间互惠行为的出现。

2.3.4 基于互惠理论的企业合作型原始创新的知识交互阶段

企业合作型原始创新的知识交互阶段主要是指企业与高校和科研机构的知识流动过程，具体包括知识共享、知识整合和知识创造。

由于参与合作型原始创新的主体成员来自不同的组织，不同主体之间的合作普遍具有临时性和短暂性，一些主体出于对自身利益最大化的追求，在很大程度上会采取机会主义行为，导致合作一方为保护自己的核心知识不泄露给对方而降低知识共享的意愿和努力程度，破坏彼此间的关系信任，增加了企业合作型原始创新的风险。互惠在企业合作型原始创新中两类原始创新主体间知识共享的激励方面起到不容忽视的作用。企业与高校和科研机构的知识共享行为不仅受到成本、收益比例等外部因素的影响，而且受到合作双方互惠动机及互惠行为的影响。

两类原始创新主体在开展企业合作型原始创新的过程中伴随着知识流动，知识会伴随主体间的行为实现知识的获取、共享、转移、整合及创造[171]，并表现出复杂的自组织演化特征。两类原始创新主体在充分评估自身的原始创新能力后，会基于双方特征与自身需求进行匹配，从而选择合适的原始创新合作伙伴，由此形成社会网络，知识会在网络内伴随主体间的交互进行流动，实现知识的搜寻、获取、吸收、整合、应用及创造，在不同知识子系统间的非线性作用下，子系统的耦合互动使得知识流动整体产生协同效应，并促使知识流动进行下一个循环。知识在两类原始创新主体间的流动可以大致划分为知识共享、知识整合和知识创造三个关键阶段。同时，主体所具有的互惠性文化是主体间知识共享行为的助推剂，能够显著提高主体间知识共享的效率与质量，从而提高知识整合与知识创造的价值，在整体上加速并提高企业合作型原始创新的知识流动。

2.3.5 基于互惠理论的企业合作型原始创新的成果分配阶段

企业合作型原始创新的成果分配阶段主要包括收益分配和知识产权风险的研究。

　　收益分配是合作中十分关键且矛盾最为突出的问题，企业与高校和科研机构通常会因收益分配不当而影响其合作的积极性，最终导致合作的失败或破裂[209]，因此，一个公正合理的收益分配机制是企业合作型原始创新稳定发展的关键。原始创新主体的互惠行为会对收益分配产生影响。在企业合作型原始创新中，企业处于主导地位，是领导者，其先确定自身的努力程度，高校和科研机构是跟随者，其根据企业的决策而确定自身的努力程度。考虑高校和科研机构是具有互惠行为的跟随者，当企业给予高校和科研机构一定的善意时，高校和科研机构也会给予企业一定的互惠性回报，这不仅提高了原始创新主体的收益，而且增加了总体价值，体现出互惠性经济效应。

　　在企业合作型原始创新中，知识共享和学习使得两类原始创新主体的知识外溢增加，从而其面临的知识产权风险更为突出，主要风险包括知识产权被模仿和挪用的风险、知识产权的价值评估风险、知识滥用导致的侵权风险，以及知识产权的所有权风险等。知识产权风险的诱发原因主要包括道德风险、逆向选择风险、知识外溢风险和契约不完备风险。在合作形成阶段，知识产权风险主要表现为知识产权被恶意窃取和复制的风险、知识在与伙伴的交流中自然外溢的风险、主体在确定自身知识产权在合作中的共享范围时决策失当的风险、背景知识产权的评价风险。在知识交互阶段，知识产权风险主要表现为知识产权被挪用的风险、在合作中自身知识发生泄露的风险、核心技术人才离职导致的知识产权流失风险、与伙伴间不对称的知识流风险、由地域性引起的知识产权纠纷风险、知识产权侵权风险。在成果分配阶段，知识产权风险主要表现为合作成果保护方式的选择风险、合作成果的流失风险、因贡献界定不清导致合作成果分配不公的风险、分配方式选择导致的知识产权风险。

2.3.6　基于互惠理论的企业合作型原始创新的绩效评价

　　企业合作型原始创新的绩效评价是对整个合作型原始创新结果的评估。原始创新产生的结果既能够为企业带来直接的经济效益，又能够为企业的原始创新积累管理经验及提升创新能力，因此对企业合作型原始创新的绩效评价应该从反映效益的直接产出、反映企业创新过程的内部管理流程的创新管理，以及反映企业原始创新能力的创新投入等多个维度展开。同时，在构建企业合作型原始创新的绩效评价指标体系时，要坚持短期目标与长期目标相结合、财务指标与非财务指标相结合、滞后性指标与领先性指标相结合、内部绩效指标与外部绩效指标相结合，力求能够从多维度在整体上对企业合作型原始创新绩效进行科学客观合理的评价。只有这样，才能够直接反映出企业原始创新的效果，对企业开展的合作型原始创新全过程的效果进行反馈，使企业能够有依据地做出战略调整与决策调整，实现资源的有效配置。

2.3.7　基于互惠理论的企业合作型原始创新的共生演化

根据生命周期理论，无论是个体还是集群都遵循一定的发展轨迹，因此企业合作型原始创新的两类原始创新主体（企业与高校和科研机构）也符合生命周期理论。两类原始创新主体在演化过程中也要经历初创阶段、成长阶段、成熟阶段和衰退阶段。基于外部环境的不确定性和多变性，两类原始创新主体间的关系会随着各自的发展及外部环境的变化而改变，需要以动态视角并基于互惠理论分析企业合作型原始创新中两类原始创新主体的演化问题。

在企业合作型原始创新中，企业根据市场需求，以委托开发的形式，向高校和科研机构提出创新需求，为高校和科研机构的原始创新研发活动提供资金支持和人才交流，高校和科研机构为企业提供纯基础研究原始创新的成果，企业在该成果的基础上继续进行应用基础研究原始创新，并完成技术商品化和商品市场化。随着系统内两类原始创新主体关系的发展，主体之间会出现类似生物学中的共生特征，企业与高校和科研机构分别是两类共生单元，彼此之间的相互作用方式即共生关系。企业合作型原始创新的共生关系是建立在两类原始创新主体间共生关系的基础之上的。企业合作型原始创新中两类原始创新主体间的共生演化是基于主体间不同共生关系的演化，会呈现出从寄生、偏利共生到互惠共生的转变。企业与高校和科研机构之间的协调和相互合作并不是一蹴而就的，它是一个通过逐渐加强彼此之间的社会交互以提升主体间互惠程度的动态过程。两类原始创新主体间共生关系的有序演化有助于改善彼此之间的关系质量，增强合作双方的关联度，促进企业与高校和科研机构之间形成共同接受的行为规范并实现信任机制的构建，使得合作关系更加协调和稳定。

2.4　本 章 小 结

本章从企业合作型原始创新的概念入手，对企业合作型原始创新的参与主体和特征进行了分析；阐述了互惠理论的起源和本质，并对直接互惠理论、间接互惠理论及互惠理论的博弈论进行了分析；在此基础上，构建了基于互惠理论的企业合作型原始创新过程与演化的分析框架，从互惠理论视角分别对企业合作型原始创新的行为生成机制、合作形成阶段、知识交互阶段、成果分配阶段、绩效评价及共生演化进行分析，为后面的研究奠定基础。

第3章 基于互惠理论的企业合作型原始创新的行为生成机制分析

基于互惠理论的企业合作型原始创新的行为生成机制主要是从企业内外部因素视角探讨技术能力、原始创新合作意愿、企业规模、市场导向及政策导向对企业合作型原始创新行为影响的组态效应。研究企业合作型原始创新的行为生成机制是企业与其余主体开展合作型原始创新的基础，通过研究企业合作型原始创新行为的形成路径，对企业积极把握外部环境，同时结合自身技术能力从而采取科学的原始创新行为具有重要作用。

3.1 企业合作型原始创新行为生成机制的理论基础

企业、高校、科研机构等各类创新主体的资源禀赋具有异质性，通过实现各类创新主体协作融通，发挥多类型创新主体的资源匹配效应，创造更多高质量原始创新成果。因此，企业与高校和科研机构等创新主体进行的合作型原始创新应运而生。但如何激发企业进行合作型原始创新？哪些要素的组合能够支撑企业合作型原始创新？这些问题都亟待学术界和实业界积极探讨。

企业合作型原始创新的产生涉及多层面因素的影响，学者所做的探讨为理解企业合作型原始创新的研究提供了一定的思路。学者认为，互惠性文化的产生能够推动合作型原始创新的知识流动，但是忽略了企业层面因素的作用。首先，技术能力能够体现企业的实力，企业存在技术能力的差异，才会一定程度地选择与其他伙伴进行合作，获取互补性资源，从而开展合作型原始创新。其次，从行为科学理论来看，合作型原始创新行为的产生需要企业拥有较强的合作创新意愿。再次，市场导向和政策导向的作用并没有明确，市场及政策的作用伴随着企业发展的全过程，企业开展合作型原始创新和市场及政策存在很强的联系。最后，企业规模代表着企业资源丰裕度[324]，可能对合作型原始创新行为产生影响。现有研究缺少从企业内外部因素角度考虑其对企业合作型原始创新的影响。基于此，本章从企业内外部因素视角探讨技术能力、原始创新合作意愿、企业规模及双重导向和企业合作型原始创新之间的关系。

企业开展合作型原始创新涉及多种要素的交互作用，明确企业内外部因素的共同作用能够推动企业合作型原始创新。利用 fsQCA 法进行针对内外部因素的交互作用及组态效应的研究更加合适。鉴于此，本章将技术能力、合作创新意愿、企业规模及双重导向纳入研究框架，厘清各因素对企业合作型原始创新的影响及因素之间的交互作用，为原始创新的相关研究提供知识增量。

3.2 企业合作型原始创新行为生成机制的理论分析与模型构建

3.2.1 技术能力与企业合作型原始创新行为

从资源基础观来看，技术能力是企业重要的无形资产，并且是企业开展创新活动的重要基础[325]，往往代表着企业在技术研发、应用方面的实力。学者对技术能力与创新之间的关系进行了较为深入的探讨。大多数学者认为企业技术能力与创新之间存在显著的正向关系，即企业拥有较强的技术能力会更加倾向于开展创新活动，并且取得较好的创新效果[326]。与一般意义上的创新不同，原始创新具有原创性、突破性和探索性等特点，需要很强的技术和知识积累，具有较高技术能力的企业可以更充分地发现自身实力的不足，在开展原始创新的过程中积极寻找存在资源互补的合作伙伴，更好地发挥资源匹配效应，从而促进企业合作型原始创新的产生。作为企业创新发展的核心资源，技术能力是获取持续性竞争优势的微观体现，是区别企业可持续发展潜力的重要指标[327]，较高的技术能力不仅体现在企业知识积累方面，而且体现在企业知识应用方面。企业开展原始创新是为了取得重大原创性的技术突破，进而获取竞争优势，故需要企业自身具有丰富的知识积累。因此，技术能力是决定企业是否开展原始创新活动的重要因素。较低的技术能力表明企业在知识存量方面的积累还较为薄弱，可能较难支撑原始创新所需的知识基础，从而难以取得突破性进展。

另外，从合作角度来看，具有较高技术能力的企业能够更加舒畅地同高校、科研机构等合作伙伴进行知识交互，也更加容易吸收和整合来自合作伙伴的技术和知识[328]，对开展合作型原始创新有积极作用。事实上，从社会网络理论来看，较强的技术能力能够更好地拓展社会关系，更有机会与高水平高校和科研机构建立合作关系，进而持续强化合作关系，为合作型原始创新奠定坚实的基础。反之，如果企业的技术能力较弱，则很大程度上无法获得高水平合作伙伴的青睐，导致合作成功率显著降低，甚至很有可能在合作过程中由于无法吸收和整合来自合作伙伴的知识，导致合作型原始创新失败，进一步弱化了企业与合作伙伴之间的联系，导致高质量的合作型原始创新难以开展。

现有研究关注了技术能力与一般意义创新之间的关系。技术能力作为企业获取持续性竞争优势的特殊资源，其对企业合作型原始创新的影响研究还有待进一步补充。基于此，本章通过对技术能力与企业合作型原始创新之间的分析，试图探究两者的关系，以及技术能力与其他因素之间的组态对合作型原始创新的影响，为企业开展合作型原始创新提供理论依据。

3.2.2　原始创新合作意愿与企业合作型原始创新行为

基于计划行为理论，企业某种行为的产生受到企业本身主观意愿的影响[329]。对于企业合作型原始创新，企业的原始创新合作意愿显得尤为重要。原始创新合作意愿是企业是否愿意采取合作型原始创新行为的主观因素，反映了企业对于与其他创新主体进行原始创新合作的认可度。从行为科学理论来看，行为的最终出现往往很大程度取决于拥有发生这种行为的意愿。对于合作型原始创新，企业基于自身资源禀赋或者所处阶段的考虑，会存在高低不同的原始创新合作意愿，这与后期是否产生合作型原始创新行为密切相关。基于此，原始创新合作意愿是企业合作型原始创新行为的重要影响因素。事实上，与一般意义上的创新相比，原始创新的复杂性及风险性更高，因此原始创新行为更加受到原始创新意愿的驱动。若企业拥有较高的原始创新意愿，则倾向于在现有知识、技术、人力的基础上开展具有原创性、探索性和突破性的活动，也更加愿意投入现有资源进行原始创新活动，并且能够一定程度地接受原始创新失败带来的负面影响。反之，若企业的原始创新意愿较低，则倾向于不采取原始创新行为，无法投入企业本身的各种资源进行关键技术攻关，从而难以取得原创性成果，与此同时，一旦合作型原始创新出现失败，企业也难以接受原始创新失败带来的资源损耗。

另外，从合作角度来看，具有较高原始创新合作意愿的企业更加愿意在外部寻求能够进行原始创新合作的优质伙伴，并且扩大知识搜寻范围，在原始创新合作过程中会尽量避免发生机会主义行为，倾向于与合作伙伴进行深度的知识交流，进一步激发原始创新灵感，深化企业与合作伙伴的信任关系，保证知识流动渠道顺畅，进而推动企业合作型原始创新的持续性开展。反之，当企业原始创新合作意愿不足时，企业在原始创新合作方面付出的努力程度不足，期待通过合作型原始创新获取竞争优势的动力减弱，可能导致在原始创新合作中知识流动不顺畅，引发企业与合作伙伴之间的机会主义行为，破坏原始创新主体间的信任关系，导致原始创新合作失败。

基于此，原始创新合作意愿对企业合作型原始创新具有重要影响，但现有研究尚未关注两者的关系，更多地探讨了一般意义上创新意愿与创新行为之间的关系。基于此，本章将原始创新合作意愿作为重要研究变量，探讨其在企业开展合作型原始创新中的作用路径，为企业合作型原始创新研究提供有益参考。

3.2.3 企业规模与企业合作型原始创新行为

企业规模在一定程度上代表着企业资源的相对丰裕度[324]，与企业合作型原始创新之间存在密切关系。关于企业规模与创新之间的关系，国内外学者进行了大量的探讨，但目前两者的关系并未达成一致，主要存在三种观点：①企业规模与创新之间存在正相关关系，大型企业在资源方面存在优势[330]，在创新方面要优于中小型企业[331]；②企业规模与创新之间存在负相关关系，大型企业的资源较为分散，在创新效率方面要低于小型企业[332]；③企业规模与创新之间存在非线性关系，并不是规模越大的企业的创新效果越好，可能存在倒 U 形关系或者门槛效应[333, 334]。对于企业规模与创新之间关系的争论，主要在于企业规模与其他变量共同作用于创新，此外，创新类型的不同也可能导致研究结果出现显著差异。如前所述，原始创新具有原创性、突破性和探索性等特点，需要投入较多资源；一般意义上，规模较大的企业能够提供原始创新所需的人力、物力、财力及知识技术等资源，而且更加能够承受原始创新失败带来的风险[335]。反之，当企业规模较小时，受自身资源的限制，可能更加关注在现有技术轨道上进行渐进式创新，对于需要较多资源的原始创新可能力不从心；由于原始创新具有高复杂性和不确定性，极易产生原始创新失败，规模较小的企业可能无法承受失败带来的冲击。从合作的角度来看，规模较大的企业的外部关系资源更丰富，更容易寻找到适宜的原始创新合作伙伴，并且发挥资源互补性的可能性更高；规模较小的企业较为不利于寻找原始创新合作伙伴，合作伙伴可能质疑小型企业的创新能力，从而对真正投入优势资源进行合作存在不确定性，无法实现原始创新所需要的深层次知识交互，可能导致合作型原始创新失败。

企业规模与合作型原始创新行为之间存在密切的关系，但目前聚焦企业规模与合作型原始创新行为的研究还较为缺乏。基于此，本章将企业规模作为重要变量纳入研究框架，探讨其与其他变量相互作用对企业开展合作型原始创新的影响路径，为企业合作型原始创新研究提供有益参考。

3.2.4　双重导向与企业合作型原始创新行为

目前学术界关于市场导向的定义主要存在两种视角，分别是企业收集和利用市场信息以满足市场需求的企业行为观视角，以及强调外部环境变化的企业文化观视角[336, 337]。事实上，上述两种视角都体现了企业对外部市场环境的认知及后续采取的措施，市场导向对企业创新的研究也得到了学者的重视，但两者的关系并未达成一致。一种观点认为，市场导向通过对市场信息的获取，进而满足市场消费需求，更加有利于企业创新[338]。另一种观点认为，市场导向可能导致过分关注现有市场信息，忽略了潜在的创新机会，一定程度地限制了创新行为的产生[339]。对于市场导向与企业创新之间关系的争论，主要在于市场导向与其他变量共同作用于企业创新，此外，企业创新类型的不同也可能导致研究结果出现显著差异。

企业合作型原始创新突出了合作型与原始创新的特点，市场导向体现出收集市场信息，包括消费者、竞争对手、合作伙伴等信息。注重市场导向的企业能够全面地搜集多元化信息，有助于企业快速了解市场的情况，激发企业的原始创新合作意愿，率先与优质外部伙伴形成合作关系，在原始创新方向决策上更加具有前瞻性，进一步加快对关键技术领域的突破与原创，从而开发出具有原创性、探索性的新产品，迅速引领市场需求[340]。市场导向的深化可以促进企业在合作型原始创新中利用外部新方法和新理念进行原创性活动，有助于拓宽和深化企业合作型原始创新领域。反之，企业不注重市场导向，就是不注重全面搜寻外部知识，容易缺乏对市场规律的准确认知，尤其是在开放式创新的背景下，闭门造车无法产生原创性成果；当企业市场导向程度较低时，无法迅速了解外部环境变化情况，在合作型原始创新中可能导致企业对原始创新方向把握不到位，对原始创新合作伙伴的选择存在局限性，从而导致企业合作型原始创新的失败。

从企业行为观视角，政策导向是指企业依据政策信息，调整企业行为以期实现组织目标[341]。对于具有原创性、突破性和探索性特点的原始创新，政府政策的引导必不可少。面对百年未有之大变局，党中央、国务院及科技部等都对推动原始创新制定了相应的政策方针，相关政策是企业开展合作型原始创新的外部环境要素，因此探讨政策导向与企业合作型原始创新之间的关系显得尤为必要。当企业政策导向程度较高时，企业合作型原始创新行为与政府政策的契合度提升，能够一定程度地强化企业的合法性并得到合作伙伴的认同[342]，有利于争取外部各项资源，调整企业创新行为向原始创新转变，加速推进原创性技术发明及关键性技术突破，进而推动合作型原始创新的实施与深入。当企业政策导向程度较低时，企业不注重对外部相关政策信息的收集，导致企业对政策信息的把握不到位，无法顺应新时代高质量发展的潮流，可能进一步降低企业合法性；政策一定程度上会指明企业合作型原始创新的方向及原始创新的迫切性，缺乏政策导向的企业创新行为可能陷入跟随式创新的怪圈。

双重导向（市场导向和政策导向）与企业合作型原始创新行为之间存在密切的关系，但目前聚焦市场导向和政策导向与合作型原始创新的研究还较为缺乏。基于此，本章将双重导向作为重要变量纳入研究框架，探讨其与其他变量相互作用对企业开展合作型原始创新的影响路径，为企业合作型原始创新研究提供有益参考。

3.2.5　理论模型的构建

企业合作型原始创新的行为生成机制涉及多个变量之间的相互关系，从企业内外部层面入手，基于资源基础观和行为科学理论，将技术能力、原始创新合作意愿、企业规模、市场导向及政策导向纳入研究框架，探讨上述变量组态效应对企业合作型原始创新的影响，为促进企业合作型原始创新提供理论依据。综上所述，企业内部因素与双重导向组态效应影响企业合作型原始创新行为的理论模型如图 3.1 所示。

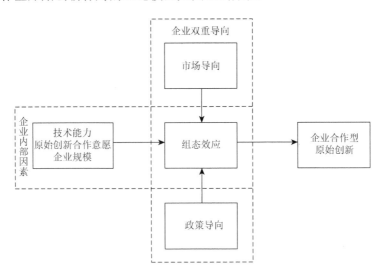

图 3.1　企业内部因素与双重导向组态效应影响企业合作型原始创新行为的理论模型

3.3　企业合作型原始创新行为生成机制的研究设计

3.3.1　数据收集与变量测量

本章采用问卷调查方式，以在合作型原始创新方面取得重要成果的企业为研究对象。研究团队首先进行预测试，根据研究团队所在学校工商管理硕士（master of business administration，MBA）和高级管理人员工商管理硕士（executive master of business administration，EMBA）学员的问卷回答情况及专家建议对问卷题项进行优化，然后形成正式问卷。根据团队成员的社会网络关系及团队筛选实际企业合作型原始创新的情况，开展问卷调查工作。累计发放问卷 300 份，收回 203 份，剔除非有效问卷 14 份，最终有效问卷为 189 份，有效收回率为 63%。由于问卷调查主要涉及企业层面，调查对象为企业中高级管理者，对问卷数据进行哈曼（Harman）单因素检验，结果并没有出现一个因子解释大部分方差的情况，表明研究同源方差问题并不严重。

关于变量测度，为了保证问卷的信度和效度，问卷题项均来源于国内外成熟量表。正式问卷中除企业基本信息外，其他变量均采用利克特（Likert）七级量表进行测度，1 表示非常不同意（低，少），7 表示非常同意（高，多），由低到高过渡，4 表示中立态度。

（1）技术能力。采用吴晓云和张欣妍使用的技术能力量表[343]，从研发投入、企业设备情况、拥有知识量、拥有科研人员数量、市场准备投入五个方面对企业技术能力进行测度，共 5 个题项。

（2）原始创新合作意愿。目前尚未有直接测量原始创新合作意愿的量表，借鉴刘群慧和李丽使用的合作创新意愿量表[344]，通过愿意合作获得原始创新资源、愿意合作提升原始创新成功率、愿意合作降低原始创新成本等测度原始创新合作意愿，共 6 个题项。

（3）企业规模。遵循学者的通用做法，利用企业员工数量作为衡量企业规模的指标，为便于后续研究数据处理，将企业规模分为 4 个档次。

（4）市场导向。采用 Narver 和 Slater 使用的量表[345]，从顾客导向、竞争者导向及跨团队导向三个方面进行市场导向的测度，共 9 个题项。

（5）政策导向。采用陈启杰等开发的量表[341]，从政策信息产生、政策信息传播和经营行为调整三个方面进行政策导向的测度，共 10 个题项。

（6）企业合作型原始创新。采用杨卓尔和高山行使用的企业合作型原始创新量表[346]，通过在合作研发中实现核心技术突破、与合作伙伴致力于开展具有突破性的科学研究和技术发明、合作研发产生的产品具有原创性和新颖性，以及能够将合作研发的原创性成果推向市场衡量企业合作型原始创新，共 4 个题项。

3.3.2 信度效度检验与描述性分析

运用 SPSS22.0 软件进行信度与效度检验，检验结果如表 3.1 所示。5 个变量的克龙巴赫 α 系数（Cronbach's α coefficient，简称 α 系数）均大于 0.7，表明问卷具有良好的信度。所采用的量表均来自国内外成熟量表，因此具有较好的内容效度。量表题项的凯泽-迈耶-奥尔金（Kaiser-Meyer-Olkin，KMO）值均大于 0.7，表明量表题项适合使用因子分析；各个变量题项的因子载荷都处于 0.6～0.9，表明量表题项能够较好地反映变量的构念，故量表具有较好的结构效度。根据因子载荷计算组合信度（composite reliability，CR）和平均方差萃取量（average variance extracted，AVE），变量的 CR 均大于 0.7，进一步表明量表信度良好，AVE 均大于 0.5，表明量表具有良好的区分效度。

表 3.1　量表的信度与效度检验

变量	变量指标	因子载荷	KMO 值	α 系数	CR	AVE
技术能力	Q_1～Q_5	0.798～0.829	0.874	0.866	0.903	0.652
原始创新合作意愿	Q_6～Q_{11}	0.743～0.791	0.894	0.864	0.898	0.596
市场导向	Q_{12}～Q_{20}	0.815～0.858	0.955	0.950	0.957	0.714
政策导向	Q_{21}～Q_{30}	0.643～0.755	0.934	0.892	0.911	0.506
企业合作型原始创新	Q_{31}～Q_{34}	0.769～0.802	0.792	0.793	0.866	0.617

对样本数据进行描述性统计，如表 3.2 所示。变量间表现出相关性，且方差膨胀系数（variance inflation factor，VIF）均小于 2，说明变量间不存在多重共线性问题。AVE 平方根都大于变量间的皮尔逊（Pearson）相关系数，进一步说明变量间区分度较好。

表 3.2　主要变量的描述性统计

变量	企业规模	技术能力	原始创新合作意愿	市场导向	政策导向	企业合作型原始创新
企业规模	1.000					
技术能力	0.149*	0.807				

变量	企业规模	技术能力	原始创新合作意愿	市场导向	政策导向	企业合作型原始创新
原始创新合作意愿	0.162*	0.554**	0.772			
市场导向	0.015	0.498**	0.378**	0.845		
政策导向	0.139	0.583**	0.440**	0.375**	0.711	
企业合作型原始创新	0.132	0.612**	0.538**	0.507**	0.519**	0.785
均值	2.420	4.938	5.041	4.833	5.229	5.160
标准差	1.121	1.018	0.910	1.263	0.791	0.915

说明：$N = 189$，主要变量的 AVE 平方根如对角线所示

$*p < 0.05$

$**p < 0.01$

3.3.3　研究方法与变量校准

为了更好地打开企业合作型原始创新行为生成机制的"黑箱"，选取 fsQCA 法进行后续论证。与回归分析法不同，fsQCA 法能够更加清晰地分析变量间的相互关系，从而发现导致结果的多重并发因果关系[347]，比回归分析法仅考虑单个前因变量对结果变量的影响更加符合实际，并且可以探讨不同前因条件的互补替代效果，为实现相应结果提出多种选择路径。对于企业合作型原始创新，考虑单种因素难以为开展企业合作型原始创新提供参考，探讨多种前因变量的组态效应更能发现提升企业合作型原始创新的多重路径。基于此，fsQCA 法适用于探析引致企业合作型原始创新的前因条件组态路径。

变量校准是进行 fsQCA 的前提[348]。基于上述问卷调查的数据，对其进行变量校准，从而符合 fsQCA 过程。变量校准主要需要确定 3 个临界值，分别是完全隶属、完全不隶属及交叉点。尽管有学者认为可以基于量表刻度选取临界值，但依然存在缺陷，即问卷样本分布不一定与量表刻度相一致，因此仅基于量表刻度的临界值选择具有较大的局限性[347]。综合问卷样本实际情况，将除企业规模外的所有变量设定为最小值（完全不隶属）、均值（交叉点）、最大值（完全隶属）的对应值，如表 3.3 所示。企业规模按照 fsQCA 常用的四分法赋值，确定为 0（员工数量为 100 人及以下）、0.33（员工数量为 101～500 人）、0.67（员工数量为 501～1000 人）、1（员工数量为 1000 人以上）[324]。

表 3.3　各变量的校准临界值

变量		临界值		
		完全隶属	交叉点	完全不隶属
前因变量	技术能力	6.60	4.94	1.40
	原始创新合作意愿	6.67	5.04	1.67
	市场导向	6.65	4.83	1.44
	政策导向	6.60	5.23	2.20
结果变量	高企业合作型原始创新	7.00	5.16	1.50
	非高企业合作型原始创新	1.50	5.16	7.00

3.4　企业合作型原始创新行为生成机制的研究结果分析

3.4.1　必要条件分析

在确定变量校准临界值之后，运用 fsQCA3.0 软件进行数据分析。为了明确单个变量与企业合作型原始创新之间的关系，首先采用必要条件分析，对前因变量是不是必要条件进行检验。必要条件是指当结果产生时，该条件总是存在。遵循学者的研究惯例，当一致性高于 0.9 时，可以判定该条件为必要条件[349]。表 3.4 为企业合作型原始创新必要条件分析结果。从一致性结果来看，单个前因变量对高或非高企业合作型原始创新都未达到阈值 0.9 的水平，故单个前因条件（技术能力、原始创新合作意愿、企业规模、市场导向及政策导向）均无法成为企业合作型原始创新的必要条件。

表 3.4　企业合作型原始创新必要条件分析结果

前因变量	结果变量			
	高企业合作型原始创新		非高企业合作型原始创新	
	一致性	覆盖度	一致性	覆盖度
高技术能力	0.845136	0.827108	0.733977	0.573917
非高技术能力	0.564629	0.726516	0.778890	0.800735
高原始创新合作意愿	0.844279	0.842596	0.767692	0.612141
非高原始创新合作意愿	0.611365	0.767108	0.802598	0.804610
高企业规模	0.611746	0.716660	0.606267	0.567462
非高企业规模	0.630782	0.667237	0.697284	0.589307
高市场导向	0.844945	0.810537	0.725519	0.556063
非高市场导向	0.537216	0.710116	0.752800	0.795043
高政策导向	0.842566	0.830706	0.762212	0.600413
非高政策导向	0.594707	0.757885	0.785085	0.799369

3.4.2　企业合作型原始创新行为生成的前因条件组态

在进行必要条件分析之后，对前因条件组态的充分性进行判定，探讨影响企业合作型原始创新的路径。遵循 fsQCA 的操作原则，利用真值表进行评估，采取大多数学者的设定规则，将原始一致性阈值、不一致性比例减少（proportional reduction in inconsistency，PRI）一致性阈值及频数阈值分别设为 0.7、0.8 与 1[350, 351]。结合中间解与简约解的结果，得出高企业合作型原始创新的 4 条前因变量组态路径与非高企业合作型原始创新的 3 条前因变量组态路径，如表 3.5 所示。高企业合作型原始创新和非高企业合作型原始创新的总体覆盖率分别为 0.851418 和 0.632476，说明组态路径能够很好地覆盖问卷样本情况，并且单条组态路径一致性及总体一致性都高于 fsQCA 的一致性阈值 0.75[349]。基于此，导致高企业合作型原始创新和非高企业合作型原始创新的组态路径能够解释结果的产生，并且具有很强的解释力度。

表 3.5　高、非高企业合作型原始创新的前因条件组态路径

前因条件	高企业合作型原始创新				非高企业合作型原始创新		
	路径 1	路径 2	路径 3	路径 4	路径 1	路径 2	路径 3
技术能力	●	●	●		⊗	⊗	⊗
原始创新合作意愿	●			●	⊗	⊗	⊗
企业规模		⊗				⊗	⊗
市场导向			●	●	⊗		
政策导向			●	●	⊗	⊗	
覆盖率	0.750238	0.519988	0.693127	0.661622	0.566715	0.481892	0.474744
净覆盖率	0.094898	0.011993	0.034932	0.028841	0.121277	0.036455	0.029307
一致性	0.899772	0.933687	0.921656	0.914365	0.967460	0.975169	0.974090
总体覆盖率	0.851418				0.632476		
总体一致性	0.863501				0.961427		

说明：参考 Ragin 的符号表示[349]，●表示组态路径中该变量存在，⊗表示组态路径中该变量不存在，空白表示组态路径中该变量可存在也可不存在

1. 高企业合作型原始创新的组态路径

在技术能力、原始创新合作意愿、企业规模、市场导向及政策导向 5 个因素的复杂作用下，实现高企业合作型原始创新存在 4 条组态路径（表 3.5）。

路径 1：高技术能力×高原始创新合作意愿，一致性为 0.899772，净覆盖率为 0.094898，表示无论其他前因条件（高企业规模、高市场导向和高政策导向）存在与否，具有高技术能力和高原始创新合作意愿的企业都能够实现高企业合作型原始创新。技术能力体现了企业在知识积累、开发和应用方面的优势，而企业开展合作型原始创新是为了取得重大原创性的关键技术突破，知识积累、开发和应用就显得尤为重要，具有较高水平的技术能力体现了企业内部的创新实力。原始创新合作意愿体现了企业内部的原始创新合作动机，具有较高的原始创新合作意愿会引导企业积极与外部创新主体进行原始创新合作。因此，即使不存在外部因素（市场导向和政策导向）的驱动，从企业内部要素出发，企业依靠高技术能力与高原始创新合作意愿的结合也能够实现高企业合作型原始创新。从覆盖率来看，依靠内部要素（技术能力和原始创新合作意愿）实现高企业合作型原始创新在样本中的覆盖率最高。

路径 2：高技术能力×非高企业规模×高市场导向，一致性为 0.933687，净覆盖率为 0.011993，表示当企业规模较小时，无论企业是否具备高原始创新合作意愿，当企业具有高技术能力和高市场导向时，都能够实现高企业合作型原始创新。规模较小的企业的资源丰裕度较低，受到资源限制，会把优势资源集中到某些重要领域，一旦具有高技术能力和高市场导向，就能够通过市场导向搜集多元化信息发掘合作型原始创新方向，聚焦关键核心技术领域的突破，而自身的高技术能力能够支撑原始创新的产生，推动规模较小的企业联合外部创新伙伴，形成资源互补匹配效应，进而实现高企业合作型原始创新。因此，无论高原始创新合作意愿和高政策导向存在与否，规模较小的企业依靠高技术能力和高市场导向都能取得合作型原始创新的积极进展。路径 2 的产生回应了规模较小的企业如何实现高企业合作型原始创新，为以往原始创新研究仅关注大规模企业提供了新的思考。

路径 3：高技术能力×高市场导向×高政策导向，一致性为 0.921656，净覆盖率为 0.034932，表示无论企业是不是大规模企业及是否具备高原始创新合作意愿，当企业具有高技术能力、高市场导向及高政策导向时，企业都能够实现高企业合作型原始创新。技术能力提供了开展原始创新的资源基础，是体现企业可持续发展能力的重要指标，高技术能力更易于与合作伙伴开展高层次的原始创新合作。高市场导向和高政策导向主要从外部要素视角引导企业开展合作型原始创新，具有高市场导向的企业对市场信息更为敏感，容易识别现有和潜在市场需求，并基于此开展相应的关键核心技术攻关，而具有高政策导向的企业对政策信息更加敏感，有助于企业解决国家需要重点突破的技术难题，对合作型原始创新决策至关重要。事实上，高市场导向与高政策导向的结合从外部因素视角驱动企业合作型原始创新，而高技术能力为企业的内在要素，内外部因素的有效结合能够实现高企业合作型原始创新。

路径 4：高原始创新合作意愿×高市场导向×高政策导向，一致性为 0.914365，净覆盖率为 0.028841，表示无论企业是不是大规模企业及是否具备高技术能力，若企业具有高原始创新合作意愿、高市场导向及高政策导向，就能够实现高企业合作型原始创新。高原始创新合作意愿代表着企业内部倾向于进行原始创新合作，根据行为科学理论，原始创新合作意愿能够驱动合作型原始创新的产生。同时，具有高市场导向与高政策导向的企业受到外部信息（市场与政策）的刺激，会进一步加剧原始创新合作意愿，推动高企业合作型原始创新的产生。事实上，路径 4 展现了企业受到外部因素的驱动，与企业内部原始创新合作意愿共同作用，实现高企业合作型原始创新。外部因素的作用与技术能力之间形成替代效应，原因在于当企业原始创新合作意愿较高、外部因素驱动力量较强时，企业会积极地联合原始创新合作伙伴，深化与合作伙伴之间的信任关系，推动高企业合作型原始创新的产生。

综上所述，对比上述实现高企业合作型原始创新的组态路径，可以将路径 1 命名为技术能力-意愿驱动型，路径 2 命名为技术能力-市场驱动型，路径 3 命名为技术能力-双重导向型，路径 4 命名为意愿-双重导向型。其中，技术能力与市场导向分别出现在 3 条组态路径中，反映出技术能力及市场导向对实现高企业合作型原始创新的重要作用。通过对企业内外部因素的考虑，研究发现的 4 条组态路径为实现高企业合作型原始创新提供了理论依据。

2. 非高企业合作型原始创新的组态路径

对于存在因果不对称性的问题，定性比较分析法也具有很强的适用性，即某个结果出现或不出现的前因条件组态并不是完全相反的[350]。为了明确企业合作型原始创新驱动机制，进一步分析导致非高企业合作型原始创新的前因条件组态路径（表 3.5）。

路径 1：非高技术能力×非高原始创新合作意愿×非高市场导向×非高政策导向，一致性为 0.967460，净覆盖率为 0.121277，表示无论企业规模大小，若企业缺乏高技术能力、缺乏高原始创新合作意愿、缺乏高市场导向和高政策导向，企业合作型原始创新就会受到抑制。原始创新的特点导致企业需要一定的技术、人才、知识的积累，若企业内部缺乏高技术能力和高原始创新合作意愿，对外部市场与政策信息又不敏感，就难以对合作型原始创新形成有效的支撑，该情况的出现与企业规模不存在密切的关系。从覆盖率来看，该路径的覆盖率最高，是导致非高企业合作型原始创新的主要路径。

路径 2：非高技术能力×非高原始创新合作意愿×非高企业规模×非高政策导向，一致性为 0.975169，净覆盖率为 0.036455，表示当企业规模较小、缺乏高技术能力、缺乏高原始创新合作意愿及缺乏高政策导向时，无论是否具有高市场导向，企业合作型原始创新都会受到抑制。企业规模较小导致容易受到资源方面的限制，企业内部缺乏高技术能力导致无法为原始创新提供持续性保障，缺乏高原始创新合作意愿容易导致合作成功率显著降低，而对来自外部的政策信息不敏感可能导致合作型原始创新决策出现偏差。在此情形下，企业可能更加倾向于沿着现有技术轨道进行渐进式创新，导致合作型原始创新难以顺利实施。

路径 3：非高技术能力×非高原始创新合作意愿×非高企业规模×非高市场导向，一致性为 0.974090，净覆盖率为 0.029307，表示当企业规模较小、缺乏高技术能力、缺乏高原始创新合作意愿及缺乏高市场导向时，无论是否具有高政策导向，企业合作型原始创新都会受到抑制。企业规模较小导致企业的资源丰裕度较低，企业内部缺乏高技术能力导致原始创新基础薄弱，缺乏高原始创新合作意愿导致难以形成原始创新合作行为，而对来自外部的市场信息不敏感可能导致企业无法适应市场环境变化，导致合作型原始创新失败。

综上所述，对比上述非高企业合作型原始创新的前因条件组态路径，3 条前因条件组态路径都包括非高技术能力和非高原始创新合作意愿，企业内部因素的缺乏对导致非高企业合作型原始创新有重要作用。

3.4.3　稳健性检验

遵循以往学者使用 fsQCA 法的经验进行研究结果的稳健性检验，为了提升研究结果的可靠性和可信度，本节通过调整真值表构建过程中的案例频数阈值进行稳健性检验。当调整案例频数阈值为 2 时，高或非高企业合作型原始创新的前因条件组态路径与案例频数阈值为 1 时完全一致，前因条件组态路径未发生任何变化。基于此，本章对企业合作型原始创新前因条件组态路径的研究结果是稳健的。

3.5　本　章　小　结

本章首先基于资源基础理论和行为科学理论,对企业合作型原始创新行为生成机制的理论基础进行了分析,明确了企业内外部因素的共同作用能够推动企业合作型原始创新行为的产生;其次构建了技术能力、原始创新合作意愿、企业规模、市场与政府双重导向的企业合作型原始创新行为生成机制的理论模型;最后采用 fsQCA 法探究了企业合作型原始创新行为产生的前因条件组态路径并进行了稳健性检验,探讨了高企业合作型原始创新与非高企业合作型原始创新组态路径的非对称性问题,为指导企业与其余创新主体进一步开展合作型原始创新奠定了基础。

第4章　基于互惠理论的企业合作型原始创新的合作形成阶段分析

基于互惠理论的企业合作型原始创新的合作形成阶段主要包括互惠共生伙伴的选择和合作型原始创新氛围的形成。高校和科研机构合作伙伴的选择不仅是企业合作型原始创新的开端,而且是企业获取外部资源的有效途径。企业能否选择恰当的互惠共生伙伴决定着企业合作型原始创新的成败。企业合作型原始创新氛围的形成会促进两类原始创新主体间开展合作创新行为。

4.1　企业合作型原始创新互惠共生伙伴选择研究

随着世界经济格局的转变,大国之间的博弈关系越来越表现出原始创新能力的对弈,原始创新主体基于拥有的资源禀赋开展原始创新活动,通过提升核心竞争能力,以获得更多国际话语权。原始创新具有复杂性及高风险性,所需知识的专业化特征显著,需要原始创新主体间的协同合作。企业是科技成果转化的重要力量,拥有大量应用性知识资源,高校和科研机构是突破基础性研究瓶颈的关键主体,拥有大量基础性知识资源,双方资源具有很强的互补性。但是,现实情况是双方在开展企业合作型原始创新过程中,有半数以上的合作以失败告终,究其原因是未能选择合适的合作伙伴[352],而合适的合作伙伴是双方顺利开展合作型原始创新的前提。因此,研究企业合作型原始创新的伙伴选择对提高合作型原始创新的成功率具有重要意义。

当企业间的合作双方为达到共同目的欲开展合作时,往往需要基于双方的合作兼容性、战略协同性、资源互补性、财务状况等客观因素进行考量[38,353],此外,为了保证合作的持续性,还需要考虑合作伙伴间的文化相容性、信任度、承诺等主观因素[354-356]。因此,为了综合考虑多种因素的影响而选择合适的合作伙伴,学者将改进遗传算法[357]、直觉模糊集[358]、灰色模糊评价[359]、粒子群优化算法和改进的逼近理想解法(technique for order preference by similarity to an ideal solution,TOPSIS)[360,361]等多种方法应用到合作伙伴选择的研究中。无论是对伙伴选择的影响因素,还是对伙伴选择的方法的研究都为本章的研究奠定了坚实的基础，但同时仍存在需要完善之处。一方面，在伙伴选择的影响因素方面，企业之间的合作不同于企业与高校和科研机构之间的合作型原始创新。企业合作型原始创新要求合作双方在多领域、多方面进行深入合作，既要能够共同承担原始创新失败的风险，又要具备原始创新所需要的各种资源，同时由于原始创新的周期较长，合作更要具有持续性，原始创新主体要保持一荣俱荣、一损俱损的互利共生关系，这就要求企业合作型原始创新在伙伴选择上要基于共生视角进行研究，而以往此类研究较为欠缺。共生的概念及相关理论源于生物领域，学者将其应用到社会经济学领域[362]，揭示了企业与高校和科研机构的合作共生机理[363]、产学研共生网络形成机理[220]、产业创新联盟的共生机制[364]等，这些研究为本章基于共生视角研究企业合作型原始创新的伙伴选择提供了理论支撑。另一方面，在伙伴选择的方法方面，以往研究忽视了评价指标之间相互关联的影响，且决策具有较大的主观性，难以做到客观评价候选伙伴。因此，本章基于互惠共生视角研究企业合作型原始创新的伙伴选择问题，并充分考虑评价指标间的影响，以期完善以往研究的不足，为研究企业与高校和科研机构开展合作型原始创新的伙伴选择方面的问题提供参考。

4.1.1　企业合作型原始创新互惠共生的理论分析

共生理论表明生物体之间总是存在着相互依存、和谐统一的共生关系，由共生单元、共生模式和共生环境构成共生三要素[362]。对于企业合作型原始创新互惠共生体，企业与高校和科研机构构成了基本的共生单元，两类原始创新主体间的合作关系为共生模式，两类原始创新主体所处的市场环境、国际环境、政策环境等外部环境是共生环境。

企业与高校和科研机构能够构成原始创新互惠共生体的基础如下：原始创新活动不同于传统意义的创新行为，而是需要从无到有的创造性生产新知识的过程，且对相关知识的专业化水平具有较高要求，企业仅依靠自身拥有的资源禀赋难以实现原始创新活动，需要高校和科研机构为其提供纯基础性新知识[307]，高校和科研机构也需要企业提供应用性新知识为其把握方向，从而使其科研成果能够顺利落地，实现成果转化[3]。基于此，两类原始创新主体为整合双方互补性资源，发挥各自优势并激发各自潜能，顺利实现原始创新活动，从而双方建立互惠共生的合作关系，具有合作共生模式的共生体初具雏形[364]。

企业与高校和科研机构虽然具有构建互惠共生体的基础，但还存在着前

提条件，即寻找合适的互惠共生伙伴。一方面，企业通过选择原始创新能力
强、与企业具有较高匹配度的高校和科研机构，既能够满足企业对开展原始
创新所需资源的要求，又能够使企业从丰富的知识库中获得更多的边缘资
源，还能够降低双方的匹配成本，从而使企业与高校或科研机构顺利开展合
作型原始创新。另一方面，企业对互惠共生伙伴选择的过程也是企业对市场
供需关系、主体间竞合关系深入分析并提高市场敏捷性、同盟亲密性及共生
度的动态过程，并反馈到共生环境中，进一步强化两类原始创新主体的共生
关系。企业合作型原始创新互惠共生关系图如图 4.1 所示。

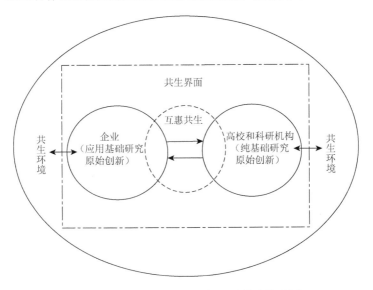

图 4.1　企业合作型原始创新互惠共生关系图

4.1.2　企业合作型原始创新互惠共生伙伴的指标选择

　　企业与高校和科研机构组成的互惠共生体会因质参量的变化而受到影
响，因此企业在选择合作伙伴时要合理确定质参量并充分评估共生单元的
质参量水平。企业合作型原始创新的难度大、风险高、周期长，对伙伴提
供的纯基础研究的新知识产生质量有极高要求，这就需要合作伙伴有很强
的原始创新能力。同时，为提高企业合作型原始创新的效率，还需要合作
伙伴与企业具有较高的兼容性，这意味着双方在技术、文化、目标等方面
高度契合，能够有效避免双方在原始创新过程中的冲突，降低双方磨合的
成本。因此，本章将原始创新能力与兼容性作为共生单元的主质参量。从
投入和产出两个方面评价原始创新能力，分别由研究人员数量、基础研究
经费和被权威检索系统（SCI、EI 等）收录论文数量、自然科学奖衡量[3, 307]。

从互惠性文化的兼容性[4, 365]、合作技术和原有技术的兼容性及目标的兼容性方面评价双方兼容性。通过对高校和科研机构互惠性文化的环境及与企业互惠性文化兼容性的考察，有利于双方在开展合作型原始创新过程中达成互惠共生的共识；通过对技术兼容性的考察，有利于满足合作型原始创新的资源需求，降低技术融合成本与壁垒；通过对双方原始创新目标兼容性的考察，能够提高原始创新互惠共生体的凝聚力，最大限度发挥共生单元的资源优势。除此之外，企业与高校和科研机构两类原始创新主体在合作前期积累的信任沟通程度也会影响后续合作型原始创新的顺利进行，信任沟通程度可以通过以往合作经验、声誉及对利益分配和产权归属的共识进行评价[366]。以往合作经验为合作型原始创新奠定了基础，声誉会直接影响候选伙伴的选择概率。基于以上各方面对原始创新合作伙伴进行评价和选择，有利于企业合作型原始创新的顺利进行。企业合作型原始创新互惠共生伙伴选择评价指标体系如表 4.1 所示。

表 4.1　企业合作型原始创新互惠共生伙伴选择评价指标体系

目标层	准则层	指标层
企业合作型原始创新互惠共生伙伴选择（H）	合作伙伴原始创新能力（C_1）	研究人员数量（C_{11}）
		基础研究经费（C_{12}）
		被权威检索系统（SCI、EI 等）收录论文数量（C_{13}）
		自然科学奖（C_{14}）
	合作伙伴兼容性（C_2）	互惠性文化的兼容性（C_{21}）
		合作技术和原有技术的兼容性（C_{22}）
		目标的兼容性（C_{23}）
	信任沟通程度（C_3）	以往合作经验（C_{31}）
		声誉（C_{32}）
		对利益分配和产权归属的共识（C_{33}）
	合作意愿（C_4）	参与原始创新的合作意愿（C_{41}）

4.1.3　基于 FANP-FTOPSIS 的伙伴选择评价模型

对建立的企业合作型原始创新互惠共生伙伴选择评价指标体系指标层进行分析，指标层虽然能够准确反映出准则层，但不同的指标层之间可能存在一定的影响，如对利益分配和产权归属的共识会影响参与原始创新的合作意愿，自然科学奖会受到研究人员数量和基础研究经费的影响。为此，本章采用考虑指标间关联关系并增强指标权重客观性的 FANP 确定指标权重，并运用 FTOPSIS 对企业合作型原始创新互惠共生伙伴选择进行评价。

1. 三角模糊数

三角模糊数表示为 $\tilde{M} = (l, m, u)$，其中，$l \leqslant m \leqslant u$，隶属函数值为

$$u_{\tilde{M}}(x) = \begin{cases} (x-l)/(m-l), & l \leqslant x \leqslant m \\ (x-u)/(m-u), & m < x \leqslant u \\ 0, & x < l \text{或} x > u \end{cases} \quad (4\text{-}1)$$

当 $l = m = u$ 时，$\tilde{M}$ 是一个精确数。两个三角模糊数 $\tilde{M}_1 = (l_1, m_1, u_1)$ 和 $\tilde{M}_2 = (l_2, m_2, u_2)$ 的运算规则如下[365]：

$$\tilde{M}_1 \oplus \tilde{M}_2 = (l_1, m_1, u_1) \oplus (l_2, m_2, u_2) = (l_1 + l_2, m_1 + m_2, u_1 + u_2) \quad (4\text{-}2)$$

$$\tilde{M}_1 \otimes \tilde{M}_2 = (l_1, m_1, u_1) \otimes (l_2, m_2, u_2) = (l_1 l_2, m_1 m_2, u_1 u_2) \quad (4\text{-}3)$$

$$(\lambda, \lambda, \lambda) \otimes \tilde{M}_1 = (\lambda l_1, \lambda m_1, \lambda u_1), \lambda > 0, \lambda \in \mathbb{R} \quad (4\text{-}4)$$

$$\tilde{M}_1^{-1} = (l_1, m_1, u_1)^{-1} = (1/u_1, 1/m_1, 1/l_1) \quad (4\text{-}5)$$

两个三角模糊数 $\tilde{M}_1 = (l_1, m_1, u_1)$ 和 $\tilde{M}_2 = (l_2, m_2, u_2)$ 可以进行比较，$\tilde{M}_2 \geqslant \tilde{M}_1$ 的可能度为[367]

$$V(\tilde{M}_2 \geqslant \tilde{M}_1) = \begin{cases} 1, & m_2 \geqslant m_1 \\ 0, & l_1 \geqslant u_2 \\ \dfrac{l_1 - u_2}{(m_2 - u_2) - (m_1 - l_1)}, & \text{其他} \end{cases} \quad (4\text{-}6)$$

设由 $n+1$ 个三角模糊数构成集合 $H = \{\tilde{M}, \tilde{M}_1, \tilde{M}_2, \cdots, \tilde{M}_n\}$，则 $\tilde{M} \geqslant \tilde{M}_1$，$\tilde{M}_2, \cdots, \tilde{M}_n$ 的可能度为[365]

$$V(\tilde{M} \geqslant \tilde{M}_1, \tilde{M}_2, \cdots, \tilde{M}_n) = \min\left\{ V(\tilde{M} \geqslant \tilde{M}_1), V(\tilde{M} \geqslant \tilde{M}_2), \cdots, V(\tilde{M} \geqslant \tilde{M}_n) \right\}$$
$$(4\text{-}7)$$

两个三角模糊数 $\tilde{M}_1 = (l_1, m_1, u_1)$ 和 $\tilde{M}_2 = (l_2, m_2, u_2)$ 之间的距离为[368]

$$d_v(\tilde{M}_1, \tilde{M}_2) = \sqrt{\frac{1}{3}\left[(l_1 - l_2)^2 + (m_1 - m_2)^2 + (u_1 - u_2)^2\right]} \quad (4\text{-}8)$$

2. 指标权重向量的计算步骤

（1）形成三角模糊判断矩阵。由三角模糊数的定量表示得到三角模糊判断矩阵 $\tilde{M} = \left[\tilde{M}_{ij}\right]_{n \times n}$，其中，$\tilde{M}_{ij} = (l_{ij}, m_{ij}, u_{ij})$ 是决策者给出的指标间相对重要程度的三角模糊数。

（2）综合各决策者的评价信息。假设共有 K 个决策者，第 k 个决策者给出的三角模糊数为 $\tilde{M}_{ij}^k = \left(l_{ij}^k, m_{ij}^k, u_{ij}^k\right)$，采用简单平均法综合各决策者的评价信息：

$$\tilde{M}_{ij} = \frac{1}{K} \otimes \left(\tilde{M}_{ij}^1 \oplus \tilde{M}_{ij}^2 \oplus \cdots \oplus \tilde{M}_{ij}^K\right) = \frac{1}{K}\left(\sum_{k=1}^{K} l_{ij}^k, \sum_{k=1}^{K} m_{ij}^k, \sum_{k=1}^{K} u_{ij}^k\right) \quad (4\text{-}9)$$

（3）计算模糊综合程度值：

$$S_i = \sum_{j=1}^{n} \tilde{M}_{ij} \otimes \left(\sum_{i=1}^{n} \sum_{j=1}^{n} \tilde{M}_{ij} \right)^{-1} = \left(\frac{\sum_{j=1}^{n} l_{ij}}{\sum_{i=1}^{n} \sum_{j=1}^{n} u_{ij}}, \frac{\sum_{j=1}^{n} m_{ij}}{\sum_{i=1}^{n} \sum_{j=1}^{n} m_{ij}}, \frac{\sum_{j=1}^{n} u_{ij}}{\sum_{i=1}^{n} \sum_{j=1}^{n} l_{ij}} \right) \quad (4\text{-}10)$$

（4）由式（4-6）计算 $S_i \geqslant S_j (i, j = 1, 2, \cdots, n\,$且$\,i \neq j)$ 的可能度 $V(S_i \geqslant S_j)$，再由式（4-7）计算 $S_i \geqslant S_1, S_2, \cdots, S_n$ 的可能度 $d(x_i) = V(S_i \geqslant S_1, S_2, \cdots, S_n)$。

（5）计算指标的权重向量。由 $d(x_i)$ 可知，指标的权重向量为 $W' = \left(d(x_1), d(x_2), \cdots, d(x_n) \right)^{\mathrm{T}}$，将其归一化后可得 $W = (w_1, w_2, \cdots, w_n)^{\mathrm{T}}$，其中，$w_i = d(x_i) \Big/ \sum_{i=1}^{n} d(x_i)$。

3. 基于 FANP 的指标权重确定方法

FANP 将系统元素划分为控制层和网络层[369]，控制层由目标层和决策准则组成，决策准则只受目标层影响，彼此相互独立；网络层由所有受控制层支配的元素组成[367]。FANP 的具体分析步骤如下。

（1）构建评价指标体系，通过文献分析和专家访谈等方式确定评价指标之间的相互作用关系，形成企业合作型原始创新互惠共生伙伴选择评价的网络结构图，如图 4.2 所示。

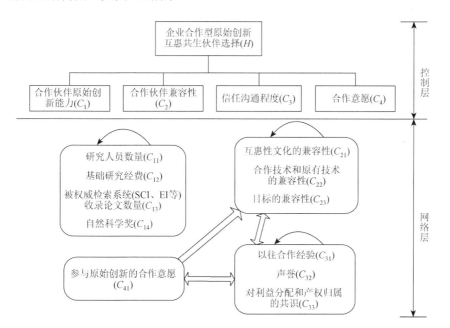

图 4.2 企业合作型原始创新互惠共生伙伴选择评价的网络结构

（2）根据专家打分，通过对评价指标的两两比较，利用表 4.2 的语言标度构建模糊判断矩阵，运用简单平均法得到 4 位专家的综合模糊判断矩阵（因篇幅所限，书中只列出部分综合模糊判断矩阵作为示例，见表 4.3～表 4.5）。

表 4.2　指标相对重要性评估的语言标度

语言变量	三角模糊数	三角模糊倒数
相同（JE）	(1, 1, 1)	(1, 1, 1)
同等重要（EI）	(1/2, 1, 3/2)	(2/3, 1, 2)
稍微重要（WMI）	(1, 3/2, 2)	(1/2, 2/3, 1)
很重要（SMI）	(3/2, 2, 5/2)	(2/5, 1/2, 2/3)
非常重要（VMI）	(2, 5/2, 3)	(1/3, 2/5, 1/2)
绝对重要（AMI）	(5/2, 3, 7/2)	(2/7, 1/3, 2/5)

表 4.3　控制层综合模糊判断矩阵

项目	合作伙伴原始创新能力（C_1）	合作伙伴兼容性（C_2）	信任沟通程度（C_3）	合作意愿（C_4）
合作伙伴原始创新能力（C_1）	(1.000, 1.000, 1.000)	(0.625, 1.042, 1.500)	(1.125, 1.542, 2.000)	(0.750, 1.167, 1.625)
合作伙伴兼容性（C_2）	(0.708, 1.042, 1.750)	(1.000, 1.000, 1.000)	(1.000, 1.417, 1.875)	(1.000, 1.500, 2.000)
信任沟通程度（C_3）	(0.575, 0.792, 1.083)	(0.600, 0.833, 1.167)	(1.000, 1.000, 1.000)	(0.875, 1.375, 1.875)
合作意愿（C_4）	(0.667, 0.958, 1.500)	(0.517, 0.708, 1.167)	(0.583, 0.850, 1.625)	(1.000, 1.000, 1.000)

说明：以企业合作型原始创新互惠共生伙伴选择（H）为准则

表 4.4　控制层对网络层综合模糊判断矩阵

项目	研究人员数量（C_{11}）	基础研究经费（C_{12}）	被权威检索系统（SCI、EI 等）收录论文数量（C_{13}）	自然科学奖（C_{14}）
研究人员数量（C_{11}）	(1.000, 1.000, 1.000)	(0.750, 1.167, 1.625)	(1.125, 1.625, 2.125)	(1.500, 2.000, 2.500)
基础研究经费（C_{12}）	(0.667, 0.958, 1.500)	(1.000, 1.000, 1.000)	(1.000, 1.417, 1.875)	(1.500, 2.000, 2.500)
被权威检索系统（SCI、EI 等）收录论文数量（C_{13}）	(0.500, 0.683, 1.125)	(0.600, 0.833, 1.167)	(1.000, 1.000, 1.000)	(0.875, 1.375, 1.875)
自然科学奖（C_{14}）	(0.400, 0.500, 0.667)	(0.408, 0.517, 0.708)	(0.542, 0.750, 1.250)	(1.000, 1.000, 1.000)

说明：以合作伙伴原始创新能力（C_1）为准则

表 4.5　网络层综合模糊判断矩阵

项目	基础研究经费（C_{12}）	被权威检索系统（SCI、EI 等）收录论文数量（C_{13}）	自然科学奖（C_{14}）
基础研究经费（C_{12}）	(1.000, 1.000, 1.000)	(1.000, 1.417, 1.875)	(1.500, 2.000, 2.500)
被权威检索系统（SCI、EI 等）收录论文数量（C_{13}）	(0.600, 0.833, 1.167)	(1.000, 1.000, 1.000)	(0.875, 1.375, 1.875)
自然科学奖（C_{14}）	(0.408, 0.517, 0.708)	(0.542, 0.750, 1.250)	(1.000, 1.000, 1.000)

说明：以研究人员数量（C_{11}）为准则

（3）运用 FANP 和 Super Decisions 软件确定企业合作型原始创新互惠共生伙伴选择各评价指标的全局权重，如表 4.6 所示。

表 4.6　企业合作型原始创新互惠共生伙伴选择评价指标权重

目标层	准则层	指标层	权重
企业合作型原始创新互惠共生伙伴选择（H）	合作伙伴原始创新能力（C_1）	研究人员数量（C_{11}）	0.12
		基础研究经费（C_{12}）	0.10
		被权威检索系统（SCI、EI 等）收录论文数量（C_{13}）	0.10
		自然科学奖（C_{14}）	0.05
	合作伙伴兼容性（C_2）	互惠性文化的兼容性（C_{21}）	0.14
		合作技术和原有技术的兼容性（C_{22}）	0.13
		目标的兼容性（C_{23}）	0.12
	信任沟通程度（C_3）	以往合作经验（C_{31}）	0.04
		声誉（C_{32}）	0.03
		对利益分配和产权归属的共识（C_{33}）	0.10
	合作意愿（C_4）	参与原始创新的合作意愿（C_{41}）	0.07

4. 基于 FTOPSIS 的伙伴选择评价方法

FTOPSIS 将传统 TOPSIS 和三角模糊数相结合，具体步骤如下[365]。

（1）规范化决策模糊矩阵。矩阵中元素 e_{ij} 为

$$e_{ij} = Y_{ij} \bigg/ \sqrt{\sum_{i=1}^{n} Y_{ij}^2} \qquad (4\text{-}11)$$

其中，Y_{ij} 为决策模糊矩阵的初始值，i 代表第 i 个候选伙伴，j 代表第 j 个评价指标。

（2）构建加权规范化决策模糊矩阵。根据 FANP 确定的各评价指标的

全局权重 w_j，可以得到加权后的规范化决策模糊矩阵：

$$v_{ij} = w_j e_{ij} \qquad (4\text{-}12)$$

（3）确定最佳伙伴和最差伙伴：

$$V^+ = \left\{ \tilde{v}_1^+, \tilde{v}_2^+, \cdots, \tilde{v}_m^+ \right\} = \left\{ \left(\max_i v_{ij} \middle| j \in J_1 \right), \left(\min_i v_{ij} \middle| j \in J_2 \right) \right\} \qquad (4\text{-}13)$$

$$V^- = \left\{ \tilde{v}_1^-, \tilde{v}_2^-, \cdots, \tilde{v}_m^- \right\} = \left\{ \left(\min_i v_{ij} \middle| j \in J_1 \right), \left(\max_i v_{ij} \middle| j \in J_2 \right) \right\} \qquad (4\text{-}14)$$

其中，J_1 为效益指标集；J_2 为成本指标集。

（4）计算各候选伙伴与最佳伙伴和最差伙伴的距离：

$$d_i^+ = \sum_{j=1}^m d_v \left(v_{ij}, v_j^+ \right) \qquad (4\text{-}15)$$

$$d_i^- = \sum_{j=1}^m d_v \left(v_{ij}, v_j^- \right) \qquad (4\text{-}16)$$

（5）计算各候选伙伴与最佳伙伴的相对接近度：

$$\text{RC}_i^* = \frac{d_i^-}{d_i^+ + d_i^-}, \quad 0 \leqslant \text{RC}_i^* \leqslant 1 \qquad (4\text{-}17)$$

RC_i^* 越大，候选伙伴越接近最佳伙伴，即该伙伴越优。

4.1.4 算例分析

某高新技术企业是全球领先的 ICT 基础设施和智能终端提供商，在自主研发与原始创新领域深耕细作，是全球最大的专利权人之一。通过与全球学术界开放合作，持续加强基础研究，广泛探索通信、计算、人工智能等领域的基础理论问题。为了进一步攻克行业关键技术难题，该企业需要从 5 个候选伙伴 P_1, P_2, P_3, P_4, P_5 中选择最合适的互惠共生伙伴。邀请 ICT 研发领域的 4 位专家组成决策小组，并根据表 4.7 列出的模糊语言变量对 5 个候选伙伴的各项指标进行评价，如表 4.8 所示。三角模糊数加权综合值如表 4.9 所示。根据 FTOPSIS 的具体步骤，计算得到每个候选伙伴的各项评价指标与最佳伙伴和最差伙伴之间的距离，如表 4.10 所示；计算各候选伙伴与最佳伙伴的相对接近度，如表 4.11 所示。由此可知，第 3 个候选伙伴为该企业的最佳选择。

表 4.7 指标评价的语言标度

语言变量	三角模糊数
非常差（VP）	(0, 0, 0.125)
很差（SP）	(0, 0.125, 0.25)

续表

语言变量	三角模糊数
差（P）	(0.125, 0.25, 0.375)
较差（WP）	(0.25, 0.375, 0.5)
中等（M）	(0.375, 0.5, 0.625)
较好（WG）	(0.5, 0.625, 0.75)
好（G）	(0.625, 0.75, 0.875)
很好（SG）	(0.75, 0.875, 1)
非常好（VG）	(0.875, 1, 1)

表 4.8　4 位专家对各候选伙伴指标评价的语言描述

评价指标	C_{11}				C_{12}				C_{13}				C_{14}				C_{21}				C_{22}	
候选伙伴 P_1	M	WG	M	WP	M	WP	P	WP	WG	M	M	WP	WP	P	WP	P	M	WG	WP	M	WG	G
候选伙伴 P_2	WG	G	WG	M	WG	M	G	WG	G	WG	WG	M	M	WP	M	WP	M	WP	P	WP	WP	M
候选伙伴 P_3	G	WG	WG	M	G	M	WG	M	SG	WG	M	WG	M	WP	M	WP	WG	M	WG	M	M	WG
候选伙伴 P_4	WP	M	WP	WP	M	WG	WP	P	M	WP	WG	M	M	WG	M	WP	P	M	WG	M	WG	M
候选伙伴 P_5	WG	M	M	WG	WG	M	WG	WG	M	WG	M	M	WG	M	WP	WP	M	WG	M	M	WG	M

评价指标	C_{22}		C_{23}				C_{31}				C_{32}				C_{33}				C_{41}			
候选伙伴 P_1	WG	M	M	WG	WP	WP	WP	P	WP	M	M	WP	P	WP	P	SP	P	WP	M	WG	M	WP
候选伙伴 P_2	WG	M	M	M	WG	WP	P	WP	M	M	WG	M	WG	M	WG	WP	WP	P	WP	M
候选伙伴 P_3	M	M	WG	M	WG	M	M	WG	M	M	WG	M	WG	WG	WG	SG	M	WG	WG
候选伙伴 P_4	WP	WP	P	M	P	WG	M	WP	WG	G	M	M	WP	M	M	P	M	WP	WP	M
候选伙伴 P_5	WP	M	WG	WP	M	P	G	WG	M	M	WG	M	M	M	WP	WP	WG	M	M	M

表 4.9　候选伙伴各项评价指标的三角模糊数加权综合值

评价指标		C_{11}	C_{12}	C_{13}	C_{14}	C_{21}	C_{22}
指标权重		0.12	0.10	0.10	0.05	0.14	0.13
候选伙伴	P_1	(0.045, 0.060, 0.075)	(0.025, 0.038, 0.050)	(0.038, 0.050, 0.063)	(0.009, 0.016, 0.022)	(0.053, 0.070, 0.088)	(0.065, 0.081, 0.098)
	P_2	(0.060, 0.075, 0.090)	(0.050, 0.063, 0.075)	(0.050, 0.063, 0.075)	(0.016, 0.022, 0.028)	(0.035, 0.053, 0.070)	(0.049, 0.065, 0.081)
	P_3	(0.060, 0.075, 0.090)	(0.047, 0.059, 0.072)	(0.059, 0.072, 0.084)	(0.019, 0.025, 0.031)	(0.070, 0.088, 0.105)	(0.053, 0.069, 0.085)
	P_4	(0.034, 0.049, 0.064)	(0.031, 0.044, 0.056)	(0.038, 0.050, 0.063)	(0.019, 0.025, 0.031)	(0.035, 0.053, 0.070)	(0.045, 0.061, 0.077)
	P_5	(0.053, 0.068, 0.083)	(0.047, 0.059, 0.072)	(0.047, 0.059, 0.072)	(0.019, 0.025, 0.031)	(0.053, 0.070, 0.088)	(0.049, 0.065, 0.081)

续表

评价指标		C_{23}	C_{31}	C_{32}	C_{33}	C_{41}
指标权重		0.12	0.04	0.03	0.10	0.07
候选伙伴	P_1	(0.041, 0.056, 0.071)	(0.010, 0.015, 0.020)	(0.008, 0.011, 0.015)	(0.013, 0.025, 0.038)	(0.026, 0.035, 0.044)
	P_2	(0.045, 0.060, 0.075)	(0.011, 0.016, 0.021)	(0.013, 0.017, 0.021)	(0.034, 0.047, 0.059)	(0.018, 0.026, 0.035)
	P_3	(0.060, 0.075, 0.090)	(0.016, 0.021, 0.026)	(0.011, 0.015, 0.019)	(0.041, 0.053, 0.066)	(0.037, 0.046, 0.055)
	P_4	(0.026, 0.041, 0.056)	(0.009, 0.014, 0.019)	(0.015, 0.019, 0.023)	(0.025, 0.038, 0.050)	(0.022, 0.031, 0.039)
	P_5	(0.038, 0.053, 0.068)	(0.020, 0.025, 0.030)	(0.011, 0.015, 0.019)	(0.031, 0.044, 0.056)	(0.028, 0.037, 0.046)

表 4.10 候选伙伴各项评价指标与最佳伙伴和最差伙伴之间的距离

距离	与最佳伙伴之间					与最差伙伴之间				
	P_1	P_2	P_3	P_4	P_5	P_1	P_2	P_3	P_4	P_5
d_1	0.9478	0.9352	0.9352	0.9572	0.9415	0.0561	0.0688	0.0688	0.0467	0.0624
d_2	0.9659	0.9443	0.9470	0.9605	0.9470	0.0375	0.0592	0.0565	0.0429	0.0565
d_3	0.9599	0.9502	0.9430	0.9599	0.9527	0.0428	0.0526	0.0599	0.0428	0.0501
d_4	0.9827	0.9763	0.9731	0.9731	0.9731	0.0196	0.0260	0.0293	0.0293	0.0293
d_5	0.9300	0.9468	0.9132	0.9468	0.9300	0.0760	0.0591	0.0931	0.0591	0.0760
d_6	0.9265	0.9408	0.9372	0.9443	0.9408	0.0783	0.0639	0.0675	0.0603	0.0639
d_7	0.9435	0.9399	0.9206	0.9579	0.9471	0.0616	0.0653	0.0859	0.0471	0.0580
d_8	0.9842	0.9829	0.9779	0.9854	0.9742	0.0176	0.0188	0.0238	0.0163	0.0276
d_9	0.9894	0.9844	0.9860	0.9827	0.9860	0.0117	0.0167	0.0150	0.0184	0.0150
d_{10}	0.9695	0.9452	0.9383	0.9556	0.9487	0.0359	0.0603	0.0674	0.0498	0.0568
d_{11}	0.9668	0.9748	0.9568	0.9708	0.9648	0.0358	0.0278	0.0459	0.0318	0.0378

表 4.11 各候选伙伴与最佳伙伴的相对接近度及排名结果

参数	P_1	P_2	P_3	P_4	P_5
d_i^+	10.5662	10.5208	10.4284	10.5942	10.5058
d_i^-	0.4729	0.5185	0.6130	0.4445	0.5335
RC_i^*	0.0428	0.0470	0.0555	0.0403	0.0483
排名	4	3	1	5	2

4.2　互惠机制下企业合作型原始创新氛围形成的演化博弈分析

创新形成于组织氛围，组织成员可以从氛围中感知对创新的需求、创新出现的机会和支持创新的努力[370]，良好的原始创新氛围有利于企业合作型原始创新的有效开展。

已有关于创新氛围的研究源自 20 世纪 90 年代学者对组织氛围的相关研究，主要集中在组织行为学领域[371]，侧重以下三个方面：一是创新氛围对员工创新行为的影响及其过程机制研究，例如，顾远东和彭纪生指出创新氛围与员工创新行为显著正相关，创新自我效能感在两者之间起到中介作用[372]，王辉和常阳揭示了内在和外在的工作动机在不同维度的组织创新氛围与员工创新行为之间的中介作用[373]，阎亮和张治河研究了组织支持感和组织承诺在两者之间的中介作用，以及绩效薪酬和创新自我效能感的调节作用[374]；二是创新氛围与创新绩效的关系研究，例如，解学梅和徐茂元指出协同创新氛围对创新绩效有正向影响[375]，Shanker 等指出员工的创新工作行为在组织创新氛围与组织绩效之间起到中介作用[376]，Bain 等研究发现团队创新氛围可以显著影响团队创新绩效，且研究团队的效果比开发团队更加明显[377]，党兴华和王方实证研究了网络组织的创新氛围在不同类型的核心企业领导风格与网络创新绩效之间的中介作用[378]；三是创新氛围的测量量表，例如，Amabile 等开发了包括有利、不利和规范三方面因素共 10 个维度的创新氛围评估（assessing the climate for creativity）量表[379]，Anderson 和 West 开发了包括愿景、参与安全感、创新支持和任务导向的团队氛围清单（team climate inventory，TCI）量表[380]，刘云等从主管支持、工作特性、团队支持、组织理念和资源供应层面测量创新氛围[381]，杨百寅等开发了包括理念倡导、沟通合作、评价激励、市场引导等 8 个因素的企业组织创新氛围量表[382]，冉爱晶等开发了涵盖组织创新制度、企业家支持创新、组织远景、组织学习和组织凝聚力的我国中小企业组织创新氛围量表[383]。

总体而言，现有创新氛围的相关研究主要集中在组织内部个体和团队层面，而针对组织之间的创新氛围研究较少。原始创新（尤其是基础研究和高新技术领域的重大创新项目）需要拥有分布性知识的原始创新主体共同合作。在合作过程中，企业与高校和科研机构需要对对方的创新氛围取得一致性的认知，以便不同主体之间创新氛围的形成，但是目前针对企业与高校和科研机构之间创新氛围的研究较为欠缺。此外，已有研究多采用问卷调查和结构方程模型对创新氛围的前因变量、结果变量及测量量表进行研究，基于互惠机制视角运用演化博弈方法对企业合作型原始创新氛围形成的研究还比较少。因此，本节在界定企业合作型原始创新氛围内涵的基础上，分析基于互惠理论的企业合作型原始创新氛围的形成机理，构建直接互惠和间接互惠两种机制下企业合作型原始创新氛围形成的演化博弈模型，并进行稳定性分析，旨在为企业培育合作型创新氛围提供参考。

4.2.1　企业合作型原始创新氛围的内涵

《辞海》中"氛围"一词的解释是周围的气氛和情调，已有关于氛围的研究主要如下。一部分学者对组织氛围进行研究，例如，Forehand 和 Vonhallergilmer 提出组织氛围是组织的一种整体属性，是组织成员感知的组织环境的持久性[384]；James 和 Jones 更强调组织氛围中的个体感知因素，认为组织氛围是组织成员对与自身福利和工作环境相关的心理感知[385]；Schulte 等综合以上两种观点，认为组织氛围是组织内部成员对工作中被支持及奖励的行为、实践和程序的共同感知[386]；段锦云等认为组织氛围是组织层面的概念，其来源于个体成员对组织环境的主观知觉，包括组织中期望和支持的行为、实践和程序，当个体感知达到一定程度的一致性时便成为共同感知，进而发展为组织氛围，它在组织成员的行为和组织系统之间起到桥梁的作用[387]。还有一部分学者对特定组织氛围中的创新氛围进行研究，例如，Anderson 和 West 认为创新氛围是组织成员对影响自身创新行为工作环境的共享感知[380]；顾远东和彭纪生认为组织创新氛围是组织成员能够直接或间接感知工作环境中影响员工创新行为表现的一组可测量的组织特质，包括组织支持、环境自由、团队合作等[372]；杨百寅等认为组织创新氛围是组织成员对其所处环境支持创新程度和创造力的知觉描述，它会影响组织成员的信念、态度、动机、价值观及创新行为，并对整个组织的创新能力与创新绩效产生影响[382]。

结合学者的研究成果，本书认为企业合作型原始创新氛围是指主导企业与高校和科研机构对企业合作型原始创新状况的共同感知，它反映了企业与高校和科研机构对于合作型原始创新的整体态度，也影响着两类原始创新主体对其在合作型原始创新过程中的行为选择。这种氛围会为两类原始创新主体营造自由宽松、学术气氛浓厚、宽容失败的创新环境，它会潜移默化地影响两类原始创新主体的科研人员，调动他们创新的积极性，鼓励他们敢于冒险、刻苦钻研、勇于创新的精神，是一种软性的理智约束。

4.2.2　基于互惠理论的企业合作型原始创新氛围的形成机理

Schneider 和 Reichers 认为氛围的形成来源于成员之间的集体释义，通过有序的方式把不同的社会交互反应串联起来[388]。其中，释义是指个体将从外界环境（如其他主体的言行）中感知的信息作为自己行为的出发点，并把外界环境转化为自身心理状态的过程[389]。创新氛围是否形成取决于成员是否对创新特性形成一致性的认知[381]。在企业合作型原始创新过程中，因为科技前沿的重大突破多来自交叉学科和边缘学科，所以需要创造条件让两类原始创新主体中不同领域的科研人员可以经常一起讨论、相互启发，以激发彼此的灵感，开拓创新思路。此外，通过影响原始创新主体成员的价值取向，激励科研人员敢于冒险、不断创新，逐渐将心理认同转变为文化认同，企业合作型原始创新总体的目标追求转化为各主体成员的自觉行为，以产生协同的效果。

为了厘清企业合作型原始创新氛围的形成机理，需要更深入地考察两类原始创新主体合作创新行为背后的动机。黄少安和韦倩通过对关于合作的相关文献的梳理，总结出"合作"定义的两条主线：一是基于行为的亲社会性来定义，将合作视为一种有意识的或刻意的协作行为[390,391]；二是基于行为的经济性来定义，将合作视为一种共同行动，它能够给各合作主体带来相互的利益[392,393]。他们认为合作有两个基本特征：①合作是自愿选择的结果，自由是合作行为发生的基本前提；②合作是自利性和互利性的统一，这是合作最本质的特征，尽管某些合作行为不一定能使某些合作主体在短期内得到收益，但是短期的让步是为了在长期内获得更大的收益[394]。由此可知，企业合作型原始创新是企业与高校和科研机构之间有意识地不断进行交互以实现各自利益和目的的过程。互惠作为合作行为产生进化的机制之一，是两类原始创新主体合作创新稳定持续的前提。此外，由于原始创新成果通常是前所未有的重大发现和发明，它会开辟新的创新周期并将其推向高潮，同时会对多个领域产生促进作用，但是原始创新主体可能无法获得原始创新成果的全部收益和社会价值[5]，因此，原始创新成果更显著的溢出效应可能会中断主体间开展合作型原始创新。两类原始创新主体的科研人员对企业合作型原始创新氛围的感知会影响他们对合作创新行为的选择。因此，创新氛围既是双方合作创新行为的原因，也是双方合作创新行为的结果。互惠是两类原始创新主体合作创新行为稳定持续的前提，两类原始创新主体对合作创新行为的选择不仅会影响各自的收益和整体的收益，而且决定着企业合作型原始创新过程的互惠程度。与此同时，企业与高校和科研机构之间的互惠行为也是良好企业合作型原始创新氛围形成的前提，而有利于合作的原始创新氛围又会促进主体间互惠行为的出现。企业合作型原始创新氛围的形成机理如图 4.3 所示。

图 4.3　企业合作型原始创新氛围的形成机理

　　许多博弈实验表明，互惠是促进合作演化的重要机制。直接互惠发挥作用的基本条件是合作双方之间具备多次重复相遇的可能，只有这样才能将单次博弈转化为重复博弈，从而避免陷入囚徒困境，这也说明直接互惠更适用于解释较小规模的群体合作行为[395]。间接互惠不要求合作双方重复相遇，且可以从第三方那里获得回报，更适用于解释大规模的群体合作行为。声誉是间接互惠发挥作用的关键，而且个体的声誉信息必须在群体中扩散。在企业合作型原始创新过程中，通常情况下这两种机制是同时存在的。因此，本节将分别从直接互惠机制和间接互惠机制两个视角开展研究。

4.2.3　企业合作型原始创新氛围模型的基本假设

　　（1）假设参与博弈的企业与高校和科研机构的科研人员是有限理性的，也就是说，合作型原始创新不是一蹴而就的，它是各博弈参与方在博弈过程中通过学习、试错等方式对自身的策略和行为方式进行不断的调整和改进，以发现更优策略的过程。

　　（2）假设企业与高校和科研机构的科研人员之间的合作创新是通过随机配对的形式进行的。

　　（3）假设不考虑参与博弈的两类原始创新主体科研人员的自身属性差异，他们博弈时获得支付的差异是由各自不同的行为策略决定的，与他们的自身属性无关。

　　（4）假设根据对待合作创新行为的态度，两类原始创新主体科研人员的策略包括不合作策略和辨别合作策略。其中，不合作的科研人员倾向于不劳而获的创新策略，辨别合作的科研人员倾向于合作创新策略，表现为在博弈过程中通过学习、试错等方式进行策略转换。辨别合作策略和不合作策略在两类原始创新主体科研人员中的比例分别用 x 和 $1-x$ 表示。

　　两类原始创新主体之间以社会互动的形式形成原始创新的社会网络[307]，这个网络也是他们互动时的知识溢出区域。无论知识溢出是有意识的还是无意识的，两类原始创新主体都可能获得正外部性，以很低的成本享有对方的知识，从而提升自身的知识基础[307]。正因如此，选择不合作策略的科研人员就有机会以很低的成本获得知识溢出区域内对方共享的知识，同时会隐藏自身的知识不泄露给对方。选择辨别合作策略的科研人员为了决策的准确性，会在每一轮博弈之前搜集和分析对方的信息，但是由于信息不对称，科研人员根据搜集到的信息对对方类型做出正确判断时会存在一定的误差。

　　（5）假设每一轮博弈之前搜集和分析对方的信息成本为 c'，$c' \geq 0$；科研人员根据搜集到的信息对对方类型做出正确判断的概率为 ω，$0 < \omega \leq 1$。

4.2.4　直接互惠机制下企业合作型原始创新氛围形成的演化博弈分析

1. 模型假设与构建

　　直接互惠发挥作用的基本条件是合作双方之间具备多次重复相遇的可能，这使得个体不能只注重短期的收益，还需要考虑长期的收益。在博弈论中，直接互惠机制表现为个体间的重复博弈，博弈重复的次数及信息的完备性是影响重复博弈均衡结果的主要因素[396]。

　　假设每个科研人员都坚持自己原有的策略，直到他对自己的策略进行反思，即是否改变自己的策略类型。每个反思阶段中，下一轮合作创新发生的概率为 τ，$0 \leq \tau < 1$，那么每个反思阶段发生合作创新的期望轮数为 $1/(1-\tau)$。

　　在每一轮博弈中，科研人员如果选择合作创新策略，付出的成本为 c，得到两类原始创新主体给予的合作创新奖励为 b_1、内在激励为 b_2；如果选择不合作创新策略，得到对方知识的收益为 b_3；如果两者都选择不合作创新策略，遭受的损失为 d。假设每一轮博弈只需要付出搜集和分析对方信息成本 c'，就可以辨别出不合作者，并不再和他进行博弈，且 c' 和做出正确判断的概率 ω 负相关。两个选择辨别合作策略的科研人员进行博弈时，他们每一轮会以 ω^2 的概率获得支付 b_1+b_2-c，付出搜集和分析对方的信息成本 c'，所以每一轮获得的总支付为 $(b_1+b_2-c)\omega^2-c'$，每个反思阶段最终获得的总支付为 $\left[(b_1+b_2-c)\omega^2-c'\right]/(1-\tau)$，其余三种的支付情况与此类似。直接互惠机制下企业合作型原始创新两类主体科研人员之间的博弈支付矩阵如表 4.12 所示。

表 4.12　直接互惠机制下企业合作型原始创新两类主体科研人员之间的博弈支付矩阵

企业的科研人员	高校和科研机构的科研人员	
	辨别合作	不合作
辨别合作	$\left(\dfrac{(b_1+b_2-c)\omega^2-c'}{1-\tau}, \dfrac{(b_1+b_2-c)\omega^2-c'}{1-\tau} \right)$	$\left((b_1+b_2-c)(1-\omega)-\dfrac{c'}{1-\tau}, b_3(1-\omega) \right)$
不合作	$\left(b_3(1-\omega), (b_1+b_2-c)(1-\omega)-\dfrac{c'}{1-\tau} \right)$	$\left(-\dfrac{d}{1-\tau}, -\dfrac{d}{1-\tau} \right)$

企业的科研人员选择辨别合作策略的适应度为 eAP^{T}，其中，$e=(1,0)$ 是单位向量，$P=(x,1-x)$ 是科研人员的混合策略，相应的支付矩阵为

$$A = \begin{bmatrix} \dfrac{(b_1+b_2-c)\omega^2-c'}{1-\tau} & (b_1+b_2-c)(1-\omega)-\dfrac{c'}{1-\tau} \\[4mm] b_3(1-\omega) & -\dfrac{d}{1-\tau} \end{bmatrix}$$

企业的科研人员的平均适应度为 PAP^{T}，则复制动态方程为

$$
\begin{aligned}
\dot{x} = \frac{\mathrm{d}x}{\mathrm{d}t} &= x(eAP^{\mathrm{T}} - PAP^{\mathrm{T}}) \\
&= x(1-x)\left\{ \begin{aligned} &x\left[\frac{(b_1+b_2-c)\omega^2-d}{1-\tau} - (1-\omega)(b_3+b_1+b_2-c) \right] \\ &+ (b_1+b_2-c)(1-\omega) - \frac{c'-d}{1-\tau} \end{aligned} \right\}
\end{aligned}
\tag{4-18}
$$

2. 企业合作型原始创新氛围的稳定性分析

令 $\dot{x}=0$，可以得到式（4-18）可能的演化稳定策略为

$$x_1^*=0，\quad x_2^*=1，\quad x_3^*=1-\frac{c'+(1-\tau)(1-\omega)b_3-(b_1+b_2-c)\omega^2}{(1-\tau)(1-\omega)(b_3+b_1+b_2-c)+d-(b_1+b_2-c)\omega^2}$$

其中，$x_1^*=0$ 表示科研人员选择不合作策略，$x_2^*=1$ 表示科研人员选择辨别合作策略。

企业合作型原始创新氛围如何形成，就是研究在何种情况下两类原始创新主体科研人员的合作创新行为是稳定持续的，即分析 x_1^*、x_2^* 和 x_3^* 的演化稳定情况。

【命题 4.1】 当 $\dfrac{c'}{1-\tau} > \dfrac{d}{1-\tau} + (1-\omega)(b_1+b_2-c)$ 时，$x_1^*=0$ 是演化稳定策略。

证明　当 $\dfrac{c'}{1-\tau} > \dfrac{d}{1-\tau} + (1-\omega)(b_1+b_2-c)$ 时，可以得到 $x_3^* < 0$，因为和 $0 \leqslant x \leqslant 1$ 矛盾，所以舍去。此时，$\dot{x}'|_{x=x_1^*} < 0$，$\dot{x}'|_{x=x_2^*} > 0$。由微分方程定性理论可知，$x_1^* = 0$ 是演化稳定策略。证毕。

命题 4.1 表明，在经过 $1/(1-\tau)$ 轮博弈之后，当两类原始创新主体的科研人员付出搜集和分析对方信息成本 $\dfrac{c'}{1-\tau}$ 大于其与选择不合作策略的科研人员进行博弈时的预期收益 $(1-\omega)(b_1+b_2-c)$ 和双方都选择不合作策略所遭受的损失 $\dfrac{d}{1-\tau}$ 之和时，选择辨别合作策略的科研人员将不再和选择不合作策略的科研人员进行博弈，此时不合作策略是最优策略，且企业合作型原始创新氛围无法形成，其演化过程如图 4.4 所示。

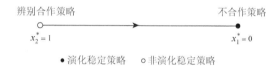

辨别合作策略　　　　　　　　　　　不合作策略
$x_2^* = 1$　　　　　　　　　　　　　$x_1^* = 0$

●演化稳定策略　○非演化稳定策略

图 4.4　当 $\dfrac{c'}{1-\tau} > \dfrac{d}{1-\tau} + (1-\omega)(b_1+b_2-c)$ 时合作创新行为的演化动态

【命题 4.2】　当 $0 \leqslant \dfrac{c'}{1-\tau} < \dfrac{(b_1+b_2-c)\omega^2}{1-\tau} - (1-\omega)b_3$ 且 $b_1+b_2-c > \dfrac{(1-\tau)(1-\omega)b_3}{\omega^2}$ 时，$x_2^* = 1$ 是演化稳定策略。

证明　当 $0 \leqslant \dfrac{c'}{1-\tau} < \dfrac{(b_1+b_2-c)\omega^2}{1-\tau} - (1-\omega)b_3$ 且 $b_1+b_2-c > \dfrac{(1-\tau)(1-\omega)b_3}{\omega^2}$ 时，可以得到 $x_3^* > 1$，因为和 $0 \leqslant x \leqslant 1$ 矛盾，所以舍去。此时，$\dot{x}'|_{x=x_1^*} > 0$，$\dot{x}'|_{x=x_2^*} < 0$。由微分方程定性理论可知，$x_2^* = 1$ 是演化稳定策略。证毕。

命题 4.2 表明，在经过 $1/(1-\tau)$ 轮博弈之后，当两类原始创新主体的科研人员付出搜集和分析对方信息成本 $\dfrac{c'}{1-\tau}$ 小于其与选择辨别合作策略的科研人员进行博弈时的预期支付 $\dfrac{(b_1+b_2-c)\omega^2}{1-\tau}$ 和选择不合作策略预期支付 $(1-\omega)b_3$ 之差且该差值为正时，选择不合作策略的科研人员将会在两类原始创新主体中消失，辨别合作策略是两类原始创新主体科研人员的最优策略，在这种情况下企业合作型原始创新氛围可以形成，其演化过程如图 4.5 所示。

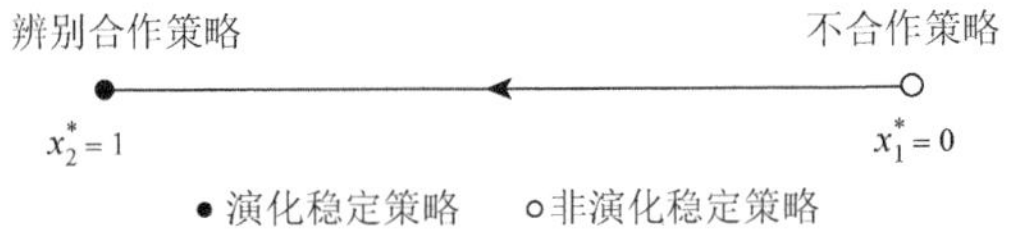

图 4.5 当 $0 \leqslant \dfrac{c'}{1-\tau} < \dfrac{(b_1+b_2-c)\omega^2}{1-\tau} - (1-\omega)b_3$ 且 $b_1+b_2-c > \dfrac{(1-\tau)(1-\omega)b_3}{\omega^2}$ 时合作创新行为的演化动态

【命题 4.3】 当 $\max\left\{0, \dfrac{(b_1+b_2-c)\omega^2}{1-\tau} - (1-\omega)b_3\right\} < \dfrac{c'}{1-\tau} < \dfrac{d}{1-\tau} + (1-\omega)$

(b_1+b_2-c) 时，$x_3^* = 1 - \dfrac{c' + (1-\tau)(1-\omega)b_3 - (b_1+b_2-c)\omega^2}{(1-\tau)(1-\omega)(b_3 + b_1+b_2-c) + d - (b_1+b_2-c)\omega^2}$ 是演化稳定策略。

证明 当 $\max\left\{0, \dfrac{(b_1+b_2-c)\omega^2}{1-\tau} - (1-\omega)b_3\right\} < \dfrac{c'}{1-\tau} < \dfrac{d}{1-\tau} + (1-\omega)$

(b_1+b_2-c) 时，x_1^*、x_2^* 和 x_3^* 都在区间 $[0, 1]$ 之内。此时，$\dot{x}'|_{x=x_1^*} > 0$，$\dot{x}'|_{x=x_2^*} > 0$，$\dot{x}'|_{x=x_3^*} < 0$。由微分方程定性理论可知，只有

$x_3^* = 1 - \dfrac{c' + (1-\tau)(1-\omega)b_3 - (b_1+b_2-c)\omega^2}{(1-\tau)(1-\omega)(b_3 + b_1+b_2-c) + d - (b_1+b_2-c)\omega^2}$ 是演化稳定策略。

证毕。

命题 4.3 表明，在经过 $1/(1-\tau)$ 轮博弈之后，当两类原始创新主体的科研人员付出搜集和分析对方信息成本 $\dfrac{c'}{1-\tau}$ 小于其与选择不合作策略的科研人员进行博弈时的预期收益 $(1-\omega)(b_1+b_2-c)$ 和双方都选择不合作策略所遭受的损失 $\dfrac{d}{1-\tau}$ 之和，并且 $\dfrac{c'}{1-\tau}$ 大于与选择辨别合作策略的科研人员进行博弈时的预期支付 $\dfrac{(b_1+b_2-c)\omega^2}{1-\tau}$ 和选择不合作策略的预期支付 $(1-\omega)b_3$ 之差与零之间的较大者时，两类原始创新主体中同时存在选择辨别合作策略的科研人员和选择不合作策略的科研人员，此时选择辨别合作策略的科研人员的比例为 $1 - \dfrac{c' + (1-\tau)(1-\omega)b_3 - (b_1+b_2-c)\omega^2}{(1-\tau)(1-\omega)(b_3 + b_1+b_2-c) + d - (b_1+b_2-c)\omega^2}$，选择不合作策略的科研人员的比例为 $\dfrac{c' + (1-\tau)(1-\omega)b_3 - (b_1+b_2-c)\omega^2}{(1-\tau)(1-\omega)(b_3 + b_1+b_2-c) + d - (b_1+b_2-c)\omega^2}$，其演化过程如图 4.6 所示。

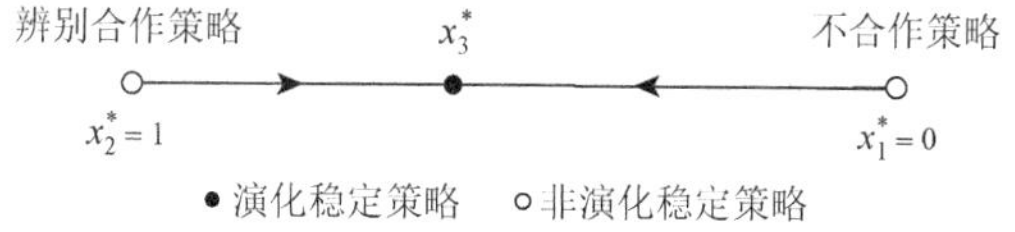

图 4.6　当 $\max\left\{0,\dfrac{(b_1+b_2-c)\omega^2}{1-\tau}-(1-\omega)b_3\right\}<\dfrac{c'}{1-\tau}<\dfrac{d}{1-\tau}+(1-\omega)(b_1+b_2-c)$ 时合作创新行为的
演化动态

在命题 4.2 和命题 4.3 这两种情况下，企业合作型原始创新两类主体中最终会出现两种演化均衡，一种是由选择辨别合作策略的科研人员主导，另一种是选择辨别合作策略的科研人员和选择不合作策略的科研人员共存，此时企业合作型原始创新氛围可以形成。

4.2.5　间接互惠机制下企业合作型原始创新氛围形成的演化博弈分析

1. 模型假设与构建

间接互惠不要求合作双方重复相遇，且可以从第三方那里获得回报，更适用于解释大规模的群体合作行为。声誉是间接互惠发挥作用的关键，而且个体的声誉信息必须在群体中扩散。

在上述假设的基础上，引入科研人员的第三种策略——无条件合作策略。此时的策略包括无条件合作策略、不合作策略和辨别合作策略三种类型。假设无条件合作策略、不合作策略和辨别合作策略在两类原始创新主体科研人员中的比例分别用 x_1、x_2 和 x_3 表示。其中，无条件合作的科研人员倾向于在任何情况下都选择合作创新策略；不合作的科研人员倾向于不劳而获的创新策略，同时会隐藏自身的知识不泄露给对方；辨别合作的科研人员倾向于在博弈之前通过搜集和分析对方的信息来评估对方的声誉，据此决定是否与对方进行合作创新，如果对方的声誉是"好"，就选择合作创新策略，如果对方的声誉是"坏"，就选择不合作创新策略。企业合作型原始创新氛围是通过两类原始创新主体科研人员之间的互惠博弈形成的。

假设每个科研人员都坚持自己原有的策略，直到他对自己的策略进行反思，即是否改变自己的策略类型。每个反思阶段中，下一轮合作创新发生的概率为 τ，$0\leqslant\tau<1$，那么每个反思阶段发生合作创新的期望轮数为 $1/(1-\tau)$。在每一轮博弈中，科研人员如果选择合作创新策略，付出的成本为 c，得到两类原始创新主体给予的合作创新奖励为 b_1、内在激励为 b_2，而合作创新的对方将得到合作创新的收益为 b_3。

Nowak 和 Sigmund 构建了基于印象计分的间接互惠模型，提出个体是依赖第一级信息对他人的声誉进行评定的[397]。许多研究表明，现实中人们很少主动地加工更深层次的信息[398, 399]，因此，本节采用 Nowak 和 Sigmund 的印象计分策略作为声誉评定标准，即假设辨别合作的科研人员是依据第一级信息对对方的声誉进行评定的，而科研人员的声誉取决于他上一轮博弈的策略。如果他上一轮选择合作创新策略，那么其声誉为"好"；如果他上一轮选择不合作创新策略，那么其声誉为"坏"。为了方便起见，假设两类原始创新主体的科研人员的初始声誉都为"好"，并且科研人员的声誉信息是完全的，用 g_t 表示第 t 轮博弈后声誉为"好"的科研人员的比例（$g_1 = 1$），可以得到

$$g_t = x_1 + g_{t-1} x_3, \quad t = 2, 3, 4, \cdots \tag{4-19}$$

对于无条件合作的科研人员，每一轮的期望支付为 $b_1 + b_2 - c + b_3(x_1 + x_3)$，每个反思阶段最终获得的总支付为

$$\pi_1 = \frac{1}{1-\tau} \left[b_1 + b_2 - c + b_3(x_1 + x_3) \right] \tag{4-20}$$

对于不合作的科研人员，第一轮的期望支付为 $b_3(x_1 + x_3)$，之后每轮的期望支付为 $b_3 x_1$，每个反思阶段最终获得的总支付为

$$\pi_2 = \left(\frac{1}{1-\tau} - 1 \right) b_3 x_1 + b_3(x_1 + x_3) = \frac{1}{1-\tau} b_3 x_1 + b_3 x_3 \tag{4-21}$$

对于辨别合作的科研人员，第一轮的期望支付为 $b_1 + b_2 - c + b_3(x_1 + x_3)$，在第 t 轮博弈开始时（$t > 1$），声誉为"好"的科研人员的比例为 g_{t-1}，相应的期望支付为 $(b_1 + b_2 - c)g_t + b_3(x_1 + x_3)$，声誉为"坏"的科研人员的比例为 $1 - g_{t-1}$，相应的期望支付为 $(b_1 + b_2 - c)g_t + b_3 x_1$，得到第 t 轮的期望支付为 $(b_1 + b_2 + b_3 - c)g_t$，每个反思阶段最终获得的总支付为

$$\begin{aligned} \pi_3 &= (b_1 + b_2 + b_3 - c)(\tau g_2 + \tau^2 g_3 + \cdots + \tau^{t-1} g_t) \\ &\quad + b_1 + b_2 - c + b_3(x_1 + x_3) \\ &= (b_1 + b_2 + b_3 - c)g - b_3 x_2 \end{aligned} \tag{4-22}$$

其中，

$$g = g_1 + \tau g_2 + \tau^2 g_3 + \cdots + \tau^{t-1} g_t \tag{4-23}$$

把式（4-19）代入式（4-23）中，可以得到

$$g = \frac{1 - \tau + \tau x_1}{(1-\tau)(1 - \tau x_3)} \tag{4-24}$$

博弈的结构不会因所有支付函数减去相同的数值而发生改变，因此，把式（4-20）～式（4-22）同时减去 π_2，以简化所有支付函数为

$$\pi_1' = \pi_1 - \pi_2 = \frac{\tau b_3 x_3 + b_1 + b_2 - c}{1 - \tau} \tag{4-25}$$

$$\pi_2' = \pi_2 - \pi_2 = 0 \tag{4-26}$$

$$\pi_3' = \pi_3 - \pi_2 = \frac{1-\tau+\tau x_1}{1-\tau}\left(\frac{b_1+b_2+b_3-c}{1-\tau x_3}-b_3\right) \quad (4\text{-}27)$$

为了反映三种策略类型在两类原始创新主体科研人员中的变化动态，本书采用 Taylor 的经典复制动态模型：

$$\dot{x}_i = x_i(\pi_i - \bar{\pi}) \quad (4\text{-}28)$$

其中，$\bar{\pi} = \sum x_i \pi_i \left(x_i > 0,\ \sum x_i = 1\right)$ 为平均支付。

2. 企业合作型原始创新氛围的稳定性分析

把式（4-25）～式（4-27）代入式（4-28）中，可以得到企业合作型原始创新氛围演化的三维动力系统：

$$\begin{cases} \dot{x}_1 = x_1\left(\dfrac{\tau b_3 x_3 + b_1 + b_2 - c}{1-\tau} - \bar{\pi}\right) \\ \dot{x}_2 = -\bar{\pi}x_2 \\ \dot{x}_3 = x_3\left[\dfrac{1-\tau+\tau x_1}{1-\tau}\left(\dfrac{b_1+b_2+b_3-c}{1-\tau x_3}-b_3\right)-\bar{\pi}\right] \end{cases} \quad (4\text{-}29)$$

其中，$\bar{\pi} = x_1\pi_1' + x_2\pi_2' + x_3\pi_3'$。

1）合作创新成本大于其收益（$c > b_1 + b_2 > 0$）

令 $\dot{x}_i = 0$，可以得到演化博弈的三个驻点 $e_1(1,0,0)$、$e_2(0,1,0)$、$e_3(0,0,1)$，以及两条驻点线 $e_1e_3(x_2=0)$、$x_3 = \dfrac{c-b_1-b_2}{\tau b_3}$（设 $\tau b_3 > c-b_1-b_2$）。演化稳定策略定义如下：$\Delta^{\mathrm{ESS}} = \left\{x \in \Delta^{\mathrm{NE}}: u(y,y) < u(x,y), \forall y \in \beta^*(x), y \neq x\right\}$，其中，$\Delta$ 是混合策略集，$\beta^*(x)$ 是最优反应函数，x 是演化稳定策略[400]。本章参考该定义来分析各驻点的演化稳定性。在种群演化中，纳什均衡点与饱和驻点具有等价性，因此，可以通过对均衡点饱和性的分析来验证该均衡点是否稳定，当驻点的横截特征值小于等于 0 时，即 $\dot{x}_i / x_i \leqslant 0$，该驻点为饱和驻点，也就是纳什均衡点。各驻点的饱和性分析结果如表 4.13 所示。

表 4.13　驻点的饱和性分析结果（一）

驻点	$\dfrac{\dot{x}_1}{x_1}$	$\dfrac{\dot{x}_2}{x_2}$	$\dfrac{\dot{x}_3}{x_3}$	饱和性
$e_1(1,0,0)$	0	$\dfrac{c-b_1-b_2}{1-\tau}>0$	0	不饱和
$e_2(0,1,0)$	$\dfrac{b_1+b_2-c}{1-\tau}<0$	0	$b_1+b_2-c<0$	饱和
$e_3(0,0,1)$	0	$\dfrac{c-b_1-b_2-\tau b_3}{1-\tau}<0$	0	饱和

驻点	$\dfrac{\dot{x}_1}{x_1}$	$\dfrac{\dot{x}_2}{x_2}$	$\dfrac{\dot{x}_3}{x_3}$	饱和性
$e_1e_3(x_2=0)$	0	$\dfrac{c-b_1-b_2-\tau b_3 x_3}{1-\tau}$	0	当 $x_3 \geqslant \dfrac{c-b_1-b_2}{\tau b_3}$ 时饱和
$x_3=\dfrac{c-b_1-b_2}{\tau b_3}$	0	0	0	饱和

对于 $e_2(0,1,0)$，有

$$u(x,y)-u(y,y)=-\frac{(y_1+y_3-\tau y_3)(\tau b_3 y_3+b_1+b_2-c)}{(1-\tau)(1-\tau y_3)} \tag{4-30}$$

当 $c>b_1+b_2$ 时，如果 $y_3<\dfrac{c-b_1-b_2}{\tau b_3}$，式（4-30）恒大于 0，因此，$e_2(0,1,0)$ 是演化稳定策略。也就是说，当科研人员付出的合作创新成本大于其收益时，不合作策略是演化稳定策略。

对于 $e_1e_3(x_2=0)$，有

$$u(x,y)-u(y,y)=\frac{(1-y_1-y_3)(\tau b_3 y_3+b_1+b_2-c)(1-\tau x_3)}{(1-\tau)(1-\tau y_3)} \tag{4-31}$$

当 $y_2=0$ 时，式（4-31）等于 0，不能保证恒大于 0，因此，驻点线 $e_1e_3(x_2=0)$ 上的点是非演化稳定策略（包括 $e_3(0,0,1)$）。对于驻点线 $x_3=\dfrac{c-b_1-b_2}{\tau b_3}$，$e_2(0,1,0)$ 和 $e_3(0,0,1)$ 都是饱和点，因此，它与 e_2e_3 的交点 $F\left(0,\dfrac{\tau b_3+b_1+b_2-c}{\tau b_3},\dfrac{c-b_1-b_2}{\tau b_3}\right)$ 是鞍点。

综上可知，当 $x_3=0$ 时，系统沿着 e_1e_2 演化，由 e_1 向着 e_2 演化，此时企业合作型原始创新氛围无法形成。在 e_2e_3 上，即当两类原始创新主体的科研人员中不存在无条件合作策略时，存在一个定点 $F\left(0,\dfrac{\tau b_3+b_1+b_2-c}{\tau b_3},\dfrac{c-b_1-b_2}{\tau b_3}\right)$ 使得该边是双向稳定的，也就是说两类原始创新主体的科研人员中存在辨别合作策略与不合作策略的竞争。当 $x_3<\dfrac{c-b_1-b_2}{\tau b_3}$ 时，系统收敛于 $e_2(0,1,0)$，不合作策略是演化稳定策略，此时企业合作型原始创新氛围无法形成；当 $x_3>\dfrac{c-b_1-b_2}{\tau b_3}$ 时，系统收敛于 $e_1e_3(x_2=0)$，两类原始创新主体的科研人员中同时存在无条件合作策略与辨别合作策略，此时企业合作型

原始创新氛围可以形成，但不是演化稳定均衡，随机漂移会使选择不合作策略的科研人员侵入，最终占据整个系统。

2）合作创新成本小于其收益（$b_1 + b_2 > c > 0$）

同理可以得到演化博弈的三个驻点 $e_1(1,0,0)$、$e_2(0,1,0)$、$e_3(0,0,1)$，以及一条驻点线 $e_1e_3(x_2 = 0)$。各驻点的饱和性分析结果如表 4.14 所示。

表 4.14　驻点的饱和性分析结果（二）

驻点	$\dfrac{\dot{x}_1}{x_1}$	$\dfrac{\dot{x}_2}{x_2}$	$\dfrac{\dot{x}_3}{x_3}$	饱和性
$e_1(1,0,0)$	0	$\dfrac{c-b_1-b_2}{1-\tau}<0$	0	饱和
$e_2(0,1,0)$	$\dfrac{b_1+b_2-c}{1-\tau}>0$	0	$b_1+b_2-c>0$	不饱和
$e_3(0,0,1)$	0	$\dfrac{c-b_1-b_2-\tau b_3}{1-\tau}<0$	0	饱和
$e_1e_3(x_2=0)$	0	$\dfrac{c-b_1-b_2-\tau b_3 x_3}{1-\tau}<0$	0	饱和

对于 $e_1e_3(x_2 = 0)$ 有

$$u(x,y) - u(y,y) = \frac{(1-y_1-y_3)(\tau b_3 y_3 + b_1 + b_2 - c)(1-\tau x_3)}{(1-\tau)(1-\tau y_3)} \tag{4-32}$$

当 $y_2 = 0$ 时，式（4-32）等于 0，不能保证恒大于 0，因此，驻点线 $e_1e_3(x_2 = 0)$ 上的点是非演化稳定策略（包括 $e_1(1,0,0)$ 和 $e_3(0,0,1)$）。系统收敛于 $e_1e_3(x_2 = 0)$，两类原始创新主体的科研人员中同时存在无条件合作策略与辨别合作策略，虽然驻点线 $e_1e_3(x_2 = 0)$ 上的点是非演化稳定策略，但是随机漂移只能使驻点沿 $e_1e_3(x_2 = 0)$ 移动，而不能离开此边，使得选择不合作策略的科研人员无法侵入，此时企业合作型原始创新氛围可以形成。

由此可见，科研人员选择合作创新策略所付出的成本与得到两类原始创新主体给予的合作创新奖励及内在激励之间的相对大小关系，是影响企业合作型原始创新氛围形成的关键因素。只有当合作创新奖励及内在激励大于合作创新成本时，稳定的企业合作型原始创新氛围才可以形成；当合作创新奖励及内在激励小于合作创新成本时，稳定的企业合作型原始创新氛围就无法形成。在第二种情况下，如果辨别合作策略在两类原始创新主体科研人员中的初始比例大于某阈值，系统演化的结果将收敛于两类原始创新主体的科研人员中同时存在无条件合作策略与辨别合作策略，但是随机漂移会使选择不合作策略的科研人员侵入，最终占据整个系统；如果辨

别合作策略在两类原始创新主体科研人员中的初始比例小于该阈值，系统
演化的结果将直接收敛于不合作策略的科研人员占据整个系统。

4.3　本 章 小 结

本章首先从互惠共生视角对企业合作型原始创新的互惠共生关系进行
了理论分析；其次，构建了企业合作型原始创新互惠共生伙伴选择的评价
指标体系，通过引入三角模糊数，运用 FANP 确定指标权重，采用 FTOPSIS
对企业合作型原始创新互惠共生伙伴选择进行评价；再次，通过某高新技
术企业的算例分析，验证了该方法的可行性和有效性；最后，在界定企业
合作型原始创新氛围内涵的基础上，分析了基于互惠理论的企业合作型原
始创新氛围的形成机理，构建了直接互惠和间接互惠两种机制下企业合作
型原始创新氛围形成的演化博弈模型，并进行了稳定性分析。

第5章 基于互惠理论的企业合作型原始创新的知识交互阶段分析

基于互惠理论的企业合作型原始创新的知识交互阶段主要是指企业与高校和科研机构的知识流动过程，具体包括知识共享、知识整合和知识创造。主体间的互惠关系可以促进合作过程中的知识共享，激励企业与高校和科研机构的知识共享行为，使企业与高校和科研机构之间形成更为默契的良性互动，有利于企业合作型原始创新的有效开展。

5.1 互惠性、知识共享对企业合作型原始创新的作用机理

5.1.1 相关研究概述

随着国际环境的深刻变革，原始创新的重要作用被进一步凸显，并受到专家学者的广泛重视，而企业作为重要的创新源及科技成果转化的中坚力量，其研究重点已经从企业宏观层面到企业微观层面。苏屹研究了包括企业合作型原始创新在内的企业原始创新的三种模式[16]。舒成利和高山行基于原始创新的本质即新知识的产生，将原始创新分为纯基础研究原始创新和应用基础研究原始创新[3]，并指出由于两类原始创新所需知识性质不同，同一主体很难同时拥有两类知识，因此，为实现纯基础研究的原始创新具有应用性、应用基础研究的原始创新具有坚实的支撑性，两类原始创新主体基于各自的互补性知识禀赋开展合作型原始创新迫在眉睫[307]。

基于原始创新生产新知识的本质，合作型原始创新的新知识产生是由互补性、异质性知识资源在两类主体的参与下通过知识共享、知识整合进而实现知识创造的过程。高宇等验证了合作双方进行高频有效的知识共享能够突破原有资源约束并促进企业突变创新[401]，而进行有效的知识共享及按照预期实现知识共享的价值则有一定的难度。企业合作型原始创新的参与主体存在社会属性的差别，社会惰化也会影响其知识共享意愿[402]，此时需要基于社会人的属性，应用社会交换理论分析互惠性对知识共享的影响。互惠性是基于主体间交互而产生的，当两类原始创新主体基于各自需

求等开展合作关系后，就会产生社会交互机制，随着合作深度和广度不断增加，主体间的关系信任逐渐形成[403, 404]，互惠性正是维系关系信任的有效途径，即随着互惠交换频次的增加，产生并逐渐加深双方关系信任程度[405]。在企业创新方面，学者已经从组织个体及网络两个视角开展了互惠性与知识共享和创新之间关系的研究[4, 274, 275, 280, 281]。

企业合作型原始创新活动区别于一般意义的创新活动，更加强调创新的原始性，这就要求企业既要积极获取外部异质性知识，又要积极调整自身战略以应对环境的变化。战略柔性在一定程度上能够反映出企业在面对外部和内部环境变化时的反应能力，又体现了企业知识流动过程的难易程度[406, 407]。由于外部知识具有实效性，当外部知识的实效性无法满足环境的变化而削弱其价值时，企业的战略柔性程度决定了其改变原有行为模式的难易程度及响应速度[408]。同时，有学者将战略柔性解构为能力柔性与资源柔性，并证实了能力柔性与资源柔性对原始创新具有异质性影响[154, 409]。

已有研究已经证实知识流动是合作型原始创新的重要环节，而且互惠性是影响合作型创新知识流动及创新行为的重要因素，但缺乏基于企业与高校和科研机构两类原始创新主体的互惠性与企业合作型原始创新关系的研究，且对知识转移的双向流动关注较少。因此，本节从企业与高校和科研机构的互惠行为出发，基于知识双向流动的知识共享的视角，在以往研究的基础上，研究互惠性、知识共享对企业合作型原始创新的作用机理。

5.1.2　理论基础与研究假设

1. 互惠性与企业合作型原始创新

互惠性是行为学研究的重要内容，后被引入行为经济学中。Rabin 认为互惠性是对对方友好行为的积极反馈与不友好行为的合理报复，经济学意义的友好行为是即使他人效益的增加会损失自己的效益也可以被接受，不友好行为则与之相反，即损人不利己[410]。他也基于个体的友好与不友好行为及采取该行为付出的代价或收益构建了博弈框架[110]。一些博弈实验也证实了主体成员间是合作协调的互惠关系[411]，通过主体间利益的互惠交换，最终双方都将获得比原本更多的利益，并且这种互惠关系会在合作频次中不断被强化。

企业合作型原始创新的两类原始创新主体基于各自的资源禀赋为实现原始创新这一目标而进行合作，但在合作过程中可能会因原始创新的高风险与长周期或双方在识别关键环节上难以达成共识，使得最终的合作型原始创新走向失败。但是当互惠程度较强时，双方具有强烈的合作意愿，更易于建立主体间的信任合作机制，从而在面对原始创新的高风险时，能够共同抵御分散研发风险，在面对原始创新的长周期时，能够维持两类主体的合作关系，基于双方的互惠性，更有效地进行信息交换与知识交流，从多方面促进企业合作型原始创新[412]。因此，本节提出以下假设。

【假设 5.1】　互惠性与企业合作型原始创新之间呈正相关关系。

2. 互惠性与知识共享

从互惠性交换的本质可以看出，互惠性强调互相给予，是在给予与被给予基础上的利他行为[110]。社会交换理论认为，主体间基于互惠性的交换既可以是有形的物质资源，又可以是无形的信任等情感资源。随着主体间的物质资源或情感资源互惠的加深，预期的强互惠关系或感知的互惠性收益都会直接促进主体间的知识共享程度[413]。首先，预期的强互惠关系虽然未产生实际的互惠行为，但是会增强知识共享方的共享意愿[414]。然后，当期望的互惠关系转化为互惠行为后，知识共享方的共享意愿与行为都会被显著强化[415]。最后，感知的互惠性收益越强，知识共享方为快速获得该收益，越会采取有效的行为进行知识共享[416]。

对于企业合作型原始创新过程，高校和科研机构拥有雄厚的基础性知识资源，企业则拥有更多的应用性知识资源，双方为开展合作型原始创新，需要进行不断的异质性知识的共享[417]。在强互惠性作用下，高校和科研机构共享的基础性知识将以企业的应用性知识为指导，企业共享的应用性知识会更加满足市场需求，不仅强化了双方知识共享的行为，而且提高了知识共享的效率。同时，强互惠性的作用强化了双方对隐性知识的共享，从而提高了知识共享的质量。因此，本节提出以下假设。

【假设 5.2】　互惠性与知识共享之间呈正相关关系。

3. 知识共享与企业合作型原始创新

原始创新主体间知识共享是知识重组和知识创造的重要环节[418]，存在于发出方与接收方互动的过程中。对于企业合作型原始创新，新知识的产生以已有关键知识为基础，且更加强调知识的异质性以满足原始创新的知识需求[419]。高质量的知识共享可以实现企业自身知识存量的快速积累，原始创新周期得以缩短，企业知识库在质和量上得以快速更新；企业与高校和科研机构的知识共享能够打破原有同质性知识资源的制约，弥补原始创新所需的知识缺口[419]，并避免因知识路径单一而引起创新能力刚性问题[420]，从而提高原始创新质量；在交流合作过程中，有效的知识共享能够使高校和科研机构的隐性知识得以共享，企业获得的隐性知识得以显化，新知识、优秀创意、前沿技术及成功经验等重要信息能在合作伙伴之间快速传播与推广，有利于原始创新主体间进行知识交互，从而开展原始创新。此外，强烈的知识共享意愿表明组织倡导开放共享的知识氛围，组织内部学习性使得跨组织边界的外部知识共享意愿能够带动组织内部知识共享行为的发生，为组织内部开展原始创新创造了良好条件。因此，本节提出以下假设。

【假设 5.3】 知识共享与企业合作型原始创新之间呈正相关关系。

4. 战略柔性的调节作用

战略柔性是指企业为应对环境变化而采取调整战略及资源等应对措施的能力，反映了企业在战略和资源上的应变能力[421]。依据动态能力理论，战略柔性可分为资源柔性和协调柔性[422]（或能力柔性[423]）。因此，本节同样将战略柔性解构为资源柔性与能力柔性，并从资源柔性与能力柔性两个维度分析战略柔性的调节效应。

资源柔性反映了企业所拥有资源的使用与转换范围、转换时间及转换成本，资源柔性越高，说明企业拥有的资源可应用范围越广、转换时间越短、转换成本越低。但同时，"资源就是承诺"[424]，资源柔性高意味着企业能够很容易地将现有资源的使用途径进行转移，从而对其他资源易产生挤出效应，即违背了对原有资源的组织承诺，而原始创新主体的知识共享需要以原有知识（尤其是已经形成竞争优势的知识[425]）作为基础，因此，较高资源柔性造成的挤出效应表现出负调节作用。同时，较高的资源柔性还具有锁定效应，此时企业能够更广泛地将其应用于其他途径，花费更低的成本却更快速地进行转化，抑制了企业对外部知识的获取意愿，降低了企业对共享知识的吸收、整合及利用的动机，使企业陷入"能力陷阱"[339]，从而降低了原始创新主体知识共享对原始创新的促进作用。因此，本节提出以下假设。

【假设 5.4】 资源柔性在知识共享与企业合作型原始创新之间起到负向调节作用。

能力柔性体现了企业在原始创新过程中对资源的利用与整合及合作过程中解决问题的能力。能力柔性越高，企业在面临环境变化或需求变化时，探索新资源或拓宽原有资源使用途径的能力越强，整合新资源与原有资源的应对能力越强。较高的能力柔性使得企业在与高校和科研机构进行知识共享时，能够充分挖掘共享知识的潜在价值，提高获得新知识的吸收与转化效率[154]，并将共享的新知识内化以更新自身知识资源库储备，从而强化知识共享与企业合作型原始创新间的正向关系。此外，能力柔性还涵盖了企业资源与能力的互动，即在对资源协调的过程中使企业表现出较强的反应能力。企业在与高校和科研机构开展合作型原始创新的过程中面临着市场等环境的不确定性，使知识共享行为难以按照预期进行，较高的能力柔性意味着企业有能力对此进行快速反应，并采取有效措施加以维持并完善，从而提高了知识共享对企业合作型原始创新的促进作用。因此，本节提出以下假设。

【**假设 5.5**】　能力柔性在知识共享与企业合作型原始创新之间起到正向调节作用。

基于以上分析，建立概念模型如图 5.1 所示。

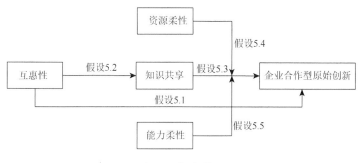

图 5.1　概念模型

5.1.3　数据收集与变量测量

1. 数据收集

本节选取的调查样本是与高校和科研机构有过合作关系的高新技术行业的企业，其中，企业规模包括中小型企业及大型企业，企业性质包括国有、民营、合资、外商独资，行业领域包括电子信息、生物医药、航空航天、新材料、新能源及节能、资源与环境等多个领域，合作时间从 1～3 年到 10 年及以上多个时间段，以避免样本选取的偏差问题。本次调研主要通过网络问卷的形式进行，共计发放问卷 500 份，收回问卷 321 份，收回率为 64.2%，经过筛选后得到有效问卷 212 份，有效收回率为 42.4%。

2. 变量测量

本节针对企业合作型原始创新的理论分析，在成熟量表的基础上结合专家建议设计测量互惠性（记为 RE）、知识共享（记为 KS）、战略柔性的资源柔性（记为 RF）和能力柔性（记为 CF）及企业合作型原始创新（记为 COI）的相关评价指标体系。其中，借鉴潘松挺和蔡宁[425]的研究，以企业对合作的高校及科研机构付出的态度、是否提出避免损害对方利益的要求及对彼此的合作态度共计 3 个题项测量 RE；参考孟庆伟[426]和宋超[427]

的研究，从知识共享意愿、共享行为、共享效果 3 个方面测量 KS；参考 Sanchez[422]和王铁男等[428]的研究，将战略柔性分为 RF 和 CF 两个维度，RF 包括资源适用范围、转移成本和转移时间 3 个测量题项；CF 包括企业对环境变化的适应能力、利用能力及主动制造变化把握先机能力 3 个方面共计 5 个测量题项；借鉴陈雅兰等[429]的研究，从技术发明奖、科技进步奖、发明专利和技术秘密 4 个方面测量 COI。量表采用 Likert 七级量表形式，评价等级中数字 1 代表"完全不符合"，7 代表"完全符合"。同时，本节选取企业规模、企业性质、行业领域及合作时间 4 个变量作为控制变量，从而使研究结果更准确、更科学。

5.1.4 实证分析

1. 信度和效度检验

在得到调查问卷数据后，首先进行同源偏差检验。本节采用 Harman 单因素分析方法进行同源偏差检验，结果显示，未旋转第一个主成分的载荷为 26.328%，不存在单一因素解释大部分变异因子，因此可以判定不存在同源偏差问题。

然后，对样本数据进行信度及效度检验。本节采用 SPSS19.0 软件对 RE、KS、RF、CF 及 COI 进行信度和效度检验，结果如表 5.1 所示。从表 5.1 中可知，5 个变量的 α 系数均大于 0.7，表明量表的信度较好。所有变量测量指标项的因子载荷均大于 0.6，且 AVE 均大于 50%，说明变量的聚合效度较好。进一步采用 AVE 进行区分效度检验，如表 5.2 所示，4 个变量 AVE 平方根均大于其所在行和列的所有变量间的相关系数，表明各变量间具有较好的区分效度。

表 5.1 信度与聚合效度检验

变量	变量所含指标项	因子载荷	α 系数	AVE/%
互惠性（RE）	RE$_1$	0.810	0.730	65.180
	RE$_2$	0.765		
	RE$_3$	0.846		
知识共享（KS）	KS$_1$	0.808	0.708	63.678
	KS$_2$	0.797		
	KS$_3$	0.789		
资源柔性（RF）	RF$_1$	0.775	0.709	63.222
	RF$_2$	0.809		
	RF$_3$	0.801		

续表

变量	变量所含指标项	因子载荷	α 系数	AVE/%
能力柔性（CF）	CF_1	0.710	0.799	55.404
	CF_2	0.703		
	CF_3	0.719		
	CF_4	0.819		
	CF_5	0.765		
企业合作型原始创新（COI）	COI_1	0.840	0.792	61.842
	COI_2	0.822		
	COI_3	0.792		
	COI_4	0.681		

表 5.2　相关系数与区分效度

变量	互惠性	知识共享	资源柔性	能力柔性	企业合作型原始创新	企业规模	企业性质	行业领域	合作时间
互惠性	**0.807**								
知识共享	0.337^{**}	**0.798**							
资源柔性	0.265^{**}	0.290^{**}	**0.795**						
能力柔性	0.369^{**}	0.267^{**}	0.346^{**}	**0.744**					
企业合作型原始创新	0.353^{**}	0.348^{**}	0.451^{**}	0.500^{**}	**0.786**				
企业规模	0.111	-0.014	0.01	0.055	-0.051	1			
企业性质	-0.147^{*}	0.007	0.073	-0.014	0.001	-0.072	1		
行业领域	-0.022	0.087	-0.042	-0.071	-0.058	-0.046	-0.122	1	
合作时间	-0.006	0.001	0.042	0.012	0.136^{*}	0.422^{**}	-0.144^{*}	-0.025	1

说明：对角线上加粗的数据是 AVE 平方根

$*p < 0.05$

$**p < 0.01$

更进一步分析，由表 5.2 可知，各变量间相关系数均在 0.55 以下；对变量进行 VIF 检验，发现各变量的 VIF 都小于 2，说明变量间不存在多重共线性问题。此外，互惠性、知识共享、资源柔性、能力柔性与企业合作型原始创新之间的相关系数均大于 0，且在 1%的水平上显著，说明本节假设得到初步验证。

2. 假设检验

本节采用层次回归法对假设进行检验，结果如表 5.3 所示。其中，模型 1～模型 4 的因变量为企业合作型原始创新，模型 5 的因变量为知识共享，具体结果分析如下。

表 5.3　层次回归结果

变量	企业合作型原始创新				知识共享
	模型 1	模型 2	模型 3	模型 4	模型 5
企业规模	-0.134^+	-0.186^{**}	-0.129^+	-0.170^*	-0.062
企业性质	0.010	0.070	0.004	0.051	0.073
行业领域	-0.058	-0.044	-0.090	-0.070	0.102
合作时间	0.193^*	0.226^{**}	0.189^{**}	0.215^{**}	0.043
互惠性		0.385^{***}		0.295^{***}	0.357^{***}
知识共享			0.354^{***}	0.252^{***}	
R^2	0.036	0.179	0.160	0.234	0.131
调整 R^2	0.018	0.159	0.140	0.211	0.110
F 统计量	1.959	8.965^{***}	7.876^{***}	10.421^{***}	6.197^{***}

$+p<0.1$

$*p<0.05$

$**p<0.01$

$***p<0.001$

首先，对主效应进行检验，即检验互惠性与企业合作型原始创新之间的关系。模型 1 是控制变量对企业合作型原始创新影响的基础模型，在此基础上，将自变量互惠性置于回归方程中得到模型 2。由模型 2 的结果可知，互惠性对企业合作型原始创新的回归系数为 0.385，并在 0.1%的水平上显著，表明互惠性与企业合作型原始创新正相关，假设 5.1 得到验证。

然后，对中介效应进行检验，即检验知识共享在互惠性提高企业合作型原始创新的路径中是否具有中介作用。在假设 5.1 得到验证的基础上，需要验证互惠性对知识共享的影响、知识共享对企业合作型原始创新的影响，以及互惠性与知识共享对企业合作型原始创新的关系作用效果，进一步验证中介效应[430]。由模型 5 的回归结果可知，互惠性对知识共享的回归系数为 0.357，且在 0.1%的水平上显著，说明互惠性的提高能够有效促进企业与高校和科研机构间的知识共享与交流，假设 5.2 得到验证。由模型 3 的回归结果可知，知识共享对企业合作型原始创新的回归系数为 0.354，且在 0.1%的水平上显著，说明企业与高校和科研机构间的知识共享能够有效促进企业合作型原始创新，假设 5.3 得到验证。模型 4 是互惠性与知识共享同时对企业合作型原始创新影响的回归模型，可以发现，在互惠性与知识共享的共同作用下，知识共享对企业合作型原始创新的回归系数为 0.252，在 0.1%的水平上显著，互惠性对企业合作型原始创新的回归系数为

0.295，在 0.1%的水平上显著，但回归系数小于在模型 2 中缺失知识共享时的回归系数（0.385），说明互惠性对企业合作型原始创新的影响可以通过知识共享这一路径实现，知识共享具有中介效应。

最后，对有调节的中介效应进行检验。本节建立的模型可研究调节变量在中介变量与因变量之间的调节效应，是有调节的中介效应模型，应在中介效应检验的基础上检验调节效应[431]。参考温忠麟等[431]提出的有调节的中介效应检验步骤，分别进行企业合作型原始创新对互惠性与资源柔性或能力柔性的回归，且要求互惠性的影响显著，知识共享对互惠性与资源柔性或能力柔性的回归，且要求互惠性的影响显著，企业合作型原始创新对互惠性、知识共享与资源柔性或能力柔性的回归，且要求知识共享的影响显著，企业合作型原始创新对互惠性、知识共享、资源柔性或能力柔性、知识共享与资源柔性或能力柔性交互项的回归，且要求交互项的影响显著。最终得到的检验结果如表 5.4 所示。

表 5.4 有调节的中介效应检验结果

变量	知识共享		企业合作型原始创新					
	模型 6	模型 7	模型 8	模型 9	模型 10	模型 11	模型 12	模型 13
企业规模	−0.052	−0.063	−0.168*	−0.159*	−0.149*	−0.189**	−0.177**	−0.185**
企业性质	0.048	0.067	0.026	0.017	0.020	0.055	0.042	0.040
行业领域	0.107+	0.112+	−0.036	−0.055	−0.048	−0.020	−0.040	−0.037
合作时间	0.025	0.040	0.196**	0.192**	0.194**	0.220**	0.212**	0.203**
互惠性	0.296***	0.294***	0.279***	0.226***	0.224**	0.227***	0.173**	0.178**
知识共享				0.178**	0.156*		0.186**	0.192**
资源柔性	0.212**		0.367***	0.329***	0.332***			
能力柔性		0.171*				0.423***	0.391***	0.405***
知识共享×资源柔性					−0.095			
知识共享×能力柔性								0.126*
R^2	0.172	0.156	0.301	0.328	0.336	0.332	0.361	0.376
调整 R^2	0.148	0.131	0.281	0.305	0.310	0.313	0.339	0.352
F 统计量	7.091***	6.305***	14.735***	14.202***	12.839***	16.993***	16.481***	15.315***

+$p<0.1$

*$p<0.05$

**$p<0.01$

***$p<0.001$

如表 5.4 所示，模型 8 是企业合作型原始创新对互惠性与资源柔性的回归模型，可以看出，互惠性在 0.1%的水平上对企业合作型原始创新有显著的正向影响；模型 6 是知识共享对互惠性与资源柔性的回归模型，互惠性对知识共享的回归系数为 0.296，在 0.1%的水平上显著；模型 9 中的知识共享对企业合作型原始创新的回归系数为 0.178，在 1%的水平上显著；模型 10 中的交互项对企业合作型原始创新的回归系数为-0.095，但并未通过显著性检验，说明知识共享在互惠性对企业合作型原始创新的正向影响中的中介效应存在，资源柔性具有负向调节作用但并不显著，假设 5.4 未得到验证。原因可能在于在企业与高校和科研机构开展合作型原始创新的过程中，企业资源的特性决定了资源柔性的潜在用途[432]，资源柔性的能力陷阱作用有所减弱，导致其负向影响并不显著。

检验假设 5.5 与检验假设 5.4 的步骤相同，由模型 11 互惠性的回归系数与显著性、模型 7 互惠性的回归系数与显著性、模型 12 知识共享的回归系数与显著性，以及模型 13 交互项的回归系数和显著性可知，能力柔性在知识共享与企业合作型原始创新之间具有显著的正向调节作用，假设 5.5 得到验证，该路径的有调节的中介效应模型得到检验。

为进一步验证能力柔性在知识共享与企业合作型原始创新之间的正向调节效应，本节设定均值加标准差为高能力柔性，均值减标准差为低能力柔性，分别绘制在两种能力柔性下的知识共享与企业合作型原始创新的关系曲线，如图 5.2 所示。从图 5.2 中可以看出，高能力柔性下的曲线斜率大于低能力柔性下的曲线斜率，说明能力柔性越高，知识共享对企业合作型原始创新的正向促进作用越强，即能力柔性在知识共享对企业合作型原始创新的正向影响中具有正向调节作用。

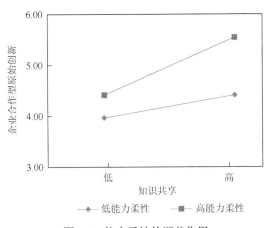

图 5.2   能力柔性的调节作用

5.2　企业合作型原始创新中知识共享的动态互惠激励效应

参与原始创新主体的成员来自不同的组织，不同主体之间的合作普遍具有一定程度的临时性和短暂性，既没有非契约关系基础，又不易观测到成员的努力程度，因此，各主体成员之间合作的主观意愿普遍较低[433,434]，使得不同主体之间要完全按照预期实现知识共享具有一定难度。主体成员的社会惰化导致知识共享价值降低[402,435]。

已有关于知识共享激励的研究主要如下。一部分学者从外在的物质激励视角进行研究，例如，Ba 等研究表明可以通过物质激励来提高主体知识共享的动机[436]；Taylor 指出外在的物质激励有助于成员间共享更多的显性知识[437]；马亚男提出通过制定合理的收益分配率可以激励高校与企业合作创新中的知识共享[438]；Hu 和 Randel 研究外在激励对团队知识共享和团队创新的影响[439]。一部分学者从内在激励视角进行研究，例如，Osterloh 和 Frey 研究发现内在激励可以促进隐性知识共享，外在激励可能对内在激励产生挤出效应[440]；Bock 等研究发现内在激励有效促进了知识共享氛围的形成[414]。还有学者将内外两种激励方式相结合进行研究，例如，Lin 从理性行为理论（theory of reasoned action，TRA）角度探究外在和内在激励对员工知识共享行为的促进作用[415]；蔡珍红以理性人假设为研究前提，认为当成员的知识隐性度和知识位势较低时，激励机制应侧重外在激励和基于个体成员的激励，反之，则应侧重内在激励和基于团队的激励[441]；金辉研究了内在和外在激励对员工知识共享的影响机制，并指出不同的外在激励会对内在激励产生挤入和挤出效应[442]。

以往对知识共享激励的研究多以理性经济人为假设前提[269]。已经有学者开始从互惠、公平等社会偏好角度研究知识共享的激励问题，例如，施建刚和林陵娜分别研究了互惠偏好和横向公平偏好对项目团队成员知识共享努力和激励效果的影响[443-445]；吴强和张卫国构建了基于间接互惠的企业大规模知识共享氛围的演化模型，比较了不同激励方式对知识共享氛围的影响，并提出了相应的选择策略[446]。

目前，已有研究多是从静态视角侧重个体和团队等组织内部的知识共享激励研究，缺少针对动态策略环境中企业层面不同主体间进行合作型原始创新中知识共享的互惠激励效应研究。Dufwenberg 和 Kirchsteiger 构建了具有互惠动机的序贯互惠模型[111]；李越和李秉祥将互惠扩展到动态环境中，解释了参与主体信念的变化及其对互惠行为的影响[447]。基于此，引入序贯互惠模型，从动态领域视角研究企业合作型原始创新中知识共享的互惠激励效应具有重要理论与实践意义。

5.2.1　序贯互惠模型

美国经济学家 Rabin[110]首次运用模型对互惠思想进行刻画，并指出当人们以友善回报友善、以不友善回报不友善时，会增加其互惠心理收益，并明确了参与者对别人的善意和感受来自别人善意的模型表达方式。但是，Rabin 模型对于具有动态结构的博弈并不适用，Dufwenberg 和 Kirchsteiger[111]在 Rabin 模型的基础上，考虑在动态博弈过程中友善度会被重新估计，即存在高阶信念[267, 448]，从而提出序贯互惠模型，将研究框架延伸至扩展型博弈，使互惠在具有动态结构的环境中得以描述刻画。本节以 Dufwenberg-Kirchsteiger 序贯互惠模型为基础，研究动态环境中的互惠激励效应。

本书的研究对象是企业与高校和科研机构两类原始创新主体，假设参与者为 i 和 j，i 的策略集为 A_i，i 关于 j 策略的信念集为 $B_{ij} = A_j$，i 关于 j 关于 i 策略的信念的信念集为 $C_{iji} = B_{ji} = A_i$。因此，i 关于 j 策略的信念（一阶信念）为 $b_{ij} \in B_{ij}$，i 关于 j 关于 i 策略的信念的信念（二阶信念）为 $c_{iji} \in C_{iji}$[111, 269]。

i 对 j 的善意程度为

$$\kappa_{ij}(a_i, b_{ij}) = \pi_j(a_i, b_{ij}) - \pi_j^{e_i}(b_{ij}) \tag{5-1}$$

其中，$\pi_j^{e_i}(b_{ij}) = \left[\max\{\pi_j(a_i, b_{ij})\} + \min\{\pi_j(a_i, b_{ij})\} \right] / 2$ 为 j 关于 i 的公平支付，其含义是当给定 j 的策略 b_{ij} 时，i 的策略 a_i 会为 j 带来的最大收益和最小收益的平均值。i 对 j 的善意程度被刻画为 i 的选择会为 j 带来的收益与 i 可以给 j 带来的平均收益的差值[269]。

此外，由于 j 的善意取决于 j 的信念，i 无法直接观察到 j 的善意。但是，i 可以根据他关于 j 的行动和信念的信念来推断出 j 的善意。因此，i 感知来自 j 的善意程度为

$$\lambda_{iji}(b_{ij}, c_{iji}) = \pi_i(b_{ij}, c_{iji}) - \pi_i^{e_j}(c_{iji}) \tag{5-2}$$

其中，$\pi_i^{e_j}(c_{iji}) = \left[\max\{\pi_i(b_{ij}, c_{iji})\} + \min\{\pi_i(b_{ij}, c_{iji})\} \right] / 2$ 为 i 关于 j 的公平支付。i 感知来自 j 的善意程度被刻画为 j 的选择会为 i 带来的收益与 j 可以给 i 带来的平均收益的差值[269]。

i 的效用定义为

$$U_i(a_i, b_{ij}, c_{iji}) = \pi_i(a_i, b_{ij}) + \sum_{j \neq i} Y_{ij} \kappa_{ij}(a_i, b_{ij}) \lambda_{iji}(b_{ij}, c_{iji}) \tag{5-3}$$

该效用包括两部分，第一部分是 i 的物质支付 $\pi_i(a_i,b_{ij})$；第二部分是 i 关于其他参与者的互惠支付，其中，Y_{ij} 为 i 关于 j 的互惠敏感度，且 $Y_{ij} \geqslant 0$，具有互惠动机的主体会根据博弈中其他参与者行为的意图再决定自己将采取的行为，互惠敏感度越大，i 越容易根据 j 的行为做出互惠反应，即 i 选择"以友善回报友善，以不友善回报不友善"的行为动机越强烈；$\kappa_{ij}(a_i,b_{ij})$ 为 i 对 j 的善意程度；$\lambda_{iji}(b_{ij},c_{iji})$ 为 i 感知来自 j 的善意程度。

5.2.2　模型的基本设定与构建

在企业合作型原始创新过程中，企业侧重应用基础研究原始创新，高校和科研机构侧重纯基础研究原始创新，假定企业知识共享的努力程度为 S_e，高校和科研机构知识共享的努力程度为 S_r，企业与高校和科研机构的策略是选择付出高的知识共享努力程度和选择付出低的知识共享努力程度，即 $S_e \in \{S_H, S_L\}$，$S_r \in \{S_h, S_l\}$，且 $S_H > S_L$，$S_h > S_l$。假定知识共享的成本是努力程度的凸函数，企业知识共享的成本为 $C_e = \dfrac{1}{2} c_e S_e^2$，高校和科研机构知识共享的成本为 $C_r = \dfrac{1}{2} c_r S_r^2$，其中，$c_e$、$c_r$ 为企业与高校和科研机构知识共享的成本系数，且 $c_e > 0$，$c_r > 0$。假定企业合作型原始创新产生的收益为 π，并假定收益与合作双方知识共享的努力程度相关，即 $\pi = \theta S_e^\alpha S_r^\beta$，其中，$\theta$ 为企业与高校和科研机构进行合作型原始创新的收益系数，且 $\theta > 0$；α、β 为企业与高校和科研机构知识共享努力弹性系数，且 $0 < \alpha < 1$，$0 < \beta < 1$。假定收益只在企业与高校和科研机构两类原始创新主体间进行分配，q 为企业获得收益的比例，$1-q$ 为高校和科研机构获得收益的比例，且 $0 < q < 1$。企业与高校和科研机构知识共享的序贯博弈树如图 5.3 所示。

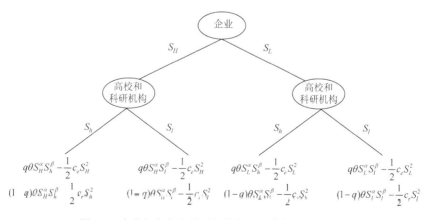

图 5.3　企业与高校和科研机构知识共享的序贯博弈树

此外，考虑帕累托改进也是互惠行为意义的体现，假定企业与高校和科研机构都选择付出高的知识共享努力程度时获得的物质支付大于他们都选择付出低的知识共享努力程度时获得的物质支付，即

$$q\theta S_H^\alpha S_h^\beta - \frac{1}{2}c_e S_H^2 > q\theta S_L^\alpha S_l^\beta - \frac{1}{2}c_e S_L^2$$

$$(1-q)\theta S_H^\alpha S_h^\beta - \frac{1}{2}c_r S_h^2 > (1-q)\theta S_L^\alpha S_l^\beta - \frac{1}{2}c_r S_l^2$$

将其化简，得到

$$q\theta\left(S_H^\alpha S_h^\beta - S_L^\alpha S_l^\beta\right) > \frac{1}{2}c_e\left(S_H^2 - S_L^2\right) \tag{5-4}$$

$$(1-q)\theta\left(S_H^\alpha S_h^\beta - S_L^\alpha S_l^\beta\right) > \frac{1}{2}c_r\left(S_h^2 - S_l^2\right) \tag{5-5}$$

假定当企业选择付出高的知识共享努力程度时，高校和科研机构选择付出高的知识共享努力程度时获得的物质支付小于其选择付出低的知识共享努力程度时获得的物质支付，即

$$(1-q)\theta S_H^\alpha S_h^\beta - \frac{1}{2}c_r S_h^2 < (1-q)\theta S_H^\alpha S_l^\beta - \frac{1}{2}c_r S_l^2$$

将其化简，得到

$$(1-q)\theta S_H^\alpha\left(S_h^\beta - S_l^\beta\right) < \frac{1}{2}c_r\left(S_h^2 - S_l^2\right) \tag{5-6}$$

假定当企业选择付出低的知识共享努力程度时，高校和科研机构选择付出高的知识共享努力程度时获得的物质支付小于其选择付出低的知识共享努力程度时获得的物质支付，即

$$(1-q)\theta S_L^\alpha S_h^\beta - \frac{1}{2}c_r S_h^2 < (1-q)\theta S_L^\alpha S_l^\beta - \frac{1}{2}c_r S_l^2$$

将其化简，得到

$$(1-q)\theta S_L^\alpha\left(S_h^\beta - S_l^\beta\right) < \frac{1}{2}c_r\left(S_h^2 - S_l^2\right) \tag{5-7}$$

假定当高校和科研机构选择付出高的知识共享努力程度时，企业选择付出高的知识共享努力程度时获得的物质支付小于其选择付出低的知识共享努力程度时获得的物质支付，即

$$q\theta S_H^\alpha S_h^\beta - \frac{1}{2}c_e S_H^2 < q\theta S_L^\alpha S_h^\beta - \frac{1}{2}c_e S_L^2$$

将其化简，得到

$$q\theta S_h^\beta\left(S_H^\alpha - S_L^\alpha\right) < \frac{1}{2}c_e\left(S_H^2 - S_L^2\right) \tag{5-8}$$

5.2.3　基于高校和科研机构互惠偏好的知识共享激励效应分析

【命题 5.1】　当给定高校和科研机构具有互惠偏好动机时，如果企业选择 S_L，高校和科研机构会选择 S_l；如果企业选择 S_H，则存在下列序贯互惠均衡。

（1）当 $Y_r > \dfrac{2(1-q)\theta S_H^\alpha \left(S_l^\beta - S_h^\beta\right) + c_r \left(S_h^2 - S_l^2\right)}{q(1-q)\theta^2 S_H^\alpha \left(S_h^\beta - S_l^\beta\right) S_h^\beta \left(S_H^\alpha - S_L^\alpha\right)}$ 时，高校和科研机构会选择 S_h。

（2）当 $Y_r < \dfrac{2(1-q)\theta S_H^\alpha \left(S_l^\beta - S_h^\beta\right) + c_r \left(S_h^2 - S_l^2\right)}{\left[q\theta S_H^\alpha \left(S_h^\beta - S_l^\beta\right)\right]\left[(1-q)\theta\left(S_H^\alpha S_l^\beta - S_h^\beta S_L^\alpha\right) + \frac{1}{2}c_r\left(S_h^2 - S_l^2\right)\right]}$

时，高校和科研机构会选择 S_l。

（3）当 $\dfrac{2(1-q)\theta S_H^\alpha \left(S_l^\beta - S_h^\beta\right) + c_r \left(S_h^2 - S_l^2\right)}{\left[q\theta S_H^\alpha \left(S_h^\beta - S_l^\beta\right)\right]\left[(1-q)\theta\left(S_H^\alpha S_l^\beta - S_h^\beta S_L^\alpha\right) + \frac{1}{2}c_r\left(S_h^2 - S_l^2\right)\right]} <$

$Y_r < \dfrac{2(1-q)\theta S_H^\alpha \left(S_l^\beta - S_h^\beta\right) + c_r \left(S_h^2 - S_l^2\right)}{q(1-q)\theta^2 S_H^\alpha \left(S_h^\beta - S_l^\beta\right) S_h^\beta \left(S_H^\alpha - S_L^\alpha\right)}$ 时，高校和科研机构会以 p 的概率选

择 S_h，其中，$p = 1 - \dfrac{2}{Y_r q\theta S_H^\alpha \left(S_h^\beta - S_l^\beta\right)} + \dfrac{(1-q)\theta S_h^\beta \left(S_H^\alpha - S_L^\alpha\right)}{\frac{1}{2}c_r\left(S_h^2 - S_l^2\right) - (1-q)\theta S_H^\alpha \left(S_h^\beta - S_l^\beta\right)}$。

证明　由 Dufwenberg-Kirchsteiger 序贯互惠模型[111]可知，当企业选择 S_H 时，高校和科研机构选择 S_h 对企业的善意程度为

$$
\begin{aligned}
\kappa_{re}(S_h, S_H) &= q\theta S_H^\alpha S_h^\beta - \frac{1}{2}c_e S_H^2 - \frac{1}{2}\left[\left(q\theta S_H^\alpha S_h^\beta - \frac{1}{2}c_e S_H^2\right)\right.\\
&\quad \left. + \left(q\theta S_H^\alpha S_l^\beta - \frac{1}{2}c_e S_H^2\right)\right] \\
&= \frac{1}{2}q\theta S_H^\alpha \left(S_h^\beta - S_l^\beta\right)
\end{aligned}
\tag{5-9}
$$

高校和科研机构选择 S_l 对企业的善意程度为

$$
\begin{aligned}
\kappa_{re}(S_l, S_H) &= q\theta S_H^\alpha S_l^\beta - \frac{1}{2}c_e S_H^2 - \frac{1}{2}\left[\left(q\theta S_H^\alpha S_h^\beta - \frac{1}{2}c_e S_H^2\right)\right.\\
&\quad \left. + \left(q\theta S_H^\alpha S_l^\beta - \frac{1}{2}c_e S_H^2\right)\right] \\
&= \frac{1}{2}q\theta S_H^\alpha \left(S_l^\beta - S_h^\beta\right)
\end{aligned}
\tag{5-10}
$$

　　假设高校和科研机构选择 S_h 的二阶信念为 p，则高校和科研机构认为企业的选择会给予其的最大支付为 $p\left[(1-q)\theta S_H^\alpha S_h^\beta - \frac{1}{2}c_r S_h^2\right] + (1-p)\times$ $\left[(1-q)\theta S_H^\alpha S_l^\beta - \frac{1}{2}c_r S_l^2\right]$，最小支付为 $(1-q)\theta S_L^\alpha S_h^\beta - \frac{1}{2}c_r S_h^2$。当企业选择 S_H 时，高校和科研机构感知来自企业的善意程度为

$$
\begin{aligned}
\lambda_{rer}\left(\left(pS_h,(1-p)S_l\right),S_H\right) &= p\left[(1-q)\theta S_H^\alpha S_h^\beta - \frac{1}{2}c_r S_h^2\right] \\
&\quad + (1-p)\left[(1-q)\theta S_H^\alpha S_l^\beta - \frac{1}{2}c_r S_l^2\right] \\
&\quad - \frac{1}{2}\left\{p\left[(1-q)\theta S_H^\alpha S_h^\beta - \frac{1}{2}c_r S_h^2\right]\right. \\
&\quad + (1-p)\left[(1-q)\theta S_H^\alpha S_l^\beta - \frac{1}{2}c_r S_l^2\right] \\
&\quad \left. + (1-q)\theta S_L^\alpha S_h^\beta - \frac{1}{2}c_r S_h^2\right\} \\
&= \frac{1}{2}\left\{-(1-q)\theta S_h^\beta\left(S_H^\alpha - S_L^\alpha\right)\right. \\
&\quad \left. + (1-p)\left[\frac{1}{2}c_r\left(S_h^2 - S_l^2\right) - (1-q)\theta S_H^\alpha\left(S_h^\beta - S_l^\beta\right)\right]\right\}
\end{aligned}
$$

（5-11）

　　由假设和式（5-6）可知，式（5-11）大于 0，即当企业选择 S_H 时，高校和科研机构感知到正的善意。

　　当企业选择 S_L 时，高校和科研机构感知来自企业的善意程度为

$$
\begin{aligned}
\lambda_{rer}\left(\left(pS_h,(1-p)S_l\right),S_L\right) &= p\left[(1-q)\theta S_L^\alpha S_h^\beta - \frac{1}{2}c_r S_h^2\right] \\
&\quad + (1-p)\left[(1-q)\theta S_L^\alpha S_l^\beta - \frac{1}{2}c_r S_l^2\right] \\
&\quad - \frac{1}{2}\left\{p\left[(1-q)\theta S_L^\alpha S_h^\beta - \frac{1}{2}c_r S_h^2\right]\right. \\
&\quad + (1-p)\left[(1-q)\theta S_L^\alpha S_l^\beta - \frac{1}{2}c_r S_l^2\right] \\
&\quad \left. + (1-q)\theta S_H^\alpha S_h^\beta - \frac{1}{2}c_r S_h^2\right\} \\
&= \frac{1}{2}\left\{(1-q)\theta p S_h^\beta\left(S_L^\alpha - S_H^\alpha\right)\right. \\
&\quad \left. + (1-p)\left[\frac{1}{2}c_r\left(S_h^2 - S_l^2\right) - (1-q)\theta\left(S_H^\alpha S_h^\beta - S_L^\alpha S_l^\beta\right)\right]\right\}
\end{aligned}
$$

（5-12）

由假设和式（5-5）可知，式（5-12）小于 0，即当企业选择 S_L 时，高校和科研机构感知到负的善意。因此，可以推断，当企业选择 S_L 时，具有互惠偏好动机的高校和科研机构会选择 S_l。

当企业选择 S_H 时，高校和科研机构选择 S_h 的效用为

$$U_r(S_h, S_H) = (1-q)\theta S_H^\alpha S_h^\beta - \frac{1}{2}c_r S_h^2 + \frac{1}{4}Y_r\left[q\theta S_H^\alpha\left(S_h^\beta - S_l^\beta\right)\right]$$
$$\times\left\{(1-q)\theta S_h^\beta\left(S_H^\alpha - S_L^\alpha\right) + (1-p) \right. \tag{5-13}$$
$$\left. \times\left[\frac{1}{2}c_r\left(S_h^2 - S_l^2\right) - (1-q)\theta S_H^\alpha\left(S_h^\beta - S_l^\beta\right)\right]\right\}$$

高校和科研机构选择 S_l 的效用为

$$U_r(S_l, S_H) = (1-q)\theta S_H^\alpha S_l^\beta - \frac{1}{2}c_r S_l^2 + \frac{1}{4}Y_r\left[q\theta S_H^\alpha\left(S_l^\beta - S_h^\beta\right)\right]$$
$$\times\left\{(1-q)\theta S_h^\beta\left(S_H^\alpha - S_L^\alpha\right) + (1-p) \right. \tag{5-14}$$
$$\left. \times\left[\frac{1}{2}c_r\left(S_h^2 - S_l^2\right) - (1-q)\theta S_H^\alpha\left(S_h^\beta - S_l^\beta\right)\right]\right\}$$

（1）当 $U_r(S_h, S_H) > U_r(S_l, S_H)$ 时，高校和科研机构会选择 S_h，此时 $p=1$，代入式（5-13）和式（5-14）可得

$$Y_r > \frac{2(1-q)\theta S_H^\alpha\left(S_l^\beta - S_h^\beta\right) + c_r\left(S_h^2 - S_l^2\right)}{q(1-q)\theta^2 S_H^\alpha\left(S_h^\beta - S_l^\beta\right)S_h^\beta\left(S_H^\alpha - S_L^\alpha\right)}$$

因此，当

$$Y_r > \frac{2(1-q)\theta S_H^\alpha\left(S_l^\beta - S_h^\beta\right) + c_r\left(S_h^2 - S_l^2\right)}{q(1-q)\theta^2 S_H^\alpha\left(S_h^\beta - S_l^\beta\right)S_h^\beta\left(S_H^\alpha - S_L^\alpha\right)}$$

时，如果企业选择 S_H，那么高校和科研机构会选择 S_h。

（2）当 $U_r(S_h, S_H) < U_r(S_l, S_H)$ 时，高校和科研机构会选择 S_l，此时 $p=0$，代入式（5-13）和式（5-14）可得

$$Y_r < \frac{2(1-q)\theta S_H^\alpha\left(S_l^\beta - S_h^\beta\right) + c_r\left(S_h^2 - S_l^2\right)}{\left[q\theta S_H^\alpha\left(S_h^\beta - S_l^\beta\right)\right]\left[(1-q)\theta\left(S_H^\alpha S_l^\beta - S_h^\beta S_L^\alpha\right) + \frac{1}{2}c_r\left(S_h^2 - S_l^2\right)\right]}$$

因此，当

$$Y_r < \frac{2(1-q)\theta S_H^\alpha\left(S_l^\beta - S_h^\beta\right) + c_r\left(S_h^2 - S_l^2\right)}{\left[q\theta S_H^\alpha\left(S_h^\beta - S_l^\beta\right)\right]\left[(1-q)\theta\left(S_H^\alpha S_l^\beta - S_h^\beta S_L^\alpha\right) + \frac{1}{2}c_r\left(S_h^2 - S_l^2\right)\right]}$$

时，如果企业选择 S_H，那么高校和科研机构会选择 S_l。

（3）当 $U_r(S_h, S_H) = U_r(S_l, S_H)$ 时，化简可得

$$p = 1 - \frac{2}{Y_r q \theta S_H^\alpha \left(S_h^\beta - S_l^\beta\right)} + \frac{(1-q)\theta S_h^\beta \left(S_H^\alpha - S_L^\alpha\right)}{\frac{1}{2}c_r\left(S_h^2 - S_l^2\right) - (1-q)\theta S_H^\alpha \left(S_h^\beta - S_l^\beta\right)}$$

由 $0 < p < 1$ 可得

$$\frac{2(1-q)\theta S_H^\alpha \left(S_l^\beta - S_h^\beta\right) + c_r\left(S_h^2 - S_l^2\right)}{\left[q\theta S_H^\alpha \left(S_h^\beta - S_l^\beta\right)\right]\left[(1-q)\theta\left(S_H^\alpha S_l^\beta - S_h^\beta S_L^\alpha\right) + \frac{1}{2}c_r\left(S_h^2 - S_l^2\right)\right]}$$

$$< Y_r < \frac{2(1-q)\theta S_H^\alpha \left(S_l^\beta - S_h^\beta\right) + c_r\left(S_h^2 - S_l^2\right)}{q(1-q)\theta^2 S_H^\alpha \left(S_h^\beta - S_l^\beta\right) S_h^\beta \left(S_H^\alpha - S_L^\alpha\right)}$$

证毕。

由命题 5.1 可知，在企业合作型原始创新知识共享过程中，当高校和科研机构的互惠敏感度足够大时，即当 $Y_r > \dfrac{2(1-q)\theta S_H^\alpha \left(S_l^\beta - S_h^\beta\right) + c_r\left(S_h^2 - S_l^2\right)}{q(1-q)\theta^2 S_H^\alpha \left(S_h^\beta - S_l^\beta\right) S_h^\beta \left(S_H^\alpha - S_L^\alpha\right)}$ 时，高校和科研机构能够感受企业选择付出高的知识共享努力程度所传递的善意，会以友善的行为予以回报，即选择付出高的知识共享努力程度。虽然这种选择会降低高校和科研机构的物质支付，但是其互惠支付的增加多于物质支付的损失。当高校和科研机构的互惠敏感度较小时，高校和科研机构不会对企业选择付出高的知识共享努力程度的善意行为进行报答，其选择付出高的知识共享努力程度增加的互惠支付不足以弥补其损失的物质支付，此时选择付出低的知识共享努力程度才是其均衡选择。当高校和科研机构的互惠敏感度处于中间值时，高校和科研机构会以一定的概率 p 选择付出高的知识共享努力程度，其概率随着高校和科研机构互惠敏感度的增加而增加。当企业选择付出低的知识共享努力程度时，高校和科研机构感受来自企业的不友善，在物质支付和互惠支付的双重作用下，会选择付出低的知识共享努力程度予以报复。

以上分析说明，当高校和科研机构内在的互惠动机足够大时，企业应提高自身的知识共享努力程度，激发高校和科研机构的互惠偏好，这将更有利于显性知识和隐性知识的共享与吸收，使企业与高校和科研机构之间形成更加默契的良性互动，促进企业合作型原始创新活动的开展，进而提高企业合作型原始创新产生的收益。

5.2.4　基于企业互惠偏好的知识共享激励效应分析

【命题 5.2】　如果

$$Y_r < \frac{2(1-q)\theta S_H^\alpha \left(S_l^\beta - S_h^\beta\right) + c_r \left(S_h^2 - S_l^2\right)}{\left[q\theta S_H^\alpha \left(S_h^\beta - S_l^\beta\right)\right]\left[(1-q)\theta\left(S_H^\alpha S_l^\beta - S_h^\beta S_L^\alpha\right) + \frac{1}{2}c_r\left(S_h^2 - S_l^2\right)\right]}$$

则企业会选择 S_L。

　　如果高校和科研机构的互惠敏感度较小，那么其会选择付出低的知识共享努力程度，这一策略对企业是不友善的，企业基于对高校和科研机构行为及信念的推断，在物质支付和互惠支付的双重作用下，最后会选择付出低的知识共享努力程度。这说明在高校和科研机构互惠敏感度较小的情况下，提高高校和科研机构的互惠动机是改变企业选择付出低的知识共享努力程度的前提条件。

【命题 5.3】　如果

$$Y_r > \frac{2(1-q)\theta S_H^\alpha \left(S_l^\beta - S_h^\beta\right) + c_r \left(S_h^2 - S_l^2\right)}{q(1-q)\theta^2 S_H^\alpha \left(S_h^\beta - S_l^\beta\right)S_h^\beta\left(S_H^\alpha - S_L^\alpha\right)}$$

则企业的均衡行为有以下三种可能。

（1）无论 Y_e 取何值，企业会选择 S_H。

（2）当 $Y_e > \dfrac{2\left[\left(q\theta S_H^\alpha S_h^\beta - \frac{1}{2}c_e S_H^2\right) - \left(q\theta S_L^\alpha S_l^\beta - \frac{1}{2}c_e S_L^2\right)\right]}{\left[(1-q)\theta\left(S_H^\alpha S_h^\beta - S_L^\alpha S_l^\beta\right) - \frac{1}{2}c_r\left(S_h^2 - S_l^2\right)\right]\left[q\theta S_L^\alpha\left(S_h^\beta - S_l^\beta\right)\right]}$

时，企业会选择 S_L。

（3）当 $Y_e > \dfrac{2\left[\left(q\theta S_H^\alpha S_h^\beta - \frac{1}{2}c_e S_H^2\right) - \left(q\theta S_L^\alpha S_l^\beta - \frac{1}{2}c_e S_L^2\right)\right]}{\left[(1-q)\theta\left(S_H^\alpha S_h^\beta - S_L^\alpha S_l^\beta\right) - \frac{1}{2}c_r\left(S_h^2 - S_l^2\right)\right]\left[q\theta S_L^\alpha\left(S_h^\beta - S_l^\beta\right)\right]}$

时，企业选择 S_H 的概率为

$$p' = \frac{2\left[\left(q\theta S_L^\alpha S_l^\beta - \frac{1}{2}c_e S_L^2\right) - \left(q\theta S_H^\alpha S_h^\beta - \frac{1}{2}c_e S_H^2\right)\right]}{Y_e\left[(1-q)\theta\left(S_H^\alpha S_h^\beta - S_L^\alpha S_l^\beta\right) - \frac{1}{2}c_r\left(S_h^2 - S_l^2\right)\right]} + \frac{S_L^\alpha S_h^\beta - S_L^\alpha S_l^\beta}{S_H^\alpha S_h^\beta - S_H^\alpha S_l^\beta + S_L^\alpha S_h^\beta - S_L^\alpha S_l^\beta}$$

$$\times \left[q\theta\left(S_H^\alpha S_h^\beta - S_H^\alpha S_l^\beta + S_L^\alpha S_h^\beta - S_L^\alpha S_l^\beta\right)\right]$$

证明　由命题 5.1 可知，如果

$$Y_r > \frac{2(1-q)\theta S_H^\alpha \left(S_l^\beta - S_h^\beta\right) + c_r \left(S_h^2 - S_l^2\right)}{q(1-q)\theta^2 S_H^\alpha \left(S_h^\beta - S_l^\beta\right) S_h^\beta \left(S_H^\alpha - S_L^\alpha\right)}$$

当企业选择 S_H 时，高校和科研机构会选择 S_h；当企业选择 S_L 时，高校和科研机构会选择 S_l。高校和科研机构关于企业的公平支付为

$$\pi_r^{e_e}(b_{er}) = \frac{1}{2}\left[(1-q)\theta S_H^\alpha S_h^\beta - \frac{1}{2}c_r S_h^2 + (1-q)\theta S_L^\alpha S_l^\beta - \frac{1}{2}c_r S_l^2\right] \tag{5-15}$$

$$= \frac{1}{2}\left[(1-q)\theta\left(S_H^\alpha S_h^\beta + S_L^\alpha S_l^\beta\right) - \frac{1}{2}c_r\left(S_h^2 + S_l^2\right)\right]$$

由 Dufwenberg-Kirchsteiger 序贯互惠模型[111]可知，当企业选择 S_H 时，对高校和科研机构的善意程度为

$$\kappa_{er}(S_H, b_{er}) = (1-q)\theta S_H^\alpha S_h^\beta - \frac{1}{2}c_r S_h^2 - \pi_r^{e_e}(b_{er}) \tag{5-16}$$

$$= \frac{1}{2}\left[(1-q)\theta\left(S_H^\alpha S_h^\beta - S_L^\alpha S_l^\beta\right) - \frac{1}{2}c_r\left(S_h^2 - S_l^2\right)\right]$$

当企业选择 S_L 时，对高校和科研机构的善意程度为

$$\kappa_{er}(S_L, b_{er}) = (1-q)\theta S_L^\alpha S_l^\beta - \frac{1}{2}c_r S_l^2 - \pi_r^{e_e}(b_{er}) \tag{5-17}$$

$$= \frac{1}{2}\left[(1-q)\theta\left(S_L^\alpha S_l^\beta - S_H^\alpha S_h^\beta\right) - \frac{1}{2}c_r\left(S_l^2 - S_h^2\right)\right]$$

假定企业选择 S_H 的二阶信念为 p'，则企业认为高校和科研机构的选择会给予企业的收益为

$$\pi_e(b_{er}, c_{ere}) = p'\left(q\theta S_H^\alpha S_h^\beta - \frac{1}{2}c_e S_H^2\right) + (1-p')\left(q\theta S_L^\alpha S_l^\beta - \frac{1}{2}c_e S_L^2\right) \tag{5-18}$$

如果高校和科研机构始终选择 S_h，那么给予企业的收益为

$$\pi_e(a_e, S_h) = p'\left(q\theta S_H^\alpha S_h^\beta - \frac{1}{2}c_e S_H^2\right) + (1-p')\left(q\theta S_L^\alpha S_h^\beta - \frac{1}{2}c_e S_L^2\right) \tag{5-19}$$

如果高校和科研机构始终选择 S_l，那么给予企业的收益为

$$\pi_e(a_e, S_l) = p'\left(q\theta S_H^\alpha S_l^\beta - \frac{1}{2}c_e S_H^2\right) + (1-p')\left(q\theta S_L^\alpha S_l^\beta - \frac{1}{2}c_e S_L^2\right) \tag{5-20}$$

企业感知来自高校和科研机构的善意程度为

$$
\begin{aligned}
\lambda_{ere}(b_{er}, c_{ere}) &= \pi_e(b_{er}, c_{ere}) - \pi_e^{e_r}(c_{ere}) \\
&= p'\left(q\theta S_H^\alpha S_h^\beta - \frac{1}{2}c_e S_H^2\right) + (1-p')\left(q\theta S_L^\alpha S_l^\beta - \frac{1}{2}c_e S_L^2\right) \\
&\quad - \frac{1}{2}\left[\pi_e(a_e, S_h) + \pi_e(a_e, S_l)\right] \\
&= \frac{1}{2}\left[p'q\theta S_H^\alpha\left(S_h^\beta - S_l^\beta\right) - (1-p')q\theta S_L^\alpha\left(S_h^\beta - S_l^\beta\right)\right]
\end{aligned}
\tag{5-21}
$$

如果 $Y_r > \dfrac{2(1-q)\theta S_H^\alpha\left(S_l^\beta - S_h^\beta\right) + c_r\left(S_h^2 - S_l^2\right)}{q(1-q)\theta^2 S_H^\alpha\left(S_h^\beta - S_l^\beta\right) S_h^\beta\left(S_H^\alpha - S_L^\alpha\right)}$，那么企业选择 S_H 的效用为

$$
\begin{aligned}
U_e(S_H, b_{er}, c_{ere}) &= \pi_e(S_H, S_h) + Y_e \kappa_{er}(S_H, S_h)\lambda_{ere}(b_{er}, c_{ere}) \\
&= q\theta S_H^\alpha S_h^\beta - \frac{1}{2}c_e S_H^2 + \frac{1}{4}Y_e\left[(1-q)\theta\left(S_H^\alpha S_h^\beta - S_L^\alpha S_l^\beta\right)\right. \\
&\quad \left. - \frac{1}{2}c_r\left(S_h^2 - S_l^2\right)\right]\left[p'q\theta S_H^\alpha\left(S_h^\beta - S_l^\beta\right)\right. \\
&\quad \left. - (1-p')q\theta S_L^\alpha\left(S_h^\beta - S_l^\beta\right)\right]
\end{aligned}
\tag{5-22}
$$

企业选择 S_L 的效用为

$$
\begin{aligned}
U_e(S_L, b_{er}, c_{ere}) &= \pi_e(S_L, S_l) + Y_e \kappa_{er}(S_L, S_l)\lambda_{ere}(b_{er}, c_{ere}) \\
&= q\theta S_L^\alpha S_l^\beta - \frac{1}{2}c_e S_L^2 + \frac{1}{4}Y_e\left[(1-q)\theta\left(S_L^\alpha S_l^\beta - S_H^\alpha S_h^\beta\right)\right. \\
&\quad \left. - \frac{1}{2}c_r\left(S_l^2 - S_h^2\right)\right]\left[p'q\theta S_H^\alpha\left(S_h^\beta - S_l^\beta\right)\right. \\
&\quad \left. - (1-p')q\theta S_L^\alpha\left(S_h^\beta - S_l^\beta\right)\right]
\end{aligned}
\tag{5-23}
$$

（1）当 $U_e(S_H, b_{er}, c_{ere}) > U_e(S_L, b_{er}, c_{ere})$ 时，企业会选择 S_H，此时 $p'=1$，代入式（5-22）和式（5-23）可得

$$
Y_e > \frac{2\left[\left(q\theta S_H^\alpha S_h^\beta - \frac{1}{2}c_e S_H^2\right) - \left(q\theta S_L^\alpha S_l^\beta - \frac{1}{2}c_e S_L^2\right)\right]}{\left[(1-q)\theta\left(S_H^\alpha S_h^\beta - S_L^\alpha S_l^\beta\right) - \frac{1}{2}c_r\left(S_h^2 - S_l^2\right)\right]\left[q\theta S_L^\alpha\left(S_h^\beta - S_l^\beta\right)\right]}
$$

由式（5-4）和式（5-5）可知，不等式右边小于 0，因此，该不等式总是成立。

（2）当 $U_e(S_H, b_{er}, c_{ere}) < U_e(S_L, b_{er}, c_{ere})$ 时，企业会选择 S_L，此时 $p'=0$，代入式（5-22）和式（5-23）可得

$$
Y_e > \frac{2\left[\left(q\theta S_H^\alpha S_h^\beta - \frac{1}{2}c_e S_H^2\right) - \left(q\theta S_L^\alpha S_l^\beta - \frac{1}{2}c_e S_L^2\right)\right]}{\left[(1-q)\theta\left(S_H^\alpha S_h^\beta - S_L^\alpha S_l^\beta\right) - \frac{1}{2}c_r\left(S_h^2 - S_l^2\right)\right]\left[q\theta S_L^\alpha\left(S_h^\beta - S_l^\beta\right)\right]}
$$

（3）当 $U_e(S_H, b_{er}, c_{ere}) = U_e(S_L, b_{er}, c_{ere})$ 时，化简可得

$$p' = \frac{2\left[\left(q\theta S_L^\alpha S_l^\beta - \frac{1}{2}c_e S_L^2\right) - \left(q\theta S_H^\alpha S_h^\beta - \frac{1}{2}c_e S_H^2\right)\right]}{Y_e\left[(1-q)\theta\left(S_H^\alpha S_h^\beta - S_L^\alpha S_l^\beta\right) - \frac{1}{2}c_r\left(S_h^2 - S_l^2\right)\right]} + \frac{S_L^\alpha S_h^\beta - S_L^\alpha S_l^\beta}{S_H^\alpha S_h^\beta - S_H^\alpha S_l^\beta + S_L^\alpha S_h^\beta - S_L^\alpha S_l^\beta}$$

$$\times\left[q\theta\left(S_H^\alpha S_h^\beta - S_H^\alpha S_l^\beta + S_L^\alpha S_h^\beta - S_L^\alpha S_l^\beta\right)\right]$$

由 $0 < p' < 1$ 可得

$$Y_e > \frac{2\left[\left(q\theta S_H^\alpha S_h^\beta - \frac{1}{2}c_e S_H^2\right) - \left(q\theta S_L^\alpha S_l^\beta - \frac{1}{2}c_e S_L^2\right)\right]}{\left[(1-q)\theta\left(S_H^\alpha S_h^\beta - S_L^\alpha S_l^\beta\right) - \frac{1}{2}c_r\left(S_h^2 - S_l^2\right)\right]\left[q\theta S_L^\alpha\left(S_h^\beta - S_l^\beta\right)\right]}$$

证毕。

命题 5.3 考虑了在企业合作型原始创新知识共享过程中，当高校和科研机构的互惠敏感度足够大时企业的均衡行为。命题 5.3 中的第一种均衡行为，即无论 Y_e 取何值，企业会选择 S_H，是最合理的均衡，当高校和科研机构的互惠敏感度足够大时，企业在物质支付和互惠支付的双重作用下，会选择付出高的知识共享努力程度。然而，还存在其他种类的均衡，如果企业相信高校和科研机构认为企业会选择付出低的知识共享努力程度，高校和科研机构在此种情况下会选择付出低的知识共享努力程度，那么企业会认为高校和科研机构是不友善的，会导致企业选择付出低的知识共享努力程度，此种均衡只有在企业充分受互惠动机的驱动时才会发生。另一种均衡是企业会以概率 p' 选择付出高的知识共享努力程度，促使高校和科研机构也选择付出高的知识共享努力程度。

【命题 5.4】　如果

$$\frac{2(1-q)\theta S_H^\alpha\left(S_l^\beta - S_h^\beta\right) + c_r\left(S_h^2 - S_l^2\right)}{\left[q\theta S_H^\alpha\left(S_h^\beta - S_l^\beta\right)\right]\left[(1-q)\theta\left(S_H^\alpha S_l^\beta - S_h^\beta S_L^\alpha\right) + \frac{1}{2}c_r\left(S_h^2 - S_l^2\right)\right]} < Y_r <$$

$$\frac{2(1-q)\theta S_H^\alpha\left(S_l^\beta - S_h^\beta\right) + c_r\left(S_h^2 - S_l^2\right)}{q(1-q)\theta^2 S_H^\alpha\left(S_h^\beta - S_l^\beta\right)S_h^\beta\left(S_H^\alpha - S_L^\alpha\right)}$$

则企业的均衡行为有以下三种可能。

（1）当 $Y_r > \dfrac{4\left[\frac{1}{2}c_r\left(S_h^2 - S_l^2\right) - (1-q)\theta S_H^\alpha\left(S_h^\beta - S_l^\beta\right)\right]}{q\theta S_H^\alpha\left(S_h^\beta - S_l^\beta\right)\left[\frac{1}{2}c_r\left(S_h^2 - S_l^2\right) + (1-q)\theta\left(S_H^\alpha S_h^\beta + S_H^\alpha S_l^\beta - 2S_L^\alpha S_h^\beta\right)\right]}$

时，企业会选择 S_H。

（2）当

$$Y_e < \frac{2\left[q\theta\left(S_H^\alpha S_h^\beta - S_L^\alpha S_l^\beta\right) - \frac{1}{2}c_e\left(S_H^2 - S_L^2\right)\right] - \frac{4}{Y_r} + \dfrac{2\left[(1-q)q\theta^2 S_h^\beta\left(S_H^\alpha - S_L^\alpha\right)S_H^\alpha\left(S_h^\beta - S_l^\beta\right)\right]}{\frac{1}{2}c_r\left(S_h^2 - S_l^2\right) - (1-q)\theta S_H^\alpha\left(S_h^\beta - S_l^\beta\right)}}{\dfrac{2S_L^\alpha\left[(1-q)\theta S_H^\alpha\left(S_h^\beta - S_l^\beta\right) - \frac{1}{2}c_r\left(S_h^2 - S_l^2\right)\right]}{Y_r S_H^\alpha} - \left[(1-q)\theta S_L^\alpha\left(S_h^\beta - S_l^\beta\right) - \frac{1}{2}c_r\left(S_h^2 - S_l^2\right)\right]\left[q\theta S_L^\alpha\left(S_h^\beta - S_l^\beta\right)\right]}$$

时，企业会选择 S_L。

（3）当

$$Y_r > \frac{4\left[\frac{1}{2}c_r\left(S_h^2 - S_l^2\right) - (1-q)\theta S_H^\alpha\left(S_h^\beta - S_l^\beta\right)\right]}{q\theta S_H^\alpha\left(S_h^\beta - S_l^\beta\right)\left[\frac{1}{2}c_r\left(S_h^2 - S_l^2\right) + (1-q)\theta\left(S_H^\alpha S_h^\beta + S_H^\alpha S_l^\beta - 2S_L^\alpha S_h^\beta\right)\right]}$$

或

$$Y_e < \frac{2\left[q\theta\left(S_H^\alpha S_h^\beta - S_L^\alpha S_l^\beta\right) - \frac{1}{2}c_e\left(S_H^2 - S_L^2\right)\right] - \frac{4}{Y_r} + \dfrac{2\left[(1-q)q\theta^2 S_h^\beta\left(S_H^\alpha - S_L^\alpha\right)S_H^\alpha\left(S_h^\beta - S_l^\beta\right)\right]}{\frac{1}{2}c_r\left(S_h^2 - S_l^2\right) - (1-q)\theta S_H^\alpha\left(S_h^\beta - S_l^\beta\right)}}{\dfrac{2S_L^\alpha\left[(1-q)\theta S_H^\alpha\left(S_h^\beta - S_l^\beta\right) - \frac{1}{2}c_r\left(S_h^2 - S_l^2\right)\right]}{Y_r S_H^\alpha} - \left[(1-q)\theta S_L^\alpha\left(S_h^\beta - S_l^\beta\right) - \frac{1}{2}c_r\left(S_h^2 - S_l^2\right)\right]\left[q\theta S_L^\alpha\left(S_h^\beta - S_l^\beta\right)\right]}$$

时，企业选择 S_H 的概率为

$$p' = \frac{\dfrac{\left[q\theta\left(S_H^\alpha S_h^\beta - S_L^\alpha S_l^\beta\right) - \frac{1}{2}c_e\left(S_H^2 - S_L^2\right)\right] - \frac{2}{Y_r} + \dfrac{\left[(1-q)q\theta^2 S_h^\beta\left(S_H^\alpha - S_L^\alpha\right)S_H^\alpha\left(S_h^\beta - S_l^\beta\right)\right]}{\frac{1}{2}c_r\left(S_h^2 - S_l^2\right) - (1-q)\theta S_H^\alpha\left(S_h^\beta - S_l^\beta\right)}}{Y_e\left\{\dfrac{2(1-q)}{Y_r q} - \dfrac{c_r\left(S_h^2 - S_l^2\right)}{Y_r q\theta S_H^\alpha\left(S_h^\beta - S_l^\beta\right)} - \left[(1-q)\theta S_L^\alpha\left(S_h^\beta - S_l^\beta\right) - \frac{1}{2}c_r\left(S_h^2 - S_l^2\right)\right]\right\}} + \frac{1}{2}q\theta S_L^\alpha\left(S_h^\beta - S_l^\beta\right)}{\dfrac{1}{2}q\theta\left(S_H^\alpha + S_L^\alpha\right)\left(S_h^\beta - S_l^\beta\right) - \frac{2}{Y_r} + \dfrac{\left[(1-q)q\theta^2 S_h^\beta\left(S_H^\alpha - S_L^\alpha\right)S_H^\alpha\left(S_h^\beta - S_l^\beta\right)\right]}{\frac{1}{2}c_r\left(S_h^2 - S_l^2\right) - (1-q)\theta S_H^\alpha\left(S_h^\beta - S_l^\beta\right)}}$$

证明 由命题 5.1 可知，如果

$$\frac{2(1-q)\theta S_H^\alpha\left(S_l^\beta - S_h^\beta\right) + c_r\left(S_h^2 - S_l^2\right)}{\left[q\theta S_H^\alpha\left(S_h^\beta - S_l^\beta\right)\right]\left[(1-q)\theta\left(S_H^\alpha S_l^\beta - S_h^\beta S_L^\alpha\right) + \frac{1}{2}c_r\left(S_h^2 - S_l^2\right)\right]} < Y_r <$$

$$\frac{2(1-q)\theta S_H^\alpha\left(S_l^\beta - S_h^\beta\right) + c_r\left(S_h^2 - S_l^2\right)}{q(1-q)\theta^2 S_H^\alpha\left(S_h^\beta - S_l^\beta\right)S_h^\beta\left(S_H^\alpha - S_L^\alpha\right)}$$

当企业选择 S_H 时，高校和科研机构会以 p 的概率选择 S_h，当企业选择 S_L，高校和科研机构会选择 S_l。高校和科研机构关于企业的公平支付为

$$\pi_r^{e_e}(b_{er}) = \frac{1}{2}\left\{ p\left[(1-q)\theta S_H^\alpha S_h^\beta - \frac{1}{2}c_r S_h^2\right] \right.$$
$$\left. + (1-p)\left[(1-q)\theta S_H^\alpha S_l^\beta - \frac{1}{2}c_r S_l^2\right] + (1-q)\theta S_L^\alpha S_l^\beta - \frac{1}{2}c_r S_l^2 \right\}$$

$$(5\text{-}24)$$

当企业选择 S_H 时，对高校和科研机构的善意程度为

$$\kappa_{er}(S_H, b_{er}) = p\left[(1-q)\theta S_H^\alpha S_h^\beta - \frac{1}{2}c_r S_h^2\right]$$
$$+ (1-p)\left[(1-q)\theta S_H^\alpha S_l^\beta - \frac{1}{2}c_r S_l^2\right] - \pi_r^{e_e}(b_{er})$$

$$(5\text{-}25)$$

当企业选择 S_L 时，对高校和科研机构的善意程度为

$$\kappa_{er}(S_L, b_{er}) = (1-q)\theta S_L^\alpha S_l^\beta - \frac{1}{2}c_r S_l^2 - \pi_r^{e_e}(b_{er})$$

$$(5\text{-}26)$$

假定企业选择 S_H 的二阶信念为 p'，则企业认为高校和科研机构的选择会给予企业的收益为

$$\pi_e(b_{er}, c_{ere}) = p'\left[p\left(q\theta S_H^\alpha S_h^\beta - \frac{1}{2}c_e S_H^2\right) + (1-p)\left(q\theta S_H^\alpha S_l^\beta - \frac{1}{2}c_e S_H^2\right) \right]$$
$$+ (1-p')\left(q\theta S_L^\alpha S_l^\beta - \frac{1}{2}c_e S_L^2\right)$$

$$(5\text{-}27)$$

如果高校和科研机构始终选择 S_h，那么给予企业的收益为

$$\pi_e(a_e, S_h) = p'\left(q\theta S_H^\alpha S_h^\beta - \frac{1}{2}c_e S_H^2\right) + (1-p')\left(q\theta S_L^\alpha S_h^\beta - \frac{1}{2}c_e S_L^2\right)$$

$$(5\text{-}28)$$

如果高校和科研机构始终选择 S_l，那么给予企业的收益为

$$\pi_e(a_e, S_l) = p'\left(q\theta S_H^\alpha S_l^\beta - \frac{1}{2}c_e S_H^2 \right) + (1-p')\left(q\theta S_L^\alpha S_l^\beta - \frac{1}{2}c_e S_L^2 \right) \tag{5-29}$$

企业感知来自高校和科研机构的善意程度为

$$\lambda_{ere}(b_{er}, c_{ere}) = \pi_e(b_{er}, c_{ere}) - \pi_e^{e_r}(c_{ere})$$

$$= p'\left(p - \frac{1}{2} \right)\left[q\theta S_H^\alpha \left(S_h^\beta - S_l^\beta \right) \right] - \frac{1}{2}(1-p')\left[q\theta S_L^\alpha \left(S_h^\beta - S_l^\beta \right) \right]$$

$$\tag{5-30}$$

企业选择 S_H 的效用为

$$U_e(S_H, b_{er}, c_{ere}) = p\left(q\theta S_H^\alpha S_h^\beta - \frac{1}{2}c_e S_H^2 \right) + (1-p)\left(q\theta S_H^\alpha S_l^\beta - \frac{1}{2}c_e S_H^2 \right)$$

$$+ Y_e \kappa_{er}(S_H, b_{er}) \lambda_{ere}(b_{er}, c_{ere})$$

$$\tag{5-31}$$

企业选择 S_L 的效用为

$$U_e(S_L, b_{er}, c_{ere}) = q\theta S_L^\alpha S_l^\beta - \frac{1}{2}c_e S_L^2 + Y_e \kappa_{er}(S_L, b_{er}) \lambda_{ere}(b_{er}, c_{ere}) \tag{5-32}$$

（1）当 $U_e(S_H, b_{er}, c_{ere}) > U_e(S_L, b_{er}, c_{ere})$ 时，企业会选择 S_H，此时 $p'=1$，只有当 $p > 1/2$ 时才会发生，因为要保证 $\lambda_{ere}(b_{er}, c_{ere}) > 0$，代入式（5-31）

和式（5-32）后化简可得 $Y_r > \dfrac{4\left[\dfrac{1}{2}c_r\left(S_h^2 - S_l^2 \right) - (1-q)\theta S_H^\alpha \left(S_h^\beta - S_l^\beta \right) \right]}{q\theta S_H^\alpha \left(S_h^\beta - S_l^\beta \right)\left[\begin{array}{c} \dfrac{1}{2}c_r\left(S_h^2 - S_l^2 \right) + (1-q)\theta \\ \times \left(S_H^\alpha S_h^\beta + S_H^\alpha S_l^\beta - 2S_L^\alpha S_h^\beta \right) \end{array} \right]}$

（2）当 $U_e(S_H, b_{er}, c_{ere}) < U_e(S_L, b_{er}, c_{ere})$ 时，企业会选择 S_L，此时 $p'=0$，将 p' 和 p 代入式（5-31）和式（5-32）可得

$$Y_e < \dfrac{\begin{array}{c} 2\left[q\theta\left(S_H^\alpha S_h^\beta - S_L^\alpha S_l^\beta \right) - \dfrac{1}{2}c_e\left(S_H^2 - S_L^2 \right) \right] - \dfrac{4}{Y_r} \\ + \dfrac{2\left[(1-q)q\theta^2 S_h^\beta \left(S_H^\alpha - S_L^\alpha \right) S_H^\alpha \left(S_h^\beta - S_l^\beta \right) \right]}{\dfrac{1}{2}c_r\left(S_h^2 - S_l^2 \right) - (1-q)\theta S_H^\alpha \left(S_h^\beta - S_l^\beta \right)} \end{array}}{\begin{array}{c} \dfrac{2S_L^\alpha \left[(1-q)\theta S_H^\alpha \left(S_h^\beta - S_l^\beta \right) - \dfrac{1}{2}c_r\left(S_h^2 - S_l^2 \right) \right]}{Y_r S_H^\alpha} \\ - \left[(1-q)\theta S_L^\alpha \left(S_h^\beta - S_l^\beta \right) - \dfrac{1}{2}c_r\left(S_h^2 - S_l^2 \right) \right]\left[q\theta S_L^\alpha \left(S_h^\beta - S_l^\beta \right) \right] \end{array}}$$

（3）当 $U_e(S_H, b_{er}, c_{ere}) = U_e(S_L, b_{er}, c_{ere})$ 时，化简可得

$$p' = \frac{\left[q\theta\left(S_H^\alpha S_h^\beta - S_L^\alpha S_l^\beta\right) - \frac{1}{2}c_e\left(S_H^2 - S_L^2\right)\right] - \frac{2}{Y_r} + \dfrac{\left[(1-q)q\theta^2 S_h^\beta\left(S_H^\alpha - S_L^\alpha\right)S_H^\alpha\left(S_h^\beta - S_l^\beta\right)\right]}{\frac{1}{2}c_r\left(S_h^2 - S_l^2\right) - (1-q)\theta S_H^\alpha\left(S_h^\beta - S_l^\beta\right)}}{Y_e\left\{\dfrac{2(1-q)}{Y_r q} - \dfrac{c_r\left(S_h^2 - S_l^2\right)}{Y_r q\theta S_h^\alpha\left(S_h^\beta - S_l^\beta\right)} - \left[(1-q)\theta S_L^\alpha\left(S_h^\beta - S_l^\beta\right) - \frac{1}{2}c_r\left(S_h^2 - S_l^2\right)\right]\right\}} $$

$$p' = \frac{+\frac{1}{2}q\theta S_L^\alpha\left(S_h^\beta - S_l^\beta\right)}{\frac{1}{2}q\theta\left(S_H^\alpha + S_L^\alpha\right)\left(S_h^\beta - S_l^\beta\right) - \frac{2}{Y_r} + \dfrac{\left[(1-q)q\theta^2 S_h^\beta\left(S_H^\alpha - S_L^\alpha\right)S_H^\alpha\left(S_h^\beta - S_l^\beta\right)\right]}{\frac{1}{2}c_r\left(S_h^2 - S_l^2\right) - (1-q)\theta S_H^\alpha\left(S_h^\beta - S_l^\beta\right)}}$$

证毕。

命题 5.4 考虑了在企业合作型原始创新知识共享过程中，当高校和科研机构的互惠敏感度处于中间值时企业的均衡行为。一种均衡是当高校和科研机构选择付出高的知识共享努力程度的可能性很大时，企业在物质支付和互惠支付的双重作用下，会选择付出高的知识共享努力程度。但是，还存在其他种类的均衡，如果企业相信高校和科研机构认为企业会选择付出低的知识共享努力程度，并且高校和科研机构在此种情况下会选择付出低的知识共享努力程度予以报复，那么企业会认为高校和科研机构是不友善的，会导致企业选择付出低的知识共享努力程度。另一种均衡是企业的物质支付及高校和科研机构的友善行为使得企业会以一定的概率 p' 选择付出高的知识共享努力程度。

5.3 基于 B-Z 反应的企业合作型原始创新知识流动演化研究

从知识管理视角剖析原始创新可以发现，原始创新的本质就是产生新知识，因此，原始创新的过程就是新知识生产的过程[307]，知识流动同样伴随企业合作型原始创新的全过程[171]。基于此，从知识管理视角的研究得到了学者的广泛关注。Santoro 和 Bierly 发现社会联系、信任、技术转让-知识产权政策、技术相关性和技术能力是知识转移的重要促进因素，且促进程度与转移的知识类型即显性与隐性有关[449]；Acworth 通过描述知识交流

的功能组成部分、支持机制、组织结构、审查流程和机制，研究了企业与高校的合作互动[450]；涂振洲和顾新从知识流动视角研究了产学研协同创新过程[171]。有学者从文化视角开展了对异质性主体协同创新的研究，并发现文化协同具有一定的内在与外在的协同增效作用[451]。还有学者进一步指出互惠性文化可以对基于知识转移的传统委托-代理模型实施优化性改造，并成为影响知识流动的关键因素[4, 275]。

以往文献从知识管理与文化视角对异质性创新主体的合作创新相关内容进行了研究，明晰了企业与高校和科研机构间合作创新过程中知识流动的重要作用，论证了影响知识流动的重要因素，为本书的研究提供了坚实的理论支撑。但是，由于知识流动贯穿异质性主体的合作型原始创新的过程中，其应该是动态演化的。以往研究恰恰缺乏针对企业合作型原始创新两类主体间知识流动的动态演化分析。

运用模型进行仿真实验能够有效研究复杂系统演化问题，B-Z 反应模型作为复杂系统理论中的经典模型，被广泛应用于研究企业系统协同演化规律[452]、产学研协同创新的动态演进机制[453]，以及高校和科研机构协同创新的演化规律[454]，但将该模型用于企业合作型原始创新知识流动的动态演化研究涉及较少。为此，本节引用 B-Z 反应模型，既能够弥补以往研究的不足，又能够定性与定量相结合地深入研究企业合作型原始创新知识流动的动态演化规律。

5.3.1　研究基础

1. 企业合作型原始创新的知识流动

企业原始创新是企业充分利用资源，侧重在应用基础研究领域取得关键核心技术及自主知识产权，并使其市场化的过程。在这一过程中，当企业无法获取原始创新所需的全部资源时，企业需要通过委托高校、科研机构等创新主体与自身积极合作，从而在企业主导下完成原始创新，即企业合作型原始创新。在企业合作型原始创新实现的过程中，各原始创新主体分工协作。高校和科研机构作为强大的创新源，深耕纯基础研究原始创新领域[307]，为企业擅长的应用基础研究原始创新领域生产纯基础性新知识，企业产生的实际应用性新知识也为高校和科研机构的纯基础研究原始创新研究领域提供有价值的研究方向[3]。正是两类原始创新主体产生新知识的互补性促进了新知识在主体间的知识流动，实现了企业合作型原始创新。

企业合作型原始创新的知识流动是由多主体共同参与而实现的，多主体的适应性造就了企业合作型原始创新知识流动的复杂系统的自组织特性，即主体能够按照内外部环境及需求的变化，自主地调整自身行为，使得系统整体表现出有序结构[171]。因此，企业合作型原始创新的知识流动过程表现出自组织演化过程。具体而言，企业与高校和科研机构两类原始创新主体之间具有异质性的知识禀赋，为更有效地实现合作型原始创新，主体会依据自身需求对外部环境的知识进行搜寻、获取、吸收、整合、创造和应用，通过两类原始创新主体之间知识的共享与融合，形成循环的知识流动过程，并在不同知识子系统间的非线性耦合互动作用下产生整体的协同效应。按照两类原始创新主体知识行为的协同度，企业合作型原始创新的知识流动过程可分为三个关键阶段：知识共享、知识整合和知识创造。其中，第一阶段的知识共享是不同原始创新主体间基于自身异质性知识禀赋交互学习的过程及获取原始创新所需知识的重要方式[455]，通过有效的知识共享消除主体间合作型原始创新知识流动的壁垒，促进主体间开展有效的交流与合作，为第二阶段的知识整合与第三阶段的知识创造奠定基础。第二阶段的知识整合则是在第一阶段知识共享的基础上，依据主体各自的知识禀赋特征构建自身原有知识与共享知识的关联，通过主体间的协调能力对主体共享的异质组件性知识整合为结构性知识的过程[456,457]。第三阶段的知识创造则是两类原始创新主体通过知识共享与知识整合实现主体间及内部的显性知识与隐性知识的相互转化，并产生新知识的持续循环过程，同时为原始创新主体实现持续循环的知识流动增加动力。本节以华为为例进一步分析企业合作型原始创新知识流动的过程。

华为是全球领先的 ICT 基础设施和智能终端提供商，专注于 ICT 领域。2020 年 8 月 10 日，《财富》公布世界 500 强榜单，华为排名第 49 位，并在 2020 中国民营企业 500 强榜单中排名第一。华为始终坚持并强调基础研究的重要性，近年来不断重视对基础研究和原始创新的投入。目前，华为有 1.5 万人左右从事基础研究，经费为 30 亿～50 亿美元，而且华为与全球 300 多所高校、900 多家科研机构和公司开展合作，研发人员约为 9.6 万人，占总员工数量的 49%。强大的研发团队和研发资金投入为华为开展合作型原始创新知识创造提供了有利条件，并通过原始创新知识创造的方式来提高核心竞争能力。

目前，华为是全球拥有最多专利的企业之一，也是中国拥有最多授权专利的企业，专利持有量既彰显了华为的生命力和发展力，又帮助其在 ICT 领域形成了强大的保护墙。华为 5G 专利全球排名第一，在全球 5G 标准必要专利（standard essential patent，SEP）中，华为提供了 16000 多个 5G 标准体验，全球占比达到 20%，而美国所有企业的 5G 核心专利的全球占比不到 15%。5G SEP 作为行业标准，是具有高价值的 5G 专利，是衡量一个国家或企业在 5G 专利中实力的关键。此外，华为的 5G 市场份额已位居全球第一，可见华为在 5G 领域的研究世界领先，在 5G 领域具有核心的竞争力，是全球 5G 名副其实的领导者。华为曾在 2015 年 5G 全球峰会上，凭借在 5G 领域的持续创新和产业贡献荣获 "5G 最杰出贡献奖"，成为业界首个获此殊荣的企业。在 2019 年世界移动通信大会上，华为推出的 5G 上行链路和下行链路解耦解决方案获得了 "最佳无线技术突破奖" 这一重量级奖项。此外，在光纤领域，华为不断突破，研发出全光背板技术，可节省 90% 的机房空间、降低 60% 的功耗。随着 5G 的发展，华为推出千兆光网解决方案以匹配政府工作报告和工信部 "双千兆" 行动，在 5G 和光纤领域持续深耕。

由此可见，华为在 5G 研发领域积极与高校和科研机构合作，并取得了一系列专利、奖项、解决方案等具有代表性和突出性的原始创新成果。因此，选取华为来研究企业合作型原始创新知识创造具有一定的代表性。为使研究更为聚焦和具体，本节从知识共享、知识整合和知识创造三个方面具体分析华为推出的 5G 微波解决方案的原始创新知识创造过程。

具体而言，在原始创新知识共享方面，华为面向 5G 承载问题推出 5G 微波解决方案的背后，是基于华为 10 余年在 5G 和回传技术领域的共享伙伴的知识搜寻和自身知识积累。早在 2009 年，华为就确立了 5G 网络领跑者的目标，对 5G 核心技术展开了超前的研发布局。华为与全球 20 多家企业、世界顶级高校建立了 5G 联合创新实验室。在过去 10 多年中，华为为研发 5G 已经投入 40 亿美元。2007 年，华为主动联系微波领域知名专家雷纳托·隆巴尔迪（Renato Lombardi），希望他加入华为工作，但他希望仍在米兰工作，因此，华为为了他在米兰成立了华为微波研究所并发展了微波研发团队，进行前沿技术研究。此外，华为还在莫斯科进行了关键微波算法研究。由此可见，华为 5G 微波解决方案取得成功是由其在对 5G 进行布局和研发的基础上，通过建立联合实验室、研究所、引进领域知名专家等多种方式进行知识搜寻并进行积极知识共享而实现的。

在原始创新知识整合方面，华为在对共享知识筛选的基础上进行了知识整合。华为选择微波作为 5G 承载回传，将微波技术引入 5G。5G 环境下，信号传到基站后，主要通过两种方式回传到交换机：一种方式是光纤技术，另一种方式是微波技术。事实上，光纤技术的可靠性优于微波技术，但 5G 基站因频段和容量的问题需以更高密度的方式进行建站，对光纤资源的需求量巨大，而且光纤的铺设成本和部署协调等成本均很高，建设速度慢，并存在大量无光纤或光纤部署困难的区域和场景。与此同时，5G承载给微波带来的最大挑战是带宽、时延和可靠性等要求。因此，选择何种方式作为5G承载回传是华为5G需要解决的问题。华为基于自身拥有的领先的微波技术，面对大量无光纤或光纤部署困难地区，探索将微波技术应用于5G的广阔国际市场前景，为5G回传提供了很好的思路和借鉴，满足了市场对低成本、快速建设5G网络的需求，且微波技术具有可靠性、可操作性和易用性，能够为其带来市场保障、竞争优势和核心技术等，华为也能够通过对微波技术的持续创新以克服5G承载对微波的挑战。因此，华为选择微波这一高性价比的无线传输方式，创新性地将微波技术引入5G。可见，华为基于对微波和光纤技术要素分析，通过分析市场需求和市场前景，确定了低成本、快速建网的筛选目标，并选择了有价值的微波技术，而在市场需求、前景、技术分析方面，以及克服5G承载对微波的挑战方面做出的创新突破需要经费和人员的投入。面对5G基站容量、数量和密度大增的问题，5G网络对光纤资源需求巨大，光纤成本、铺设成本、部署协调成本都很高，并存在大量无光纤区域和场景，此时，拥有100多年历史的微波技术便起到了巨大作用，华为将5G基站和微波融为一体。

在原始创新知识创造方面，华为创新性地提出了5G微波解决方案，并对开展微波技术持续创新，突破了传输距离、频谱效率、部署限制等以满足5G承载对微波的要求。华为的5G微波技术很好地解决了5G网络回传瓶颈问题，对提升5G网络部署效率和降低部署成本的效果十分明显。微波技术并不是一项新颖的技术。华为发力微波很早，并进行了持续大量的投入，在架构、射频工艺、软件算法等方面均保持技术引领。华为拥有大量业界顶尖的微波专家，在全球建立了多个研究所和实验室，拥有全球最多的微波技术研发人员，且将微波产品销售收入的12%以上投入创新技术研发中。从2008年华为在业界发布首个互联网协议（internet protocol，IP）化的微波，到纯分组微波，到把路由特性引入微波，再到应用载波聚合技术的5G微波，华为都实现了微波技术的引领，且具备了丰富的部署经验。华为通过将5G与微波技术进行整合，推出了业界首个面向5G承载的5G微波解决方案，在运营商移动回传领域获得了全球近35%的市场份额。华为创始人任正非曾说过："全世界能做5G的厂家很少，华为是做得最好的，全世界能做微波的厂家很少，华为做得最先进。"最终，5G微波解决方案荣获2019年格雷厄姆·贝尔"创新电信解决方案"奖。

华为正是通过与高校、科研机构、企业等建立5G联合实验室、5G研发中心等方式，实现了内外互动式知识共享，以获取更多有利于原始创新知识创造的知识，并通过将已有的领先的微波技术在领先的 5G 研发领域进行知识整合，实现了 5G 基站和微波技术的原始创新知识创造。

2. 互惠性文化

古典经济理论以传统的经济人为假设，认为经济个体以追求自身利益最大化为目的。行为经济学理论则以互惠性思想为基础，认为经济个体与相关主体的交互行为会影响自身获取利益的效率[275]，经济个体不仅追求自身利益最大化，而且追求双方共同利益最大化[4]。显然，互惠性是条件合作的行为倾向[104]，是合作主体进行深入合作的前提与保障。因此，对于企业合作型原始创新，行为经济学的互惠性思想更符合其本质及原始创新主体间知识流动轨迹。

文化认同理论认为文化认同是群体统一的逻辑基础，能够反映群体在认知、观念、价值观等领域的归一性。Geisler 在组织间关系理论的基础上，提出了研发技术合作的理论框架，认为增强企业与高校双方的文化认同感有利于维持合作关系[458]。张绍丽和于金龙指出文化协同在产学研协同创新中具有协同增效作用[451]。Sunardi 等研究发现互惠性文化在非正式知识共享过程中有积极作用[459]。因此，在企业合作型原始创新过程中，浓郁的互惠性文化氛围能够通过增强主体间的相互认同感来强化知识共享的意愿，通过降低知识隐藏行为来提高知识整合的效率，通过促进显性知识与隐性知识的相互转化来提高知识创造的价值，从而通过对企业合作型原始创新知识流动的三个阶段的促进作用优化其演化进程。

5.3.2　基于 B-Z 反应的企业合作型原始创新知识流动演化模型构建

1. B-Z 反应

企业合作型原始创新的知识流动过程表现出自组织演化过程，具有复杂系统性特征，因此需要从复杂系统角度研究其演化规律。协同学研究系统从无序向有序转变的演化规律[460]，在阈值条件下，主导系统演化的状态变量作为序参量，其他变量作为役使变量[461]。B-Z 反应是研究远离平衡态的化学反应体系中非线性行为的实验与理论模板[462, 463]。根据 B-Z 反应过程中微观粒子的空间无规则自组织运动，并在阈值条件下表现出周期性而形成有序的空间结构的特点，广大学者通过隐喻的方式，将 B-Z 反应看作一个系统，三种主要微观粒子隐喻为系统的状态变量，广泛用于研究以协同学为基础的系统演化问题[460]。企业合作型原始创新知识流动的演化与 B-Z 反应类似，且符合协同学以复杂系统为研究对象的复杂科学特征。

2. 变量与参数

下面构建 logistic 演化方程。定义 q_1、q_2、q_3 分别为企业合作型原始创新知识流动过程中知识共享状态、知识整合状态和知识创造状态 3 个状态变量，$\dfrac{\mathrm{d}q_i}{\mathrm{d}t}(i=1,2,3)$ 为状态变量随时间的变化率；α、β、γ 分别为 3 个状态变量 q_1、q_2、q_3 的调整参数，表示状态变量之间的相互作用系数，类似 B-Z 反应中的反应速率；θ 为 3 个状态变量的共同控制变量，表示互惠性文化对企业合作型原始创新知识流动促进作用的综合水平。企业合作型原始创新知识流动的变量和参数如表 5.5 所示。

表 5.5　企业合作型原始创新知识流动变量和参数

变量	变量名称	变量解释
q_1	知识共享状态	反映企业合作型原始创新知识流动过程中主体间的知识共享能力
q_2	知识整合状态	反映企业合作型原始创新知识流动过程中的知识整合能力
q_3	知识创造状态	反映企业合作型原始创新知识流动过程中的知识创造能力
θ	互惠性文化	描述互惠性文化对企业合作型原始创新知识流动促进作用的综合水平
α	知识共享能力水平指数	衡量企业合作型原始创新知识流动过程中的知识共享能力水平
β	知识整合能力水平指数	衡量企业合作型原始创新知识流动过程中的知识整合能力水平
γ	知识创造能力水平指数	衡量企业合作型原始创新知识流动过程中的知识创造能力水平

3. 模型构建

首先，对于企业合作型原始创新知识共享状态 q_1，其变化不仅受到自身影响，而且受到知识整合能力与知识创造能力的影响，其 logistic 演化方程为[453]

$$\frac{1}{\alpha}\frac{\mathrm{d}q_1}{\mathrm{d}t}=\theta q_1+\theta\frac{\beta}{\alpha}q_2+\gamma q_1 q_3 \qquad (5\text{-}33)$$

其中，θq_1 为 q_1 的自身影响因子；$\theta\dfrac{\beta}{\alpha}q_2$ 为 q_2 对 q_1 的影响因子，$\dfrac{\beta}{\alpha}$ 为影响系数；$\gamma q_1 q_3$ 为 q_3 对 q_1 的影响因子，知识创造能力是原始创新主体在合作创新过程中的创新产出，互惠性文化不会对其产生直接影响。

然后，对于企业合作型原始创新知识整合状态 q_2，其 logistic 演化方程为[453, 454]

$$\frac{1}{\beta}\frac{\mathrm{d}q_2}{\mathrm{d}t} = -\theta q_2 - \alpha\theta q_1 q_2 + \frac{\gamma}{\beta}q_3 \qquad (5\text{-}34)$$

其中，$-\theta q_2$ 为在 θ 的作用下 q_2 的自身影响因子，该值为负说明原始创新主体互惠性文化建设投入过多会对知识整合的投入产生挤出效应；$-\alpha\theta q_1 q_2$ 为 q_1 对 q_2 的影响因子，该值为负表明在互惠性文化的影响下，随着时间的推移，知识共享不利于知识整合能力的提高，原因在于，随着时间的推移，过高的知识共享频率会导致两类原始创新主体之间知识的趋同，同时会造成异质性知识量的堆积，阻碍了原始创新主体对新知识的整合；$\frac{\gamma}{\beta}q_3$ 为 q_3 对 q_2 的影响因子。

最后，对于企业合作型原始创新知识创造状态 q_3，其 logistic 演化方程为[453, 464]

$$\frac{1}{\gamma}\frac{\mathrm{d}q_3}{\mathrm{d}t} = \eta_1 q_3 + \eta_2\theta\frac{\alpha}{\gamma}q_1 + \eta_3\theta\frac{\beta}{\gamma}q_2 \qquad (5\text{-}35)$$

其中，$\eta_1 q_3$ 为 q_3 的自身影响因子，η_1 为常数；$\eta_2\theta\frac{\alpha}{\gamma}q_1$ 为 q_1 对 q_3 的影响因子，知识共享能力越高，原始创新主体获得的异质性知识越多，新知识的共享扩充了企业与高校和科研机构的原有知识库，同时在互惠性文化的熏陶下，增强了主体间亲密的同盟关系，新知识、优秀创意、前沿技术及成功经验等重要信息能在合作伙伴之间快速传播与推广，增加了显性知识与隐性知识的转化效率，η_2 为常数；$\eta_3\theta\frac{\beta}{\gamma}q_2$ 为 q_2 对 q_3 的影响因子，知识整合能力越强，主体共享的异质组件性知识整合为结构性知识的质量越高，结构性知识提高了显性知识与隐性知识的转化能力，η_3 为常数。

根据上述分析，由式（5-33）～式（5-35）可构建如下企业合作型原始创新知识流动演化模型：

$$\begin{cases} \dfrac{1}{\alpha}\dfrac{\mathrm{d}q_1}{\mathrm{d}t} = \theta q_1 + \theta\dfrac{\beta}{\alpha}q_2 + \gamma q_1 q_3 \\[2mm] \dfrac{1}{\beta}\dfrac{\mathrm{d}q_2}{\mathrm{d}t} = -\theta q_2 - \alpha\theta q_1 q_2 + \dfrac{\gamma}{\beta}q_3 \\[2mm] \dfrac{1}{\gamma}\dfrac{\mathrm{d}q_3}{\mathrm{d}t} = \eta_1 q_3 + \eta_2\theta\dfrac{\alpha}{\gamma}q_1 + \eta_3\theta\dfrac{\beta}{\gamma}q_2 \end{cases} \qquad (5\text{-}36)$$

对于常数 η_1、η_2 和 η_3，假定 $\eta_1=1$，表示在没有互惠性文化作用时，q_3 可以维持现状；假定 $\eta_2=\eta_3=2$，表示 q_1 和 q_2 对 q_3 有较强的促进作用。因此，得到如下基于 B-Z 反应的企业合作型原始创新知识流动演化模型：

$$\begin{cases} \dfrac{dq_1}{dt} = \alpha\theta q_1 + \beta\theta q_2 + \alpha\gamma q_1 q_3 \\[2mm] \dfrac{dq_2}{dt} = -\beta\theta q_2 - \alpha\beta\theta q_1 q_2 + \gamma q_3 \\[2mm] \dfrac{dq_3}{dt} = \gamma q_3 + 2\alpha\theta q_1 + 2\beta\theta q_2 \end{cases} \qquad (5\text{-}37)$$

其中，$\alpha = \sqrt[i]{\prod\limits_{i=1}^{n} \dfrac{\alpha_i}{\overline{\alpha_i}}}(i=1,2,\cdots,n)$ 衡量企业合作型原始创新知识共享能力水

平；$\beta = \sqrt[i]{\prod\limits_{i=1}^{n} \dfrac{\beta_i}{\overline{\beta_i}}}(i=1,2,\cdots,n)$ 衡量企业合作型原始创新知识整合能力水平；

$\gamma = \sqrt[i]{\prod\limits_{i=1}^{n} \dfrac{\gamma_i}{\overline{\gamma_i}}}(i=1,2,\cdots,n)$ 衡量企业合作型原始创新知识创造能力水平；

$\theta = \sqrt[i]{\prod\limits_{i=1}^{n} \dfrac{\theta_i}{\overline{\theta_i}}}(i=1,2,\cdots,n)$ 衡量互惠性文化综合指数；$\overline{\alpha_i}$、$\overline{\beta_i}$、$\overline{\gamma_i}$ 和 $\overline{\theta_i}$ 为调

查问卷中各变量题项得分的均值。

4. 模型稳定性分析

本节采用协同学中的线性稳定性分析求得阈值条件，根据式（5-37）设定扰动项方程组表达式为

$$\begin{cases} q_1 = q_1^0 + \mu_1 \\ q_2 = q_2^0 + \mu_2 \\ q_3 = q_3^0 + \mu_3 \end{cases} \qquad (5\text{-}38)$$

其中，μ_1、μ_2、μ_3 为定态解的微小扰动；$q_1^0 = q_2^0 = q_3^0 = 0$ 为定态解。将演化模型（式（5-37））线性化，可以得到

$$\begin{cases} \dfrac{dq_1}{dt} = \alpha\theta q_1 + \beta\theta q_2 \\[2mm] \dfrac{dq_2}{dt} = -\beta\theta q_2 + \gamma q_3 \\[2mm] \dfrac{dq_3}{dt} = \gamma q_3 + 2\alpha\theta q_1 + 2\beta\theta q_2 \end{cases} \qquad (5\text{-}39)$$

把式（5-39）写成矢量形式 $\dfrac{dq}{dt} = Lq$，$L = \begin{bmatrix} \alpha\theta & \beta\theta & 0 \\ 0 & -\beta\theta & \gamma \\ 2\alpha\theta & 2\beta\theta & \gamma \end{bmatrix}$，存在非零

解的条件是 $|L - \lambda I| = 0$，即

$$\begin{vmatrix} \alpha\theta - \lambda & \beta\theta & 0 \\ 0 & -\beta\theta - \lambda & \gamma \\ 2\alpha\theta & 2\beta\theta & \gamma - \lambda \end{vmatrix} = 0 \qquad (5\text{-}40)$$

解得

$$\lambda^3 + (\beta\theta - \alpha\theta - \gamma)\lambda^2 + (\alpha\theta\gamma - 3\beta\theta\gamma - \alpha\beta\theta^2)\lambda + \alpha\beta\gamma\theta^2 = 0 \qquad (5\text{-}41)$$

由赫维茨（Hurwitz）稳定判据可知，当所有特征根的实部均为负数时，系统达到稳定状态，其判定条件如下：①特征方程各系数全部大于 0；②各阶赫维茨行列式及其子行列式全部大于 0。由此得到

$$\begin{cases} \beta\theta - \alpha\theta - \gamma > 0 \\ \alpha\theta\gamma - 3\beta\theta\gamma - \alpha\beta\theta^2 > 0 \\ \alpha\beta\gamma\theta^2 > 0 \\ \Delta_2 = \begin{vmatrix} \beta\theta - \alpha\theta - \gamma & \alpha\beta\gamma\theta^2 \\ 1 & \alpha\theta\gamma - 3\beta\theta\gamma - \alpha\beta\theta^2 \end{vmatrix} > 0 \\ \Delta_3 = \begin{vmatrix} \beta\theta - \alpha\theta - \gamma & \alpha\beta\gamma\theta^2 & 0 \\ 1 & \alpha\theta\gamma - 3\beta\theta\gamma - \alpha\beta\theta^2 & 0 \\ 0 & \beta\theta - \alpha\theta - \gamma & \alpha\beta\gamma\theta^2 \end{vmatrix} > 0 \end{cases} \qquad (5\text{-}42)$$

将其化简后可知，系统达到稳定状态的条件是

$$\begin{cases} \beta\theta - \alpha\theta - \gamma > 0 \\ \alpha\theta\gamma - 3\beta\theta\gamma - \alpha\beta\theta^2 > 0 \\ \alpha\beta\gamma\theta^2 > 0 \\ (\beta\theta - \alpha\theta - \gamma)(\alpha\theta\gamma - 3\beta\theta\gamma - \alpha\beta\theta^2) - \alpha\beta\gamma\theta^2 > 0 \end{cases} \qquad (5\text{-}43)$$

对式（5-43）进行求解，发现企业合作型原始创新知识流动系统无法满足稳态条件。

5.3.3　数据收集与变量测量

本节采用问卷调查方法获取数据。为保证数据的科学性与有效性，本节针对企业合作型原始创新知识流动的理论分析，在成熟量表的基础上结合专家建议设计测量知识共享（记为 KS）、知识整合（记为 KI）、知识创造（记为 KC）及互惠性文化（记为 RC）的相关评价指标体系。其中，从知识共享意愿、知识共享行为及知识共享效果 3 个方面测量 KS；从外部知识整合和内部知识整合两个维度 5 个题项测量 KI[465, 466]；从科技进步奖、技术发明奖、发明专利及技术秘密 4 个方面测量 KC；从互惠性文化建设、意识及培育共计 3 个题项测量 RC[110, 275, 467]。量表采用 Likert 七级量表形式，

评价等级中数字1代表"完全不符合"，7代表"完全符合"。

本节选取的调查样本与5.1节相同，共计发放问卷350份，收回问卷252份，筛选后得到有效问卷216份，有效收回率为61.7%。样本特征的描述性统计情况如表5.6所示。

表 5.6　样本特征的描述性统计

变量	类别	数量	百分比
企业规模	100人及以下	25	11.6%
	101～300人	40	18.5%
	301～500人	36	16.7%
	501～1000人	60	27.8%
	1000人以上	55	25.4%
企业性质	国有企业	49	22.7%
	民营企业	114	52.8%
	合资企业	36	16.6%
	外商独资企业	17	7.9%
行业领域	电子信息技术	52	24.1%
	生物医药技术	23	10.6%
	航空航天技术	5	2.3%
	新材料技术	44	20.4%
	新能源及节能技术	32	14.8%
	资源与环境技术	20	9.3%
	其他行业	40	18.5%
合作时间	1～3年	32	14.8%
	4～6年	97	44.9%
	7～9年	50	23.2%
	10年及以上	37	17.1%

在得到调查问卷数据后，首先进行同源偏差检验。本节采用 Harman 单因素分析方法进行同源偏差检验，结果显示，未旋转第一个主成分的载荷为 31.532%，不存在单一因素解释大部分变异因子，因此可以判定不存在同源偏差问题。

然后，对样本数据进行信度及效度检验。本节采用 SPSS19.0 软件对 KS、KI、KC 及 RC 进行信度和效度检验，结果如表5.7所示。从表5.7中可知，4个变量的 α 系数均大于 0.7，表明量表的信度较好。所有变量测量指标项的因子载荷均大于 0.7，且 AVE 均大于 50%，说明变量的聚合效度

较好。进一步采用 AVE 进行区分效度检验，如表 5.8 所示，4 个变量 AVE
平方根均大于其所在行和列的所有变量间的相关系数，表明各变量间具有
较好的区分效度。

表 5.7　信度和聚合效度检验

变量	测量指标项	因子载荷	α 系数	AVE/%
知识共享（KS）	KS_1	0.871	0.792	71.109
	KS_2	0.856		
	KS_3	0.802		
知识整合（KI）	KI_1	0.737	0.806	56.591
	KI_2	0.764		
	KI_3	0.774		
	KI_4	0.725		
	KI_5	0.760		
知识创造（KC）	KC_1	0.847	0.855	69.682
	KC_2	0.863		
	KC_3	0.836		
	KC_4	0.791		
互惠性文化（RC）	RC_1	0.823	0.740	65.844
	RC_2	0.823		
	RC_3	0.788		

表 5.8　相关系数和区分效度

变量	知识共享	知识整合	知识创造	互惠性文化
知识共享	**0.843**			
知识整合	0.555**	**0.752**		
知识创造	0.484**	0.598**	**0.835**	
互惠性文化	0.543**	0.579**	0.433**	**0.811**

说明：对角线上加粗的数值是 AVE 平方根
**$p < 0.01$

5.3.4　仿真分析

为探究企业合作型原始创新知识流动的演化规律，设计如下仿真分
析：探究知识流动过程的三个关键状态变量在不同的初始状态及互惠性文
化条件下随着时间演化的趋势。首先，计算调整参数的数值。根据问卷数
据及计算公式，可以得到 α、β、γ 和 θ 的具体数值。其次，由于企业与高
校和科研机构的本质属性不同，为表示初始状态原始创新主体对企业合作

型原始创新知识流动的侧重点的差异，设置知识共享、知识整合和知识创造 3 个状态变量的初始状态为 $X_0 = [x_1, x_2, x_3]$，同时设定 1 表示初期企业关注的状态变量，例如，第一种初始状态为 $X_0 = [1,0,0]$，表示企业合作型原始创新知识流动初期只注重知识共享，第二种初始状态为 $X_0 = [1,1,0]$，第三种初始状态为 $X_0 = [1,1,1]$。再次，根据问卷得到的数据，取 $\theta = 0.3618$ 为弱程度的互惠性文化，$\theta = 1.2178$ 为强程度的互惠性文化。最后，利用 MATLAB 软件将计算得到的 α、β、γ 和 θ 数值代入式（5-37）中进行仿真分析。

　　首先，分析企业合作型原始创新知识流动初期只关注知识共享时，在强互惠性文化与弱互惠性文化下状态变量随时间的演化趋势。当初始状态为 $X_0 = [1,0,0]$ 时，弱互惠性文化下的仿真结果如图 5.4 所示。从图 5.4 中可以发现，在该情况下，知识整合能力与知识创造能力在短期内都处于较低水平，$1 < t < 1.6$ 时，三种状态变量均表现出增长趋势，但协同增长趋势并不明显；直到 $t > 1.6$ 时，三种状态变量的协同增长趋势表现强劲，尤其是知识共享与知识创造的协同效应更强；在 $t > 2.4$ 以后，知识整合与知识共享表现出互斥关系，知识创造与知识共享的协同增长趋势最强。结果表明，在弱互惠性文化下，当企业合作型原始创新初期仅关注知识共享时，企业与高校和科研机构需要较长时间才能实现合作型原始创新知识流动系统的协同效应，且在发展后期，过高的知识共享会对知识整合产生挤出效应而非协同效应。

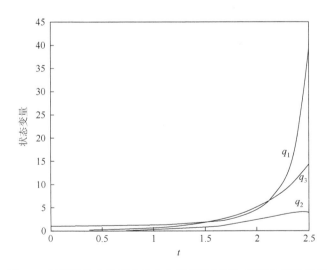

图 5.4　弱互惠性文化下企业合作型原始创新知识流动演化趋势
（初始状态为 $X_0 = [1,0,0]$）

当初始状态为 $X_0 = [1,0,0]$ 时，强互惠性文化下的仿真结果如图 5.5 所示。从图 5.5 中可以发现，强互惠性文化下的企业合作型原始创新知识流动的演化趋势与弱互惠性文化整体基本一致，但演化速度更快，且知识共享与知识整合的互斥力更强，知识共享与知识创造的协同效应也更加显著。

然后，分析企业合作型原始创新知识流动初期同时关注知识共享与知识整合情况时，在强互惠性文化与弱互惠性文化下状态变量随时间的演化趋势。当初始状态为 $X_0 = [1,1,0]$ 时，弱互惠性文化下的仿真结果如图 5.6 所示。从图 5.6 中可以发现，在该初始条件且弱互惠性文化下，$t > 1$ 时，

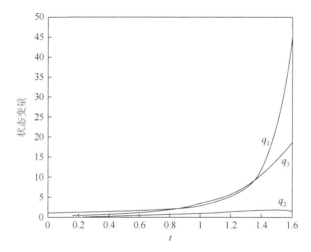

图 5.5　强互惠性文化下企业合作型原始创新知识流动演化趋势
（初始状态为 $X_0 = [1,0,0]$ ）

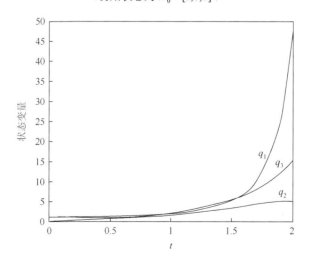

图 5.6　弱互惠性文化下企业合作型原始创新知识流动演化趋势
（初始状态为 $X_0 = [1,1,0]$ ）

知识共享、知识创造及知识整合保持协同增长趋势；$t > 1.9$ 时，知识整合与知识共享同样表现出互斥作用。综合对比图 5.4 与图 5.6 可以发现，在相同的弱互惠性文化下，第一种初始状态与第二种初始状态的状态变量最终演化趋势类似，但在演化初期，同时关注知识共享与知识整合对知识创造的协同效应更快速、更显著。

当初始状态为 $X_0 = [1,1,0]$ 时，强互惠性文化下的仿真结果如图 5.7 所示。从图 5.7 中可以发现，强互惠性文化下的企业合作型原始创新知识流动的 3 个状态变量的变化趋势与弱互惠性文化大致相似，但知识共享与知识创造的协同效应更强。在弱互惠性文化下，知识共享值为 48 时，需要的时间为 2，此时的知识创造值为 15；在强互惠性文化下，知识共享值为 48 时，需要的时间仅为 1.4，此时的知识创造值为 19，说明强互惠性文化更有利于发挥知识共享对知识创造的协同增效作用。

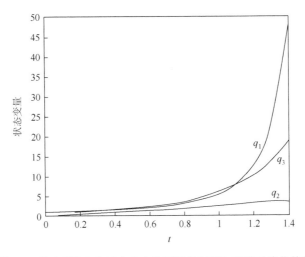

图 5.7　强互惠性文化下企业合作型原始创新知识流动演化趋势
（初始状态为 $X_0 = [1,1,0]$）

最后，分析企业合作型原始创新知识流动初期对知识共享、知识整合与知识创造均有所关注时，在强互惠性文化与弱互惠性文化下状态变量随时间的演化趋势。当初始状态为 $X_0 = [1,1,1]$ 时，弱互惠性文化下的仿真结果如图 5.8 所示。从图 5.8 中可以发现，知识共享、知识整合与知识创造的演化趋势与之前大致相似，$t < 1.2$ 时，知识共享与知识创造表现出协同增长趋势，且知识创造的增长趋势最明显；$t > 1.2$ 时，知识共享的增长趋势远超于知识创造与知识整合。通过对比图 5.4、图 5.6 与图 5.8 可以看出，同样在弱互惠性文化下，同时关注知识共享、知识整合与知识创造下的演化速度最快，且在同样的知识共享程度时的知识创造效果最好。这说明当企业与高校和科研机构开展企业合作型原始创新时，各原始创新主体应该根据自身的资源禀赋充分发挥自身优势，对所拥有的知识资源进行共享与整合。

当初始状态为 $X_0 = [1,1,1]$ 时，强互惠性文化下的仿真结果如图 5.9 所示。从图 5.9 中可以发现，在此情况下，企业合作型原始创新知识流动的演化趋势仍然表现出知识共享与知识创造间的协同效应和知识共享与知识

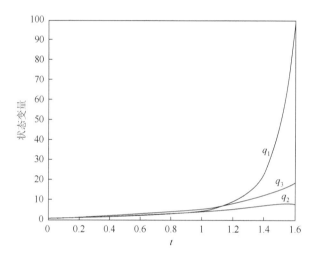

图 5.8　弱互惠性文化下企业合作型原始创新知识流动演化趋势
（初始状态为 $X_0 = [1,1,1]$ ）

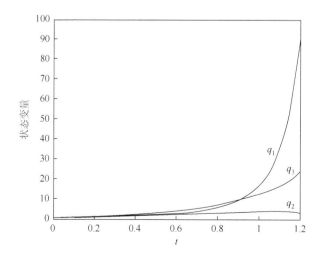

图 5.9　强互惠性文化下企业合作型原始创新知识流动演化趋势
（初始状态为 $X_0 = [1,1,1]$ ）

整合间的互斥效应。通过对比图 5.5、图 5.7 与图 5.9 可以发现，强互惠性文化下，相比其他两种状态，企业合作型原始创新知识流动初期对知识共享、知识整合与知识创造均有所关注时，知识共享与知识创造产生协同效应所需时间最短，协同效应也最为显著。

综合对比图 5.4～图 5.9 可以发现，无论初始状态如何，知识整合始终在三个状态变量产生协同增长趋势之后与知识共享表现出互斥关系，同时，强互惠性文化下的知识整合的最大净增长量始终低于弱互惠性文化下的知识整合的净增长量。

5.4　本 章 小 结

本章首先揭示了互惠性、知识共享对企业合作型原始创新的作用机理，引入战略柔性作为调节变量，通过 212 份有效问卷数据对研究假设进行了检验。然后，从互惠动机视角，通过引入序贯互惠模型，研究了企业合作型原始创新中两类原始创新主体间知识共享的互惠激励效应。最后，基于复杂系统理论中的 B-Z 反应模型，通过 216 份有效问卷数据和 MATLAB 软件仿真研究了在三种初始状态下，当互惠性文化变化时企业合作型原始创新知识流动的演化趋势。

第6章 基于互惠理论的企业合作型原始创新的成果分配阶段分析

基于互惠理论的企业合作型原始创新的成果分配阶段主要包括企业合作型原始创新收益分配和知识产权风险的研究。企业合作型原始创新的成果分配需要按照之前约定的合作契约执行，通过与高校和科研机构合作进行原始创新，企业依然可以实现对核心技术及自主知识产权的掌握。公正合理的收益分配机制是企业合作型原始创新稳定发展的关键，而原始创新主体的互惠行为会对企业合作型原始创新的收益分配产生影响。企业合作型原始创新知识产权风险的有效研究可以促进原始创新成果的落地，对企业与高校和科研机构合作关系的稳定发展起到重要作用。

6.1 基于互惠行为的企业合作型原始创新收益分配的博弈分析

由于企业合作型原始创新过程涉及多方利益主体，各原始创新主体之间不一致的利益诉求使得合作的结果很可能是零和博弈，个体的理性导致群体的非理性[468, 469]。其中，收益分配是合作中十分关键且矛盾最为突出的问题，企业与高校和科研机构通常会因收益分配不当而影响其合作的积极性，最终导致合作的失败或破裂[209, 470]。因此，公正合理的收益分配机制是企业合作型原始创新稳定发展的关键。

目前，学者对企业与高校和科研机构合作创新的收益分配问题进行了较为广泛的研究。任培民和赵树然采用期权–博弈整体化方法研究了产学研利益分配的最优化问题[471]；黄波等通过对比分析不同利益分配方式对产学研合作双方的激励效率，研究了不同外部环境下的最优利益分配方式[472]；刘勇等构建了基于利益主体努力程度与合作程度的产学研协同创新利润分配模型[473]；张瑜等以网络协同系数对 Shapley 值进行优化，探究了产学研网络合作利益的协调机制[474]。

互惠理论认为人们普遍存在互惠性动机，由互惠性动机产生的行为就是互惠行为，且已被学者用实验证实[411]。Fehr 和 Gächter 将互惠行为分为积极互惠和消极互惠两种类型，其中，积极互惠意味着合作互惠倾向，即倾向于以合作的方式给予回报；消极互惠意味着报复，甚至不惜采取损害自身利益的对抗行为[313]。Li 等研究发现积极互惠和消极互惠的倾向会影响互惠行为的回报，具体而言，积极互惠的倾向程度越高导致收益分配越多，而消极互惠的倾向程度越高导致收益分配越少[119]。Zhang 等构建了基于互惠行为的分配博弈模型，研究了零售商的互惠行为对供应链定价决策问题的影响[475]。由此可见，主体的互惠行为会对收益分配产生影响，企业合作型原始创新收益分配过程中应该考虑原始创新主体的互惠行为。

综上可知，已有文献多侧重基于合作博弈的 Shapley 值法研究收益分配问题，该方法是基于合作博弈中联盟成员可以任意结盟思想的一种分配方法[476]，虽然避免了平均分配的不足，但没有考虑企业的主导作用。因此，本章首先构建企业主导的标准 Stackelberg 博弈模型，然后考虑高校和科研机构是具有互惠行为的跟随者，提出基于互惠行为的 Stackelberg 博弈模型，最后比较分析在不同收益分配博弈模型中，企业与高校和科研机构的最优收益分配比例、最优努力程度、最优收益及总体最优收益，并进行数值模拟分析，以期为企业合作型原始创新的收益分配问题提供借鉴和参考。

6.1.1 模型假设

（1）企业合作型原始创新是指由企业主导、企业与高校和科研机构合作共同完成原始创新过程，其中，企业侧重应用基础研究原始创新，高校和科研机构侧重纯基础研究原始创新，并且企业与高校和科研机构均为风险中性。

（2）企业与高校和科研机构进行合作型原始创新的总产出函数为 π，其与合作双方的努力程度相关。设 s_1 表示企业的努力程度，s_2 表示高校和科研机构的努力程度；α 表示企业的努力程度对总产出的贡献度，$1-\alpha$ 表示高校和科研机构的努力程度对总产出的贡献度，体现两类原始创新主体在企业合作型原始创新中的相对重要程度，$0<\alpha<1$；θ 表示企业合作型原始创新的产出系数，$\theta>0$。由此可以得到

$$\pi = \theta s_1^{\alpha} s_2^{1-\alpha} + \varepsilon \tag{6-1}$$

其中，ε 为随机变量，表示不确定因素对产出的影响，$\varepsilon \sim N(0, \sigma^2)$。

（3）设 $C(s_1)$ 表示企业的努力成本，$C(s_2)$ 表示高校和科研机构的努力成本。通常来说，努力成本与努力程度成正比，且边际成本递增，因此，企业与高校和科研机构的努力成本函数可以分别表示为

$$C(s_1) = \frac{1}{2}c_1 s_1^2 \tag{6-2}$$

$$C(s_2) = \frac{1}{2}c_2 s_2^2 \tag{6-3}$$

其中，c_1、c_2 分别为企业与高校和科研机构的努力成本系数，$c_1, c_2 > 0$。

（4）在企业与高校和科研机构的委托-代理关系中，基于信息的不对称性，具有信息优势的代理方（高校和科研机构）可能采取有损于委托方（企业）利益的机会主义行为。为了防范机会主义行为，企业有必要对高校和科研机构实施监督。因此，企业存在监督成本，其函数形式为

$$g(b) = \frac{1}{2}\gamma b^2 \tag{6-4}$$

其中，γ 为企业的监督成本系数，$\gamma > 0$；b 为企业对高校和科研机构的监督力度。

（5）设企业与高校和科研机构的收益分配比例分别为 λ 和 $1-\lambda$，$0 < \lambda < 1$。此外，企业向高校和科研机构支付的研发费用为 M。

6.1.2　标准 Stackelberg 博弈模型构建和求解

在标准 Stackelberg 博弈模型中，领导者和跟随者分别决定各自的行为。在企业合作型原始创新中，企业是领导者，首先确定自身的努力程度，高校和科研机构是跟随者，其根据企业的决策来确定自身的努力程度。此时，企业与高校和科研机构均为完全理性，两类原始创新主体都以自身收益最大化为决策目标。

由于企业与高校和科研机构两类原始创新主体均为风险中性，期望效用等于期望收益，可以得到企业的期望收益为

$$E_1 = E\left[\lambda\pi - M - C(s_1) - g(b)\right] = \lambda\theta s_1^\alpha s_2^{1-\alpha} - M - \frac{1}{2}c_1 s_1^2 - \frac{1}{2}\gamma b^2 \tag{6-5}$$

高校和科研机构的期望收益为

$$E_2 = E\left[(1-\lambda)\pi + M - C(s_2)\right] = (1-\lambda)\theta s_1^\alpha s_2^{1-\alpha} + M - \frac{1}{2}c_2 s_2^2 \tag{6-6}$$

两类原始创新主体合作产生的总体期望收益为

$$E = E_1 + E_2 = \theta s_1^\alpha s_2^{1-\alpha} - \frac{1}{2}c_1 s_1^2 - \frac{1}{2}c_2 s_2^2 - \frac{1}{2}\gamma b^2 \tag{6-7}$$

对式（66）关于 s_2 求一阶偏导，并令 $\partial E_2 / \partial s_2 = 0$，可得

$$\partial E_2 / \partial s_2 = (1-\lambda)(1-\alpha)\theta s_1^\alpha s_2^{-\alpha} - c_2 s_2 = 0 \tag{6-8}$$

$$s_2 = \left[\frac{(1-\lambda)(1-\alpha)\theta s_1^{\alpha}}{c_2} \right]^{\frac{1}{1+\alpha}} \quad （6-9）$$

将式（6-9）代入式（6-6），可得

$$\tilde{E}_2 = \frac{1}{2}(1+\alpha)\theta^{\frac{2}{1+\alpha}} s_1^{\frac{2\alpha}{1+\alpha}}(1-\lambda)^{\frac{2}{1+\alpha}}\left(\frac{1-\alpha}{c_2} \right)^{\frac{1-\alpha}{1+\alpha}} + M \quad （6-10）$$

将式（6-9）代入式（6-5），可得

$$\tilde{E}_1 = \lambda \left[\frac{(1-\lambda)(1-\alpha)}{c_2} \right]^{\frac{1-\alpha}{1+\alpha}}\theta^{\frac{2}{1+\alpha}} s_1^{\frac{2\alpha}{1+\alpha}} - M - \frac{1}{2}c_1 s_1^2 - \frac{1}{2}\gamma b^2 \quad （6-11）$$

对式（6-11）关于 λ 和 s_1 求一阶偏导，令 $\partial \tilde{E}_1/\partial \lambda = 0$，$\partial \tilde{E}_1/\partial s_1 = 0$，可得

$$\begin{cases} \left(\dfrac{1-\alpha}{c_2} \right)^{\frac{1-\alpha}{1+\alpha}}\theta^{\frac{2}{1+\alpha}} s_1^{\frac{2\alpha}{1+\alpha}} \left[(1-\lambda)^{\frac{1-\alpha}{1+\alpha}} - \dfrac{\lambda(1-\alpha)}{1+\alpha}(1-\lambda)^{\frac{-2\alpha}{1+\alpha}} \right] = 0 \\[4mm] \dfrac{2\alpha\lambda}{1+\alpha} \left[\dfrac{(1-\lambda)(1-\alpha)}{c_2} \right]^{\frac{1-\alpha}{1+\alpha}}\theta^{\frac{2}{1+\alpha}} s_1^{\frac{\alpha-1}{1+\alpha}} - c_1 s_1 = 0 \end{cases} \quad （6-12）$$

由此得到，在标准 Stackelberg 博弈模型中，最优收益分配比例为

$$\lambda^* = \frac{1+\alpha}{2}$$

企业的最优努力程度为

$$s_1^* = \theta\left(\frac{\alpha}{c_1} \right)^{\frac{1+\alpha}{2}}\left[\frac{(1-\alpha)^2}{2c_2} \right]^{\frac{1-\alpha}{2}}$$

高校和科研机构的最优努力程度为

$$s_2^* = \theta\left(\frac{\alpha}{c_1} \right)^{\frac{\alpha}{2}}\left[\frac{(1-\alpha)^2}{2c_2} \right]^{\frac{2-\alpha}{2}}$$

企业的最优收益为

$$E_1^* = \frac{1}{2}\theta^2\left(\frac{\alpha}{c_1} \right)^{\alpha}\left[\frac{(1-\alpha)^2}{2c_2} \right]^{1-\alpha} - M - \frac{1}{2}\gamma b^2$$

高校和科研机构的最优收益为

$$E_2^* = \frac{1-\alpha^2}{4}\theta^2\left(\frac{\alpha}{c_1} \right)^{\alpha}\left[\frac{(1-\alpha)^2}{2c_2} \right]^{1-\alpha} + M$$

两类原始创新主体合作产生的总体最优收益为

$$E^* = \frac{3-\alpha^2}{4}\theta^2\left(\frac{\alpha}{c_1} \right)^{\alpha}\left[\frac{(1-\alpha)^2}{2c_2} \right]^{1-\alpha} - \frac{1}{2}\gamma b^2$$

6.1.3　基于互惠行为的 Stackelberg 博弈模型构建和求解

企业合作型原始创新是企业与高校和科研机构之间相互补充、相互支持的过程。在企业合作型原始创新中，当企业给予高校和科研机构一定的善意时，高校和科研机构也会给予企业一定的互惠性回报，这不仅提高了原始创新主体的收益，而且增加了总体价值，体现出互惠性经济效应。

考虑高校和科研机构是具有互惠行为的跟随者，假设高校和科研机构的公平感知是由高校和科研机构与企业两类原始创新主体的预测最优收益比值决定的，这个比值将决定高校和科研机构是采取积极互惠行为、消极互惠行为还是采取中性态度。假设预测最优收益比值 $\tilde{E}_2/\tilde{E}_1$ 存在上限 β_1 和下限 β_2，且 $0 < \beta_2 < \beta_1$，β_1 和 β_2 反映的是高校和科研机构的忍耐度。当 $\tilde{E}_2/\tilde{E}_1 > \beta_1$ 时，即在企业合作型原始创新中，高校和科研机构得到的最优收益超过高校和科研机构要求的预期最优收益，高校和科研机构认为企业的行为是友善的，因此会采取积极互惠行为以回报企业的善意。当 $\tilde{E}_2/\tilde{E}_1 < \beta_2$ 时，即在企业合作型原始创新中，高校和科研机构得到的最优收益比其要求的最少收益还少，高校和科研机构认为企业的行为是不友善的，因此会采取消极互惠行为以报复企业。当 $\beta_2 < \tilde{E}_2/\tilde{E}_1 < \beta_1$ 时，即在企业合作型原始创新中，高校和科研机构认为企业的态度和行为较为合理，因此会采取中性态度以最大化其自身收益。上限 β_1 和下限 β_2 刻画了高校和科研机构的性格特点，比较小的 β_1 和 β_2 表示高校和科研机构的期望要求比较低，很容易被企业的善意所感动，从而采取积极互惠行为；比较大的 β_1 和 β_2 表示高校和科研机构的期望要求较高，不容易被感动，如果要求没有被满足，有可能被激怒而采取消极互惠行为。$\beta_1 - \beta_2$ 也反映了高校和科研机构的理性程度，如果该差值较大，那么高校和科研机构不容易被激怒，也不容易被感动，其决策更为理性，更关注自身的收益。

当高校和科研机构采取互惠行为时，其期望效用为

$$\mathrm{EU}_2 = E_2' + \varphi \Delta E_2 + \eta \Delta E_1 \tag{6-13}$$

其中，$\Delta E_2 = E_2' - E_2^*$，$\Delta E_1 = E_1' - E_1^*$，$E_1^*$ 为企业的最优收益，E_2^* 为高校和科研机构的最优收益，E_1' 为企业采取互惠行为时的收益，E_2' 为高校和科研机构采取互惠行为时的收益；$\varphi \Delta E_2$ 为高校和科研机构采取互惠行为付出的成本，φ 为高校和科研机构对自身收益的关注程度，$\varphi > 0$；$\eta \Delta E_1$ 为高校和科研机构采取互惠行为增加的效用，η 为高校和科研机构的公平感知程度，假设 $-1 \leqslant \eta \leqslant 1$，当 $\eta > 0$ 时，高校和科研机构得到的收益超过了预期，高校和科研机构认为企业的行为是友善的，因此会采取积极互惠行

为以回报企业，当 $\eta < 0$ 时，高校和科研机构认为企业的行为是不友善的，因此会采取消极互惠行为以报复企业，当 $\eta = 0$ 时，高校和科研机构认为企业态度中性，此外，η 的绝对值越大说明积极互惠和消极互惠的程度越深。

综上所述，可以得到

$$\eta = \begin{cases} \eta_1, & \tilde{E}_2 / \tilde{E}_1 > \beta_1 \\ 0, & \beta_2 \leqslant \tilde{E}_2 / \tilde{E}_1 \leqslant \beta_1 \\ -\eta_2, & \tilde{E}_2 / \tilde{E}_1 < \beta_2 \end{cases} \tag{6-14}$$

其中，$0 < \beta_2 < \beta_1$，$0 < \eta_1 < \eta_2$。$0 < \eta_1 < \eta_2$ 表明消极互惠比积极互惠更能影响主体的行为，主体更容易对不友善行为进行报复，而不容易对友善行为进行感激[477]。假定 $\eta_2 < \varphi$，这是因为通常情况下主体更关注自身的收益。

采取互惠行为的高校和科研机构追求其期望效用的最大化：

$$\max EU_2 = E_2' + \varphi\left(E_2' - E_2^*\right) + \eta\left(E_1' - E_1^*\right) \tag{6-15}$$

企业追求其期望收益的最大化：

$$\begin{aligned} &\max_{s_1, s_2, \lambda} E_1' = \lambda \theta s_1^\alpha s_2^{1-\alpha} - M - \frac{1}{2} c_1 s_1^2 - \frac{1}{2} \gamma b^2 \\ &\text{s.t.} \max EU_2 = E_2' + \varphi\left(E_2' - E_2^*\right) + \eta\left(E_1' - E_1^*\right) \end{aligned} \tag{6-16}$$

对式（6-15）关于 s_2 求一阶偏导，并令 $\partial EU_2 / \partial s_2 = 0$，可得

$$s_2 = \left\{ \frac{[(1-\lambda)(1+\varphi) + \eta\lambda](1-\alpha)\theta s_1^\alpha}{(1+\varphi)c_2} \right\}^{\frac{1}{1+\alpha}} \tag{6-17}$$

将式（6-17）代入式（6-16），得到目标函数为

$$\max_{s_1, \lambda} E_1' = \lambda \theta^{\frac{2}{1+\alpha}} s_1^{\frac{2\alpha}{1+\alpha}} \left\{ \frac{[(1-\lambda)(1+\varphi) + \eta\lambda](1-\alpha)}{(1+\varphi)c_2} \right\}^{\frac{1-\alpha}{1+\alpha}} - M - \frac{1}{2} c_1 s_1^2 - \frac{1}{2} \gamma b^2 \tag{6-18}$$

对式（6-18）关于 λ 和 s_1 求一阶偏导，令导数等于零，可得

$$\begin{cases} \left[\dfrac{1-\alpha}{(1+\varphi)c_2} \right]^{\frac{1-\alpha}{1+\alpha}} \theta^{\frac{2}{1+\alpha}} s_1^{\frac{2\alpha}{1+\alpha}} \left\{ [1+\varphi-\lambda(1+\varphi-\eta)]^{\frac{1-\alpha}{1+\alpha}} \right. \\ \qquad \left. - \dfrac{\lambda(1-\alpha)}{1+\alpha}(1+\varphi-\eta)[1+\varphi-\lambda(1+\varphi-\eta)]^{\frac{-2\alpha}{1+\alpha}} \right\} = 0 \\[2mm] \dfrac{2\alpha\lambda}{1+\alpha} \left\{ \dfrac{[(1-\lambda)(1+\varphi)+\eta\lambda](1-\alpha)}{(1+\varphi)c_2} \right\}^{\frac{1-\alpha}{1+\alpha}} \theta^{\frac{2}{1+\alpha}} s_1^{\frac{\alpha-1}{1+\alpha}} - c_1 s_1 = 0 \end{cases} \tag{6-19}$$

由此得到，在基于高校和科研机构互惠行为的 Stackelberg 博弈模型中，最优收益分配比例为

$$\lambda' = \frac{(1+\alpha)(1+\varphi)}{2(1+\varphi-\eta)}$$

企业的最优努力程度为

$$s_1' = \theta\left[\frac{\alpha(1+\varphi)}{c_1(1+\varphi-\eta)}\right]^{\frac{1+\alpha}{2}}\left[\frac{(1-\alpha)^2}{2c_2}\right]^{\frac{1-\alpha}{2}}$$

高校和科研机构的最优努力程度为

$$s_2' = \theta\left[\frac{\alpha(1+\varphi)}{c_1(1+\varphi-\eta)}\right]^{\frac{\alpha}{2}}\left[\frac{(1-\alpha)^2}{2c_2}\right]^{\frac{2-\alpha}{2}}$$

企业的最优收益为

$$E_1' = \frac{1}{2}\theta^2\frac{1+\varphi}{1+\varphi-\eta}\left[\frac{\alpha(1+\varphi)}{c_1(1+\varphi-\eta)}\right]^{\alpha}\left[\frac{(1-\alpha)^2}{2c_2}\right]^{1-\alpha} - M - \frac{1}{2}\gamma b^2$$

高校和科研机构采取互惠行为时的收益为

$$E_2' = \left[\frac{1-\alpha^2}{4} - \frac{\eta(1+\alpha)}{2(1+\varphi-\eta)}\right]\theta^2\left[\frac{\alpha(1+\varphi)}{c_1(1+\varphi-\eta)}\right]^{\alpha}\left[\frac{(1-\alpha)^2}{2c_2}\right]^{1-\alpha} + M$$

高校和科研机构的最大效用为

$$EU_2 = \theta^2\left[\frac{(1-\alpha)^2}{2c_2}\right]^{1-\alpha}\left\{(1+\varphi)\left[\frac{\alpha(1+\varphi)}{c_1(1+\varphi-\eta)}\right]^{\alpha}\left[\frac{1-\alpha^2}{4} - \frac{\alpha\eta}{2(1+\varphi-\eta)}\right] - \left(\frac{\alpha}{c_1}\right)^{\alpha}\left[\frac{(1-\alpha^2)\varphi}{4} + \frac{\eta}{2}\right]\right\} + M$$

两类原始创新主体合作产生的总体最优收益为

$$E' = \left[\frac{1-\alpha^2}{4} + \frac{1+\varphi-\eta(1+\alpha)}{2(1+\varphi-\eta)}\right]\theta^2\left[\frac{\alpha(1+\varphi)}{c_1(1+\varphi-\eta)}\right]^{\alpha}\left[\frac{(1-\alpha)^2}{2c_2}\right]^{1-\alpha} - \frac{1}{2}\gamma b^2$$

6.1.4　模型分析和讨论

通过归纳以上两种收益分配博弈模型的均衡结果，可以得到以下命题。

【命题 6.1】　在标准 Stackelberg 博弈模型中，企业与高校和科研机构的最优收益分配比例只和两类原始创新主体的产出贡献度有关，而且随着各自产出贡献度的增加而增大，其中，企业的最优收益分配比例大于 $\frac{1}{2}$。

证明　在标准 Stackelberg 博弈模型中,最优收益分配比例为 $\lambda^* = \dfrac{1+\alpha}{2}$,

因为 $0 < \alpha < 1$,所以企业的最优收益分配比例大于 $\dfrac{1}{2}$,而且 $\dfrac{\partial \lambda^*}{\partial \alpha} = \dfrac{1}{2} > 0$。

证毕。

【命题 6.2】　在基于高校和科研机构互惠行为的 Stackelberg 博弈模型中,企业与高校和科研机构的最优收益分配比例不仅与两类原始创新主体的产出贡献度有关,而且与高校和科研机构的公平感知程度及其对自身收益的关注程度有关,还随着各自产出贡献度的增加而增大。

证明　在基于高校和科研机构互惠行为的 Stackelberg 博弈模型中,最优收益分配比例为 $\lambda' = \dfrac{(1+\alpha)(1+\varphi)}{2(1+\varphi-\eta)}$, $\dfrac{\partial \lambda'}{\partial \alpha} = \dfrac{1+\varphi}{2(1+\varphi-\eta)}$,因为 $\varphi > 0$,而且由式(6-14)可知, $0 < \eta_1 < \eta_2 < \varphi$,所以 $\dfrac{\partial \lambda'}{\partial \alpha} = \dfrac{1+\varphi}{2(1+\varphi-\eta)} > 0$。证毕。

由命题 6.1 和命题 6.2 可知,无论在哪种收益分配博弈模型中,原始创新主体的产出贡献度越大,即该主体在企业合作型原始创新中的相对重要程度越高,通过适度增加该主体的收益分配比例,可以激励其提高自身的努力程度,使彼此的合作更为有效,进而提高企业合作型原始创新的总产出收益。

【命题 6.3】　无论在哪种收益分配博弈模型中,企业与高校和科研机构的最优努力程度、最优收益及总体最优收益都随着两类原始创新主体的努力成本系数的增加而减小。

证明　以企业与高校和科研机构的最优努力程度为例,

$$\frac{\partial s_1^*}{\partial c_1} = -\frac{1+\alpha}{2\alpha}\theta\left(\frac{\alpha}{c_1}\right)^{\frac{3+\alpha}{2}}\left[\frac{(1-\alpha)^2}{2c_2}\right]^{\frac{1-\alpha}{2}} < 0$$

$$\frac{\partial s_1^*}{\partial c_2} = -\frac{1-\alpha}{2}\theta\left(\frac{\alpha}{c_1}\right)^{\frac{1+\alpha}{2}}\frac{1}{c_2}\left[\frac{(1-\alpha)^2}{2c_2}\right]^{\frac{1-\alpha}{2}} < 0$$

$$\frac{\partial s_2^*}{\partial c_1} = -\frac{1}{2}\theta\left(\frac{\alpha}{c_1}\right)^{\frac{\alpha}{2}+1}\left[\frac{(1-\alpha)^2}{2c_2}\right]^{\frac{2-\alpha}{2}} < 0$$

$$\frac{\partial s_2^*}{\partial c_2} = -\frac{2-\alpha}{2}\theta\left(\frac{\alpha}{c_1}\right)^{\frac{\alpha}{2}}\frac{1}{c_2}\left[\frac{(1-\alpha)^2}{2c_2}\right]^{\frac{2-\alpha}{2}} < 0$$

$$\frac{\partial s_1'}{\partial c_1} = -\frac{1+\alpha}{2}\theta\left[\frac{\alpha(1+\varphi)}{c_1(1+\varphi-\eta)}\right]^{\frac{1+\alpha}{2}}\frac{1}{c_1}\left[\frac{(1-\alpha)^2}{2c_2}\right]^{\frac{1-\alpha}{2}} < 0$$

$$\frac{\partial s_1'}{\partial c_2} = -\frac{1-\alpha}{2}\theta\left[\frac{\alpha(1+\varphi)}{c_1(1+\varphi-\eta)}\right]^{\frac{1+\alpha}{2}}\frac{1}{c_2}\left[\frac{(1-\alpha)^2}{2c_2}\right]^{\frac{1-\alpha}{2}} < 0$$

$$\frac{\partial s_2'}{\partial c_1} = -\frac{\alpha}{2}\theta\left[\frac{\alpha(1+\varphi)}{c_1(1+\varphi-\eta)}\right]^{\frac{\alpha}{2}}\frac{1}{c_1}\left[\frac{(1-\alpha)^2}{2c_2}\right]^{\frac{2-\alpha}{2}} < 0$$

$$\frac{\partial s_2'}{\partial c_2} = -\frac{2-\alpha}{2}\theta\left[\frac{\alpha(1+\varphi)}{c_1(1+\varphi-\eta)}\right]^{\frac{\alpha}{2}}\frac{1}{c_2}\left[\frac{(1-\alpha)^2}{2c_2}\right]^{\frac{2-\alpha}{2}} < 0$$

由此可知，企业与高校和科研机构的最优努力程度随着两类原始创新主体的努力成本系数的增加而减小，同理可以证明，最优收益及总体最优收益也随着两类原始创新主体的努力成本系数的增加而减小。

命题 6.3 说明，虽然命题 6.1 和命题 6.2 提出最优收益分配比例与两类原始创新主体的产出贡献度有关，而与努力成本系数无关，但是最优努力程度、最优收益及总体最优收益都与努力成本系数有关。当某类原始创新主体的努力成本系数增加时，在相同努力程度情况下其所需的努力成本就会增加，该主体会降低自身的努力程度，进而导致其收益的减少，最终导致总体收益的降低，另一类原始创新主体从总体收益中分配得到的收益随之减少，导致该主体也降低自身的努力程度，使得总体收益进一步降低。

【命题 6.4】 对两种收益分配博弈模型的均衡结果进行比较，可以得到以下结论。

（1）当 $\eta=\eta_1 > 0$ 时，即高校和科研机构采取积极互惠行为以回报企业，最优收益分配比例满足 $\lambda' > \lambda^*$，企业的最优努力程度满足 $s_1' > s_1^*$，高校和科研机构的最优努力程度满足 $s_2' > s_2^*$，企业的最优收益满足 $E_1' > E_1^*$，高校和科研机构的最优收益满足 $E_2' < E_2^*$，总体最优收益满足：当 $0 < \alpha < \sqrt{7}-2$ 时，$E' > E^*$；当 $\sqrt{7}-2 < \alpha < 1$ 时，$E' < E^*$。

（2）当 $\eta=-\eta_2 < 0$ 时，即高校和科研机构采取消极互惠行为以报复企业，最优收益分配比例满足 $\lambda' < \lambda^*$，企业的最优努力程度满足 $s_1' < s_1^*$，高校和科研机构的最优努力程度满足 $s_2' < s_2^*$，企业的最优收益满足 $E_1' < E_1^*$，高校和科研机构的最优收益满足 $E_2' > E_2^*$，总体最优收益满足：当 $1 < \varphi \leq 2$ 时，$E' < E^*$。

证明 （1）当 $\eta=\eta_1 > 0$ 时，有

$$\lambda' - \lambda^* = \frac{(1+\alpha)(1+\varphi)}{2(1+\varphi-\eta_1)} - \frac{1+\alpha}{2} = \frac{(1+\alpha)\eta_1}{2(1+\varphi-\eta_1)} > 0$$

因为 $0 < \alpha < 1$，而且由式（6-14）可知，$0 < \eta_1 < \varphi$（下同），所以 $\lambda' > \lambda^*$。

$$\frac{s_1'}{s_1^*} = \left(\frac{1+\varphi}{1+\varphi-\eta_1}\right)^{\frac{1+\alpha}{2}} > 1$$

所以 $s_1' > s_1^*$。

$$\frac{s_2'}{s_2^*} = \left(\frac{1+\varphi}{1+\varphi-\eta_1}\right)^{\frac{\alpha}{2}} > 1$$

所以 $s_2' > s_2^*$。

$$E_1' - E_1^* = \frac{1}{2}\theta^2\left(\frac{\alpha}{c_1}\right)^{\alpha}\left[\frac{(1-\alpha)^2}{2c_2}\right]^{1-\alpha}\left[\left(\frac{1+\varphi}{1+\varphi-\eta_1}\right)^{1+\alpha} - 1\right]$$

因为 $\theta > 0$ 且 $c_1, c_2 > 0$，所以 $E_1' > E_1^*$。

$$E_2' - E_2^* = \frac{1+\alpha}{2}\theta^2\left(\frac{\alpha}{c_1}\right)^{\alpha}\left[\frac{(1-\alpha)^2}{2c_2}\right]^{1-\alpha}$$
$$\times\left\{\frac{1-\alpha}{2}\left[\left(\frac{1+\varphi}{1+\varphi-\eta_1}\right)^{\alpha} - 1\right] - \left(\frac{1+\varphi}{1+\varphi-\eta_1} - 1\right)\left(\frac{1+\varphi}{1+\varphi-\eta_1}\right)^{\alpha}\right\}$$

因为 $1 < \left(\dfrac{1+\varphi}{1+\varphi-\eta_1}\right)^{\alpha} < \dfrac{1+\varphi}{1+\varphi-\eta_1}$ 且 $0 < \dfrac{1-\alpha}{2} < \dfrac{1}{2}$，所以

$$\frac{1-\alpha}{2}\left[\left(\frac{1+\varphi}{1+\varphi-\eta_1}\right)^{\alpha} - 1\right] - \left(\frac{1+\varphi}{1+\varphi-\eta_1} - 1\right)\left(\frac{1+\varphi}{1+\varphi-\eta_1}\right)^{\alpha}$$
$$< \frac{1-\alpha}{2}\left[\left(\frac{1+\varphi}{1+\varphi-\eta_1}\right)^{\alpha} - 1\right] - \left[\left(\frac{1+\varphi}{1+\varphi-\eta_1}\right)^{\alpha} - 1\right]\left(\frac{1+\varphi}{1+\varphi-\eta_1}\right)^{\alpha}$$
$$= \left[\frac{1-\alpha}{2} - \left(\frac{1+\varphi}{1+\varphi-\eta_1}\right)^{\alpha}\right]\left[\left(\frac{1+\varphi}{1+\varphi-\eta_1}\right)^{\alpha} - 1\right]$$
$$< 0$$

进而有 $E_2' < E_2^*$。

$$E' - E^* = \theta^2\left(\frac{\alpha}{c_1}\right)^{\alpha}\left[\frac{(1-\alpha)^2}{2c_2}\right]^{1-\alpha}$$
$$\times\left\{\left[\left(\frac{1+\varphi}{1+\varphi-\eta_1}\right)^{\alpha} - 1\right]\left(\frac{3-\alpha^2}{4}\right) - \frac{\alpha}{2}\left(\frac{1+\varphi}{1+\varphi-\eta_1} - 1\right)\left(\frac{1+\varphi}{1+\varphi-\eta_1}\right)^{\alpha}\right\}$$

因为 $1 < \left(\dfrac{1+\varphi}{1+\varphi-\eta_1}\right)^\alpha < \dfrac{1+\varphi}{1+\varphi-\eta_1} < 2$，所以

$$\left[\left(\frac{1+\varphi}{1+\varphi-\eta_1}\right)^\alpha - 1\right]\left(\frac{3-\alpha^2}{4}\right) - \frac{\alpha}{2}\left(\frac{1+\varphi}{1+\varphi-\eta_1} - 1\right)\left(\frac{1+\varphi}{1+\varphi-\eta_1}\right)^\alpha$$

$$> \left[\left(\frac{1+\varphi}{1+\varphi-\eta_1}\right)^\alpha - 1\right]\left(\frac{3-\alpha^2}{4}\right) - \frac{\alpha}{2}(2-1)\left(\frac{1+\varphi}{1+\varphi-\eta_1}\right)^\alpha$$

$$= \left(\frac{1+\varphi}{1+\varphi-\eta_1}\right)^\alpha \left(\frac{3-\alpha^2-2\alpha}{4}\right) - \frac{3-\alpha^2}{4}$$

当 $\dfrac{3-\alpha^2}{3-\alpha^2-2\alpha} \leqslant \left(\dfrac{1+\varphi}{1+\varphi-\eta_1}\right)^\alpha < 2$ 时，即当 $0 < \alpha < \sqrt{7}-2$ 时，$E' > E^*$。

$$\left[\left(\frac{1+\varphi}{1+\varphi-\eta_1}\right)^\alpha - 1\right]\left(\frac{3-\alpha^2}{4}\right) - \frac{\alpha}{2}\left(\frac{1+\varphi}{1+\varphi-\eta_1} - 1\right)\left(\frac{1+\varphi}{1+\varphi-\eta_1}\right)^\alpha$$

$$< \left[\left(\frac{1+\varphi}{1+\varphi-\eta_1}\right)^\alpha - 1\right]\left(\frac{3-\alpha^2}{4}\right) - \frac{\alpha}{2}\left[\left(\frac{1+\varphi}{1+\varphi-\eta_1}\right)^\alpha - 1\right]\left(\frac{1+\varphi}{1+\varphi-\eta_1}\right)^\alpha$$

$$= \left[\left(\frac{1+\varphi}{1+\varphi-\eta_1}\right)^\alpha - 1\right]\left[\frac{3-\alpha^2}{4} - \frac{\alpha}{2}\left(\frac{1+\varphi}{1+\varphi-\eta_1}\right)^\alpha\right]$$

当 $\dfrac{3-\alpha^2}{2\alpha} \leqslant \left(\dfrac{1+\varphi}{1+\varphi-\eta_1}\right)^\alpha < 2$ 时，即当 $\sqrt{7}-2 < \alpha < 1$ 时，$E' < E^*$。

（2）当 $\eta = -\eta_2 < 0$ 时，有

$$\lambda' - \lambda^* = \frac{(1+\alpha)(1+\varphi)}{2(1+\varphi-\eta)} - \frac{1+\alpha}{2} = \frac{(1+\alpha)\eta}{2(1+\varphi-\eta)} = \frac{-\eta_2(1+\alpha)}{2(1+\varphi+\eta_2)} < 0$$

因为 $0 < \alpha < 1$，而且由式（6-14）可知，$0 < \eta_2 < \varphi$（下同），所以 $\lambda' < \lambda^*$。

$$\frac{s_1'}{s_1^*} = \left(\frac{1+\varphi}{1+\varphi-\eta}\right)^{\frac{1+\alpha}{2}} = \left(\frac{1+\varphi}{1+\varphi+\eta_2}\right)^{\frac{1+\alpha}{2}} < 1$$

所以 $s_1' < s_1^*$。

$$\frac{s_2'}{s_2^*} = \left(\frac{1+\varphi}{1+\varphi-\eta}\right)^{\frac{\alpha}{2}} = \left(\frac{1+\varphi}{1+\varphi+\eta_2}\right)^{\frac{\alpha}{2}} < 1$$

所以 $s_2' < s_2^*$。

$$E_1' - E_1^* = \frac{1}{2}\theta^2 \left(\frac{\alpha}{c_1}\right)^{\alpha} \left[\frac{(1-\alpha)^2}{2c_2}\right]^{1-\alpha} \left[\left(\frac{1+\varphi}{1+\varphi+\eta_2}\right)^{1+\alpha} - 1\right]$$

因为 $\theta > 0$ 且 $c_1, c_2 > 0$，所以 $E_1' < E_1^*$。

$$E_2' - E_2^* = \frac{1+\alpha}{2}\theta^2 \left(\frac{\alpha}{c_1}\right)^{\alpha} \left[\frac{(1-\alpha)^2}{2c_2}\right]^{1-\alpha}$$

$$\times \left\{\frac{1-\alpha}{2}\left[\left(\frac{1+\varphi}{1+\varphi+\eta_2}\right)^{\alpha} - 1\right] - \left(\frac{1+\varphi}{1+\varphi+\eta_2} - 1\right)\left(\frac{1+\varphi}{1+\varphi+\eta_2}\right)^{\alpha}\right\}$$

因为 $\frac{2}{3} < \frac{1+\varphi}{1+\varphi+\eta_2} < \left(\frac{1+\varphi}{1+\varphi+\eta_2}\right)^{\alpha} < 1$ 且 $0 < \frac{1-\alpha}{2} < \frac{1}{2}$，所以

$$\frac{1-\alpha}{2}\left[\left(\frac{1+\varphi}{1+\varphi+\eta_2}\right)^{\alpha} - 1\right] - \left(\frac{1+\varphi}{1+\varphi+\eta_2} - 1\right)\left(\frac{1+\varphi}{1+\varphi+\eta_2}\right)^{\alpha}$$

$$> \frac{1-\alpha}{2}\left[\left(\frac{1+\varphi}{1+\varphi+\eta_2}\right)^{\alpha} - 1\right] - \left[\left(\frac{1+\varphi}{1+\varphi+\eta_2}\right)^{\alpha} - 1\right]\left(\frac{1+\varphi}{1+\varphi+\eta_2}\right)^{\alpha}$$

$$= \left[\frac{1-\alpha}{2} - \left(\frac{1+\varphi}{1+\varphi+\eta_2}\right)^{\alpha}\right]\left[\left(\frac{1+\varphi}{1+\varphi+\eta_2}\right)^{\alpha} - 1\right] > 0$$

进而有 $E_2' > E_2^*$。

$$E' - E^* = \theta^2 \left(\frac{\alpha}{c_1}\right)^{\alpha} \left[\frac{(1-\alpha)^2}{2c_2}\right]^{1-\alpha}$$

$$\times \left\{\left[\left(\frac{1+\varphi}{1+\varphi+\eta_2}\right)^{\alpha} - 1\right]\left(\frac{3-\alpha^2}{4}\right) - \frac{\alpha}{2}\left(\frac{1+\varphi}{1+\varphi+\eta_2} - 1\right)\left(\frac{1+\varphi}{1+\varphi+\eta_2}\right)^{\alpha}\right\}$$

因为 $\frac{2}{3} < \frac{1+\varphi}{1+\varphi+\eta_2} < \left(\frac{1+\varphi}{1+\varphi+\eta_2}\right)^{\alpha} < 1$，所以

$$\left[\left(\frac{1+\varphi}{1+\varphi+\eta_2}\right)^{\alpha} - 1\right]\left(\frac{3-\alpha^2}{4}\right) - \frac{\alpha}{2}\left(\frac{1+\varphi}{1+\varphi+\eta_2} - 1\right)\left(\frac{1+\varphi}{1+\varphi+\eta_2}\right)^{\alpha}$$

$$> \left[\left(\frac{1+\varphi}{1+\varphi+\eta_2}\right)^{\alpha} - 1\right]\left(\frac{3-\alpha^2}{4}\right) - \frac{\alpha}{2}\left[\left(\frac{1+\varphi}{1+\varphi+\eta_2}\right)^{\alpha} - 1\right]\left(\frac{1+\varphi}{1+\varphi+\eta_2}\right)^{\alpha}$$

$$= \left[\left(\frac{1+\varphi}{1+\varphi+\eta_2}\right)^{\alpha} - 1\right]\left[\frac{3-\alpha^2}{4} - \frac{\alpha}{2}\left(\frac{1+\varphi}{1+\varphi+\eta_2}\right)^{\alpha}\right]$$

当 $\dfrac{3-\alpha^2}{4}-\dfrac{\alpha}{2}\left(\dfrac{1+\varphi}{1+\varphi+\eta_2}\right)^\alpha\leqslant 0$ 时，$\left(\dfrac{1+\varphi}{1+\varphi+\eta_2}\right)^\alpha\geqslant\dfrac{3-\alpha^2}{2\alpha}$，但 $\dfrac{3-\alpha^2}{2\alpha}>1$ 而

$\left(\dfrac{1+\varphi}{1+\varphi+\eta_2}\right)^\alpha<1$，因此不存在 $E'>E^*$。

$$\left[\left(\dfrac{1+\varphi}{1+\varphi+\eta_2}\right)^\alpha-1\right]\left(\dfrac{3-\alpha^2}{4}\right)-\dfrac{\alpha}{2}\left(\dfrac{1+\varphi}{1+\varphi+\eta_2}-1\right)\left(\dfrac{1+\varphi}{1+\varphi+\eta_2}\right)^\alpha$$

$$<\left[\left(\dfrac{1+\varphi}{1+\varphi+\eta_2}\right)^\alpha-1\right]\left(\dfrac{3-\alpha^2}{4}\right)-\dfrac{\alpha}{2}\left(\dfrac{2}{3}-1\right)\left(\dfrac{1+\varphi}{1+\varphi+\eta_2}\right)^\alpha$$

$$=\left(\dfrac{1+\varphi}{1+\varphi+\eta_2}\right)^\alpha\left(\dfrac{9-3\alpha^2+2\alpha}{12}\right)-\dfrac{3-\alpha^2}{4}$$

当 $\dfrac{2}{3}<\left(\dfrac{1+\varphi}{1+\varphi+\eta_2}\right)^\alpha\leqslant\dfrac{9-3\alpha^2}{9-3\alpha^2+2\alpha}$ 时，即当 $1<\varphi\leqslant 2$ 时，$E'<E^*$。

由命题 6.4 可知，当高校和科研机构采取积极互惠行为以回报企业时，此时的最优收益分配比例比标准 Stackelberg 博弈模型的高，企业的最优努力程度比标准 Stackelberg 博弈模型的高，高校和科研机构的最优努力程度比标准 Stackelberg 博弈模型的高，企业的最优收益比标准 Stackelberg 博弈模型的高，高校和科研机构的最优收益比标准 Stackelberg 博弈模型的低，当企业的产出贡献度大于 0 且小于 $\sqrt{7}-2$ 时，两类原始创新主体合作产生的总体最优收益大于标准 Stackelberg 博弈模型下的总体最优收益，当企业的产出贡献度大于 $\sqrt{7}-2$ 且小于 1 时，两类原始创新主体合作产生的总体最优收益小于标准 Stackelberg 博弈模型下的总体最优收益。这是因为当考虑高校和科研机构是具有互惠行为的跟随者时，其不仅关注自身收益，而且关注企业的收益，当高校和科研机构认为企业的行为是友善的时，其会采取积极互惠行为即提高自身的努力程度以回报企业，企业也会提高自身的努力程度以获得更多的收益，高校和科研机构通过降低自身的收益分配比例来回报企业，使得企业获得更高的收益分配比例，虽然高校和科研机构的收益降低，但其效用会因企业收益的提高而增加，当企业的产出贡献度在合理范围之内时，总体收益提高，但是如果企业的产出贡献度过高，就会削弱高校和科研机构在企业合作型原始创新中的相对重要程度，进而导致总体收益的减少。

当高校和科研机构采取消极互惠行为以报复企业时，此时的最优收益分配比例比标准 Stackelberg 博弈模型的低，企业的最优努力程度比标

准 Stackelberg 博弈模型的低，高校和科研机构的最优努力程度比标准 Stackelberg 博弈模型的低，企业的最优收益比标准 Stackelberg 博弈模型的低，高校和科研机构的最优收益比标准 Stackelberg 博弈模型的高，当高校和科研机构对自身收益的关注程度大于 1 且小于等于 2 时，两类原始创新主体合作产生的总体最优收益小于标准 Stackelberg 博弈模型下的总体最优收益。这是因为当高校和科研机构认为企业的行为是不友善的时，其会采取消极互惠行为即降低自身的努力程度以报复企业，企业也会降低自身的努力程度以降低自身的努力成本，高校和科研机构通过为自身争取更高的收益分配比例来报复企业，使得企业的收益分配比例降低，进而导致企业的收益减少，高校和科研机构的效用会因企业收益的降低而增加，当高校和科研机构对自身收益的关注程度在合理范围之内时，总体收益降低。

6.1.5　数值模拟分析

假定企业合作型原始创新的产出系数为 $\theta = 0.5$，企业的努力成本系数为 $c_1 = 0.6$，高校和科研机构的努力成本系数为 $c_2 = 0.4$，高校和科研机构对自身收益的关注程度为 $\varphi = 1.1$，采取积极互惠行为时 $\eta = \eta_1 = 0.2$，采取消极互惠行为时 $\eta = -\eta_2 = -0.6$，由于 M 和 $\frac{1}{2}\gamma b^2$ 对两种模型的比较结果和分析并不会造成影响，假设 M 和 $\frac{1}{2}\gamma b^2$ 均为 0。运用 MATLAB 软件进行数值模拟分析，可以得到两类原始创新主体的最优收益分配比例 λ、最优努力程度 s_1 和 s_2、最优收益 E_1 和 E_2，以及总体最优收益 E 与 α 之间的关系，如图 6.1～图 6.12 所示。

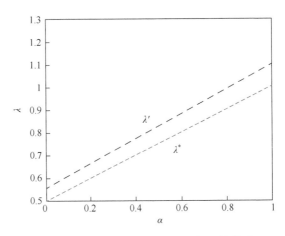

图 6.1　采取积极互惠行为时 λ 与 α 的关系

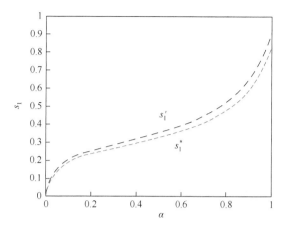

图 6.2　采取积极互惠行为时 s_1 与 α 的关系

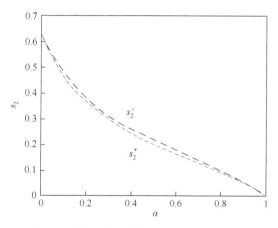

图 6.3　采取积极互惠行为时 s_2 与 α 的关系

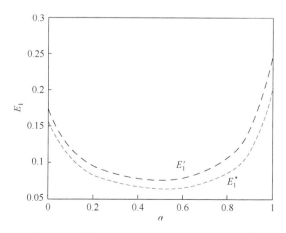

图 6.4　采取积极互惠行为时 E_1 与 α 的关系

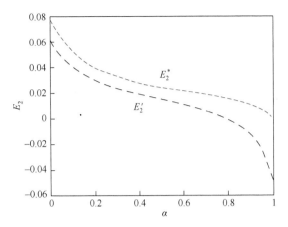

图 6.5　采取积极互惠行为时 E_2 与 α 的关系

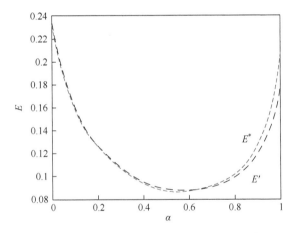

图 6.6　采取积极互惠行为时 E 与 α 的关系

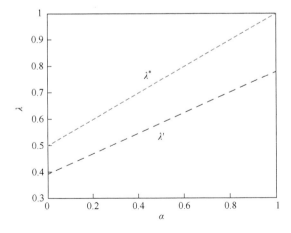

图 6.7　采取消极互惠行为时 λ 与 α 的关系

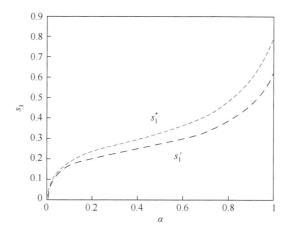

图 6.8　采取消极互惠行为时 s_1 与 α 的关系

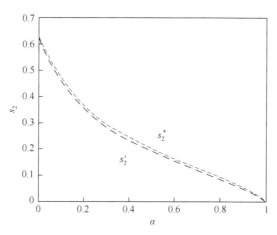

图 6.9　采取消极互惠行为时 s_2 与 α 的关系

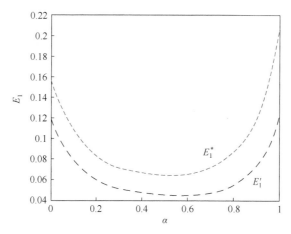

图 6.10　采取消极互惠行为时 E_1 与 α 的关系

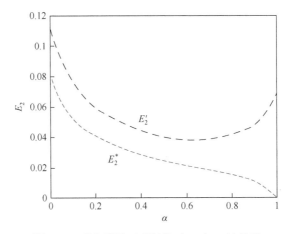

图 6.11　采取消极互惠行为时 E_2 与 α 的关系

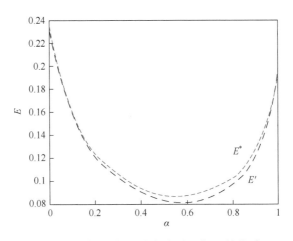

图 6.12　采取消极互惠行为时 E 与 α 的关系

图 6.1～图 6.12 验证了命题 6.4 中两种收益分配博弈模型的均衡结果的比较结果。图 6.1 表明，当高校和科研机构采取积极互惠行为时，无论在哪种收益分配博弈模型中，企业的最优收益分配比例随着其产出贡献度的增加而增大，企业的产出贡献度越大，说明企业在企业合作型原始创新中的相对重要程度越高，理应获得更高的收益分配比例。

图 6.2 和图 6.3 表明，当高校和科研机构采取积极互惠行为时，无论在哪种收益分配博弈模型中，企业的最优努力程度随着其产出贡献度的增加而增大，高校和科研机构的最优努力程度随着企业的产出贡献度的增加而减小。企业的产出贡献度越大，企业付出相同努力时获得的收益越多，这会激励企业提高自身的努力程度，以获得更多的收益；对于高校和科研机构而言，也是如此，即高校和科研机构的最优努力程度随着自身产出贡献

度的增加而增大，因此其会随着企业的产出贡献度的增加而减小。

图 6.4 和图 6.5 表明，当高校和科研机构采取积极互惠行为时，无论在哪种收益分配博弈模型中，企业的最优收益随着其产出贡献度的增加而先减少后增加，高校和科研机构的最优收益随着企业的产出贡献度的增加而减少。

图 6.6 表明，当高校和科研机构采取积极互惠行为时，无论在哪种收益分配博弈模型中，总体最优收益随着企业的产出贡献度的增加而先减少后增加。虽然随着企业的产出贡献度的增加，企业的最优收益分配比例和最优努力程度都在增大，但是企业较高的产出贡献度会削弱高校和科研机构在企业合作型原始创新中的相对重要程度，影响其合作的积极性，高校和科研机构的最优努力程度随着企业的产出贡献度的增加而减小，因此高校和科研机构的最优收益随着企业的产出贡献度的增加而减少。当企业的产出贡献度较小时，企业提高最优努力程度而增加的总产出小于高校和科研机构降低最优努力程度而减少的总产出，因此此时的总产出减少，企业的最优收益随之减少；当企业的产出贡献度逐渐增加时，企业提高最优努力程度而增加的总产出大于高校和科研机构降低最优努力程度而减少的总产出，因此此时的总产出增加，企业的最优收益也逐渐增加，故企业的最优收益、总体最优收益都随着企业的产出贡献度的增加而先减少后增加。

图 6.7 表明，当高校和科研机构采取消极互惠行为时，无论在哪种收益分配博弈模型中，企业的最优收益分配比例随着其产出贡献度的增加而增大，其原因与图 6.1 相同，故不再赘述。

图 6.8 和图 6.9 表明，当高校和科研机构采取消极互惠行为时，无论在哪种收益分配博弈模型中，企业的最优努力程度随着其产出贡献度的增加而增大，高校和科研机构的最优努力程度随着企业的产出贡献度的增加而减小，其原因与图 6.2 和图 6.3 相同，故不再赘述。

图 6.10 和图 6.11 表明，当高校和科研机构采取消极互惠行为时，无论在哪种收益分配博弈模型中，企业的最优收益随着其产出贡献度的增加而先减少后增加；对于高校和科研机构，在标准 Stackelberg 博弈模型中，其最优收益随着企业的产出贡献度的增加而减少，在基于其互惠行为的Stackelberg 博弈模型中，其最优收益随着企业的产出贡献度的增加而先减少后增加。

图 6.12 表明，当高校和科研机构采取消极互惠行为时，无论在哪种收益分配博弈模型中，总体最优收益随着企业的产出贡献度的增加而先减少后增加。在标准 Stackelberg 博弈模型中，其原因与图 6.4～图 6.6 相同，故

不再赘述。在基于高校和科研机构互惠行为的 Stackelberg 博弈模型中，当企业的产出贡献度较小时，企业提高最优努力程度而增加的总产出小于高校和科研机构降低最优努力程度而减少的总产出，因此此时的总产出减少，导致企业与高校和科研机构的最优收益都随之减少；当企业的产出贡献度逐渐增加时，企业提高最优努力程度而增加的总产出大于高校和科研机构降低最优努力程度而减少的总产出，因此此时的总产出增加，但由于高校和科研机构采取消极互惠行为，即通过为自身争取更高的收益分配比例来报复企业，自身的最优收益逐渐增加，此时虽然企业的最优收益逐渐增加，但增幅比高校和科研机构采取积极互惠行为时的要小，故企业与高校和科研机构的最优收益、总体最优收益都随着企业的产出贡献度的增加而先减少后增加。

6.2　基于互惠理论的企业合作型原始创新知识产权风险的研究

6.2.1　企业合作型原始创新的知识产权风险

企业合作型原始创新实质上是两类原始创新主体通过彼此间的知识共享，实现企业与高校和科研机构之间知识资源的互补，并通过对互补性资源的整合，以创造出新的知识资产。企业与高校和科研机构的知识共享的本意是能够使互补的知识资源得到有效配置，但在实际的企业合作型原始创新开展过程中，主体间的知识共享在带来新知识的同时，也面临着很高的知识产权风险。

企业合作型原始创新知识产权风险主要如下：①知识共享是企业合作型原始创新的关键阶段，原始创新主体所共享的知识大多是关键核心知识，知识的强溢出性特征及重复使用性特征使得关键知识被其他原始创新主体获取或被原始创新主体用于开展其他原始创新活动，就会产生知识产权被挪用等问题；②原始创新的成果具有不确定性，很难对其未来应用前景的价值进行评估，所以存在知识产权价值评估风险；③原始创新主体在进行知识共享时，很容易将非必要知识进行共享，且无法提前在契约中进行规定，这就可能造成知识侵权风险；④原始创新产生的成果很难根据原始创新主体投入的价值进行分配，很容易在所有权的划分上存在风险[478]。

造成企业合作型原始创新知识产权风险的原因主要有道德风险、逆向选择风险、知识外溢风险及契约不完备风险。道德风险是指合作双方出于主观或客观原因，在开展合作型原始创新时可能存在搭便车行为，甚至是以知识共享为由，恶意窃取、盗用对方的知识产权等严重背德行为。逆向选择风险是指虽然企业与高校和科研机构在开展企业合作型原始创新之前会对备选伙伴进行评估并选择，但由于评估的时间成本、经济成本或其他主观因素（如双方之间缺乏沟通与信任基础），难以真正共享自身的核心知识，双方存在不对称的信息流，会使评估结果产生偏差，使双方在未来的市场竞争中缺乏核心竞争力。知识外溢风险是指在开展企业合作型原始创新的过程中，双方共享的必要知识可能存在溢出到第三方的风险，或存在非必要知识溢出到对方或第三方的风险。知识外溢风险虽然短期内不会给企业带来直接影响，但会造成自身知识价值的贬值，加速竞争对手的模仿或给竞争对手带来优势，长期而言会给企业带来严重影响。契约不完备风险是指原始创新主体在开展合作型原始创新之前都会就双方的职责与权利通过契约进行规定，但是契约无法准确评估未来可能遇见的所有情况，不完备的契约会带来知识产权使用或知识产权分配纠纷，从而给企业带来风险。

6.2.2　知识产权风险在企业合作型原始创新各阶段的表现

1. 企业合作型原始创新的合作形成阶段

在企业合作型原始创新的合作形成阶段，高校和科研机构合作伙伴的选择不仅是企业合作型原始创新的开端，而且是企业获取外部资源的有效途径，企业能否选择恰当的互惠共生伙伴决定着企业合作型原始创新的成败。但是，在合作伙伴选择的过程中，双方的知识资源势必会被显露，一旦关键核心知识或技术被组织以外的主体识别，就容易产生道德风险、逆向选择风险。

在伙伴选择过程中容易发生背德行为。原始创新主体为开展合作型原始创新，在选择合作伙伴时会充分评估互相展露的知识禀赋，但很有可能存在某些合作伙伴借此机会恶意窃取对方的关键知识资源，而不是真正想与其合作开展企业合作型原始创新。例如，通过向对方提供自身所拥有的虚假知识资源信息、吹嘘夸大自有知识资源的价值、掩盖自身存在的某些缺陷等，从而换取对方的知识资源。一旦这种行为没有被准确识别出来，势必会在后续合作中产生知识产权风险，不仅企业合作型原始创新无法顺利开展，而且会给企业带来严重危害。另外，即使伙伴双方都基于真诚合作且以顺利开展合作型原始创新为目的，也可能存在道德风险。当双方在了解伙伴拥有的知识资源之后，基于双方的技术匹配性、文化兼容性、优势互补性等方面的评估，发现双方评估结果无法达到预期效果，或者其他方面因素使得双方的契约关系难以建立。此时双方已经对对方的资源有了深入的了解，却又难以建立合作关系，合作联盟无法形成，没有共同利益作为纽带，若对方故意利用或借鉴备选伙伴的知识资源，就会产生背德行为，使得双方在评估过程中所共享的知识存在道德风险。

此外，在伙伴选择过程中还存在着逆向选择风险。在选择合作伙伴时，原始创新主体需要对伙伴所提供知识资源的价值进行评估，根据知识资源能带来的经济收入或市场前景评估其提供知识的价值并确定合作的投入情况及成果分配[479]。但在具体实施评估的过程中，基于知识资源的无形性和原始创新成果的收入及市场的不确定性，对价值的评估具有很大的难度。在评估知识资源的价值时，无论是基于经济收入还是基于市场前景都要考虑多种因素，各种因素难以量化，使得评估结果难以真实有效。同时，评估方法的选择也会对评估结果产生影响[480]。因此，在对合作伙伴进行评估时，很容易对自身和对方的知识产权的估计产生偏差，从而在未来取得的合作型原始创新成果分配中有失公允，造成逆向选择风险。

2. 企业合作型原始创新的知识交互阶段

企业合作型原始创新知识交互阶段主要是两类原始创新主体之间进行知识共享，并将共享的异质性知识资源与自身资源进行整合，从而进行新知识的创造。在这一过程中，主体间必须进行的知识共享使知识外溢风险加大。同时，在与其他原始创新主体进行知识交互时，还可能涉及合作伙伴与第三方联盟间的知识产权纠纷，并使自身陷入知识产权纠纷，从而带来知识产权风险。

虽然鼓励原始创新主体间能够积极地进行知识共享，但是这种知识共享的范围是有边界的，为了降低原始创新主体知识外溢风险，势必要对合作过程中共享的知识资源按照价值等级或保密等级进行保护[481]，并根据原始创新需要确定知识共享范围。具体而言，双方可以根据要开展的原始创新内容和目标将项目分解，在确定的参与者之间共享分解后项目需要的知识资源。因此，知识共享的范围既规定了知识资源的使用范围，又确定了共享知识资源的数量。原始创新应该根据预估目标确定合理的知识共享边界，既要避免共享范围过小而无法顺利开展企业合作型原始创新，也不能共享范围过大造成完全可避免的知识外溢风险。

知识外溢风险可以发生在知识共享边界以内的知识资源。虽然原始创新主体基于契约关系规定了原始创新知识共享的范围，但是在实际合作过程中，可能存在合作伙伴中途退出的情况。由于知识资源具有隐秘性与易复制性，即使退出的合作伙伴不会发生背德行为，已经获得的智力资源也很容易导致原始创新主体的知识资产发生扩散，造成知识外溢风险。假设双方顺利完成了企业合作型原始创新，当参与知识共享的高级管理人员或技术骨干人员离开原合作伙伴的组织后，这些存在于员工头脑中隐性的知识资源很容易发生流失，造成知识外溢风险。此外，在双方进行知识交互的过程中，原始创新主体可能出于降低知识外溢风险的考虑，会存在共享显性知识而保留隐性知识，或共享非核心知识而保留核心知识的行为，使得主体间的知识转移存在非对称性。尤其是当共享的知识存在很高的吸收门槛或隐性程度较高时，知识转移过程的黏滞性会加剧[482]，若叠加原始创新主体对知识转移的激励性或吸收力不足，则会使知识转移过程更加困难，导致知识资源的单方面流动，从而加剧知识外溢风险，最终造成知识资产的严重贬值而给企业带来无法预估的损失。

知识外溢风险还可以发生在知识共享边界以外的知识资源。原始创新主体间会基于合作建立契约关系，通过契约约定原始创新主体知识共享的范围，包括知识共享的内容边界和使用边界，知识共享的内容边界是在契约规定范围内共享的知识，知识共享的使用边界约定了共享知识的使用范围。在原始创新主体知识共享的过程中，若参与人员的保密意识不强，或基于隐性知识转移的潜在性，即使原始创新主体不存在主观窃取的故意，也容易获得应该共享知识内容范围以外的知识，造成知识产权泄露。知识产权泄露风险还发生在知识共享使用边界以外，将仅限用于特定项目的共享知识用于其他项目的情况，若原始创新主体同时与其他原始创新主体共同开展了多个原始创新项目，或与其他合作伙伴交流的过程中将共享知识泄露到第三方，则会造成知识产权泄露。此外，原始创新主体间开展合作型原始创新可能需要跨区域进行知识共享，通过互联网渠道进行知识流动能够提高知识共享的效率与速度，但是经由网络第三方平台开展的知识交流容易造成信息的丢失与泄露[478]。

除上述两种知识外溢风险外，若合作伙伴提供的知识具有产权纠纷，则会给企业带来知识产权风险。当合作伙伴在知识共享时提供的知识本就存在侵权行为、提供的专利已经被法院或相关机构认定无效、正处于与第三方的纠纷中时，这些纠纷将会使得企业被动陷入侵犯他人知识产权的风险中，既有损自身的名誉，又会使企业合作型原始创新无法继续开展，给企业带来巨大伤害。

3. 企业合作型原始创新的成果分配阶段

企业合作型原始创新在合作形成阶段与知识交互阶段的道德风险、逆向选择风险、知识外溢风险及契约不完备风险造成的知识产权风险主要是基于双方已有知识禀赋的背景性知识产权所面临的风险。成果分配阶段的知识产权风险则是双方积极开展合作型原始创新后产生新知识的前景知识产权所面临的风险，这种风险主要是由对合作型原始创新成果的保护方式和所有权归属产生的。

在对合作型原始创新成果的保护方式方面，成功的企业合作型原始创新势必会产生原始创新成果，该成果可能是一种新的发明专利、突破性的新产品、新工艺等，可以采取法律机制或商业秘密的形式进行保护。当采取法律机制的形式进行保护时，虽然会使原始创新成果受到法律的严格保护，且在一定时期内具有垄断权，但法律机制要求该创新成果必须公开，这就会带来新知识的溢出，从而被其他主体所模仿。当采取商业秘密的形式进行保护时，虽然能够较为长期地降低被其他主体模仿的概率，但是缺乏法律的保护，一旦由某些因素造成新知识的泄露就会使新知识迅速贬值，为企业带来巨大伤害。此外，对于缺乏法律保护的商业秘密，一旦其他原始创新主体开展了相同的原始创新并取得了该领域的原始创新成果，就会被抢先注册专利，从而给企业带来知识产权风险。因此，原始创新主体要严格考量该原始创新成果的特性、市场及法律环境，权衡利弊做出合适的选择，避免对原始创新主体长期收益的损害[478]。

在对合作型原始创新成果的所有权归属方面，合作型原始创新产生的原始创新成果是基于原始创新主体各自的资源优势而开展的，因此原始创新成果的归属权是双方共有的，双方需要对归属权进行合理分配。由于原始创新主体的资源投入不仅包括可测量的有形资产，而且包括双方无形资产，而无形资产对原始创新成果的贡献难以衡量。此外，原始创新的过程具有动态性，即使预先的契约充分考虑了可能出现的情况，但外部环境和企业内部环境的变化会对契约内容的合理性与科学性产生重要影响。最终合作型原始创新的成果分配若不公平，势必会造成某一方知识产权所有权丧失的风险，所以要合理分配合作型原始创新成果。

常用的创新成果所有权的分配方式主要有按照使用区域划分、按照使用领域划分、按照权利划分及所有权转让[483]，这些方式适合原始创新主体在不同情况下的所有权分配，但也存在一定的问题。当按照使用区域和使用领域划分时，必须要对原始创新成果在不同使用区域或使用领域的市场前景作出正确的预测，而问题就在于原始创新成果在不同的使用区域或使用领域的获利能力并不相同，尤其是对于跨国界的合作型原始创新，不同国家的文化、市场等差异会使得合作方在以后的市场运用中基于此项原始创新成果的收益大为不同。当按照权利划分时，企业与高校和科研机构的性质具有很大差异，很难评估某些权利（如应用权和开发权）所能够带给他们各自的收益。当原始创新主体对原始创新成果的所有权转让时，需要对原始创新成果的价值进行科学合理的评价，这具有很大的难度[478]。因此，无论采取何种所有权分配方式，都存在着对原始创新成果价值评估的难题，这是原始创新主体在对原始创新成果所有权分配时必须要解决的问题。

此外，在所有权归属问题上，当原始创新主体开展跨国界的合作型原始创新时，还容易发生知识产权纠纷。一方面，原始创新主体双方所在国家或地区对知识产权的保护规则不同，容易使原始创新主体在所有权归属上丧失在该国家或地区应有的知识产权[478]。另一方面，在原始创新主体内部，不同国家或地区对职务发明与非职务发明的界限不清晰，容易造成职工与组织的纠纷，且法律法规的差异性造成判决结果的不同，导致合作方参与原始创新的员工以个人的名义申请专利或秘密转让，从而给其他原始创新主体造成损失。

6.3　本 章 小 结

本章首先构建了企业主导的标准 Stackelberg 博弈模型；然后考虑高校和科研机构是具有互惠行为的跟随者，提出了基于互惠行为的 Stackelberg 博弈模型；最后比较分析了在不同收益分配博弈模型中，企业与高校和科研机构的最优收益分配比例、最优努力程度、最优收益及总体最优收益，并进行了数值模拟分析。此外，本章还分析了企业合作型原始创新知识产权风险的主要内容及诱发原因，阐述了知识产权风险在企业合作型原始创新各阶段的表现。

第7章 基于互惠理论的企业合作型原始创新的绩效评价研究

本章在基于互惠理论的企业合作型原始创新过程分析的基础上进行绩效评价研究，建立企业合作型原始创新绩效评价指标体系及评价模型。

7.1 企业合作型原始创新绩效评价指标体系构建

7.1.1 企业合作型原始创新绩效评价指标体系研究概述

企业与高校和科研机构等原始创新主体间基于各自的资源优势开展合作型原始创新。因此，当针对企业合作型原始创新绩效评价的相关研究较为匮乏时，可以通过回顾学者对企业创新绩效及产学研合作创新绩效评价指标体系的相关研究为本章研究企业合作型原始创新绩效评价指标体系提供有益借鉴。

企业创新绩效评价指标体系的研究较早地从创新产出及其影响方面理解企业创新绩效[484]，学者进一步探讨了网络环境下企业的创新产出及其绩效评价问题[485-487]，并从多个维度建立了网络环境下的企业创新绩效评价指标体系[488]。随着研究的逐步深入，学者对企业创新绩效的评价不仅仅局限于对创新产出的绩效评价，而是将创新过程绩效纳入评价指标体系[489]，建立了综合性的企业创新绩效评价指标体系[490]。与此同时，随着企业管理研究的不断深入，吴际等还依据创新特征与研发员工绩效的特点，将企业内部研发员工的努力程度纳入指标体系[491]。

产学研合作创新绩效评价指标体系则从合作角度进行研究，不仅包括创新产出的客观数据[492]，而且强调通过评估合作双方对最终的合作结果的满意度等主观性指标评价合作创新绩效[493]，以及从产学研合作创新绩效的影响因素入手构建评价指标体系[494]。Philbin 通过对隐性的知识共享和合作附加值的评估，建立了二维三层的产学研合作创新绩效评价模型[495]。此外，学者还从投入-产出[496]、自上而下与自下而上相结合[497]视角分别构建了产学研合作创新绩效评价指标体系，并分别设计出企业与高校和科研机构的绩效测量量表[498]。

通过对企业创新绩效评价指标体系及产学研合作创新绩效评价指标体系相关研究的回顾可以发现,学者在构建评价指标体系时,强调定性与定量相结合、主观与客观相结合,为本章构建企业合作型原始创新绩效评价指标体系奠定了基础。但是现有文献针对企业合作型原始创新绩效评价指标体系的研究较为匮乏,没有针对企业合作型原始创新绩效的特点构建具有针对性的评价指标体系。因此,本章在遵循评价指标体系设计原则的基础上,通过分析企业合作型原始创新绩效的特点,构建多维的企业合作型原始创新绩效评价指标体系。

7.1.2　企业合作型原始创新绩效评价指标的设计原则及方法选择

1. 评价指标设计原则

构建科学合理的评价指标体系,可对企业与高校和科研机构所开展的合作型原始创新行为产生的效果进行科学、客观、准确的评判[499],评价其是否达到预期目标,或者在多大程度上达到了预期目标,若未达到预期目标,则产生偏差的原因有哪些,为后续行为作出有价值的指导。为更准确合理地对企业合作型原始创新绩效进行科学评价,首先要分析其特点及指标设计的原则,然后构建出科学的评价指标体系。

企业合作型原始创新具有长期性、探索性和连续性,导致企业合作型原始创新绩效及其评价具有长期性、动态性和模糊性。具体而言,企业合作型原始创新的长期性表现为从原始性的基础研究到商业化的周期较长[500],虽然企业自身具有较强的应用性原始创新知识作为基础,但是原始创新实现的是从无到有的商业化过程,其周期往往要比一般意义的创新周期更长,这就使得企业合作型原始创新绩效评价要兼顾其长期性特征。企业合作型原始创新的探索性源于原始创新是探索性研究,虽然企业与高校和科研机构在开展合作型原始创新时会制定明确的战略目标,但实际产生的科研成果很难与原目标完全一致,在调整战略目标的过程中,企业合作型原始创新绩效的评价也应该进行调整,从而表现出动态性。企业合作型原始创新的连续性是指创新成果的产生是由多项基础性研究共同支撑的[501],是显性知识与隐性知识共同作用的结果,难以将投入与产出完全一一对应,具有间接性或系统性的成果转移途径导致阶段性的产出也是阶段性的投入[502, 503],因此企业合作型原始创新具有连续性,这就导致对企业合作型原始创新绩效进行评价时具有模糊性。此外,原始创新知识溢出效应产生的效益难以区分和测度[504],这加剧了企业合作型原始创新绩效评价的模糊程度。

企业合作型原始创新绩效评价指标设计的原则如下。

（1）具体性和导向性。衡量企业合作型原始创新绩效的评价指标要通过明确的语言或数据降低企业合作型原始创新绩效的模糊性，赋予企业合作型原始创新的绩效以具体性和导向性。

（2）计量性。衡量企业合作型原始创新绩效的评价指标要具有计量性，尤其是对于定性指标，要能够将难以测量的创新绩效通过合适的方法进行量化。

（3）系统性和典型性。企业合作型原始创新产生的绩效不单单是经济绩效，还会产生更多的隐性绩效，因此评价指标要具有系统性。在保证系统性的同时又无法穷尽所有，因此评价指标要具有典型性。

（4）可操作性。构建企业合作型原始创新绩效评价指标体系的最终目的是对企业合作型原始创新进行科学的评价，因此在确定评价指标时要保证能够获取衡量该评价指标的信息、数据等关键资源。

（5）可比性。对企业合作型原始创新绩效进行评价的目的在于指导企业与高校和科研机构的行为，因此评价指标要具有可比性，有利于企业的纵向及横向比较，充分发挥指标体系在实施过程中的引导和导向作用。

2. 评价指标方法选择

通过以上分析可以发现，构建指标体系既要有检验作用，又要有指导作用，既要包括有形的财务指标，又要包括无形的非财务指标，保证系统性，兼顾典型性。因此，我们需要采用合适的方法对评价指标进行选择。

在学者常用的选择评价指标的方法中，杜邦财务分析法、投入-产出法、经济增加值（economic value added，EVA）指标等方法多用于反映财务指标，难以建立除财务指标外的其他评价指标体系，不符合本章评价指标选择的要求；基于活动的分类（activity based classification，ABC）法侧重过程评价，而非绩效评价[505]。相比之下，平衡计分卡法的基本思想如下：首先将企业内部不同部门的具体或抽象、有关或无关的任务和决策转化为密切相关且具体的目标，然后将具体的目标进行分解并形成系统的多元绩效评价系统，该系统基于多部门目标的分解，能够贯穿企业生产经营的各个方面[499]。因此，平衡计分卡法的指标内容既包含财务指标又包含非财务指标，且能够统筹短期与长期绩效评价，符合企业合作型原始创新绩效评价的系统性需求。同时，平衡计分卡法基于目标转化为指标思想，能够在不同阶段针对企业目标进行过程性考核，符合企业合作型原始创新绩效及其评价的长期性、动态性、模糊性特征。因此，本章采用平衡计分卡法构建企业合作型原始创新绩效评价指标体系。

7.1.3　企业合作型原始创新绩效评价指标体系构建

1. 基于平衡计分卡法的绩效评价指标

企业与高校和科研机构顺利开展合作型原始创新，不仅会对企业在科研成果、经济、管理等方面带来显性或隐性绩效，而且会为企业未来发展提供知识积累。原始创新效果是在客户导向下带来的显性绩效，原始创新效益则通过财务价值进行反映，原始创新管理是基于内部流程得到的隐性绩效，原始创新投入则是与企业学习、成长及企业未来发展相关的隐性绩效[490]。因此，本章主要从原始创新效果、原始创新效益、原始创新管理、原始创新投入四个角度建立企业合作型原始创新绩效评价指标体系，评价指标的选择一方面参考已有的文献，另一方面结合企业合作型原始创新特征及我国实际情况。企业合作型原始创新绩效初始评价指标体系如表 7.1 所示。

表 7.1　企业合作型原始创新绩效初始评价指标体系

维度	序号	指标	主要参考文献
原始创新效果	1 和 2	原创产品数量/水平	陈雅兰等[429]；董媛媛等[506]；宋志红等[507]
	3 和 4	新标准数量/水平	
	5 和 6	发明专利数量/水平	
	7	国家级奖励数量（国家技术发明奖、国家科学技术进步奖等）	
	8 和 9	技术秘密数量/水平	
	10	SCI 收录的论文数量	
原始创新效益	11	原创产品利润率	刘运国和陈国菲[508]；尹建海和杨建华[490]；王铁男等[499]
	12	原创产品市场占有率	
	13	投资回报率	
	14	投资回报周期	
	15	销售收入增长率	
	16	净利润增长率	
	17	EVA	
	18	由合作而提高的利润率	
	19	由合作而节约的成本率	
	20	由合作而提高的成功率	
原始创新管理	21	与高校和科研机构合作关系的满意度	王铁男等[499]；邓颖翔和朱桂龙[498]
	22	高校和科研机构成果满意度	
	23	高校和科研机构成果转让前修改次数	

续表

维度	序号	指标	主要参考文献
原始创新管理	24	技术带头人与技术人员比例	王铁男等[499];邓颖翔和朱桂龙[498]
	25	学术带头人与技术人员比例	
	26	技术人员参与国内外会议次数	
	27	完善、有效的激励机制	
	28	完善的售后服务	
	29	管理人员工资占总工资的比例	
原始创新投入	30	高校和科研机构科研经费中来自企业的比例	范德成和唐小旭[496];尹建海和杨建华[490];王铁男等[499];王秀丽和王利剑[509]
	31	企业技术人员中来自高校和科研机构的比例	
	32	企业研发投入占销售收入的比例	
	33	研发阶段投入与试制生产阶段投入比例	
	34	技术人员开发与培训费用	
	35	技术人员稳定性	
	36	设备在同行业中的水平	
	37	信息系统投入与研发费用比例	
	38	技术市场成交额	

说明：以上评价指标均以企业为对象

2. 关键绩效评价指标的筛选

1）指标间相关性分析

评价指标体系的构建要遵循系统性与典型性相统一的原则，在参考以往学者的研究及对我国企业现状分析基础上得到初始评价指标体系后，可以通过指标间的相关性进行调整与剔除。

通过对原始创新效果指标进行相关性分析，发现十个指标间均不存在相关关系，不需要剔除指标。原始创新效益指标的原创产品利润率、销售收入增长率、净利润增长率三个指标与投资回报率具有相关性，因此剔除原创产品利润率、销售收入增长率、净利润增长率三个指标。原始创新管理指标的高校和科研机构成果满意度、高校和科研机构成果转让前修改次数两个指标均和与高校和科研机构合作关系的满意度相关，因此，剔除高校和科研机构成果满意度、高校和科研机构成果转让前修改次数两个指标。原始创新投入指标的技术人员开发与培训费用和技术人员稳定性相关，因此，剔除技术人员开发与培训费用这个指标。

2）单个指标的探索性因子分析

在对构建的评价指标体系进行修改后，进一步通过单个指标的探索性因子分析指标的合理性。本章参考科学技术部网站（http://www.most.gov.cn），以企业与高校和科研机构通过合作形式获得国家技术发明奖、国家科学技术进步奖的企业名单及拥有发明专利和技术秘密的企业为对象，要求企业参与合作型原始创新项目的人员对各项内容的重视程度进行打分，0 为没有该项内容，1～5 依次表示"根本不重要"到"非常重要"。将打分结果运用 SPSS 软件进行探索性因子分析，结果如表 7.2 所示。

表 7.2　企业合作型原始创新绩效评价指标体系

维度	序号	指标	因子载荷	变量解释方差/%	α 系数
原始创新效果	1 和 2	原创产品数量/水平	0.821	73.5	0.820
	3 和 4	新标准数量/水平	0.801		
	5 和 6	发明专利数量/水平	0.887		
	7	国家级奖励数量（国家技术发明奖、国家科学技术进步奖等）	0.831		
	8 和 9	技术秘密数量/水平	0.854		
	10	SCI 收录的论文数量	0.779		
原始创新效益	11	原创产品市场占有率	0.773	75.5	0.892
	12	投资回报率	0.815		
	13	投资回报周期	0.768		
	14	EVA	0.802		
	15	由合作而提高的利润率	0.756		
	16	由合作而节约的成本率	0.778		
	17	由合作而提高的成功率	0.791		
原始创新管理	18	与高校和科研机构合作关系的满意度	0.869	72.1	0.756
	19	技术带头人与技术人员比例	0.822		
	20	学术带头人与技术人员比例	0.804		
	21	技术人员参与国内外会议次数	0.835		
	22	完善、有效的激励机制	0.791		
	23	完善的售后服务	0.770		
	24	管理人员工资占总工资的比例	0.877		
原始创新投入	25	高校和科研机构科研经费中来自企业的比例	0.801	78.5	0.881
	26	企业技术人员中来自高校和科研机构的比例	0.895		
	27	企业研发投入占销售收入的比例	0.882		
	28	研发阶段投入与试制生产阶段投入比例	0.862		
	29	技术人员稳定性	0.763		
	30	设备在同行业中的水平	0.796		
	31	信息系统投入与研发费用比例	0.837		
	32	技术市场成交额	0.839		

结果表明，原始创新效果、原始创新效益、原始创新管理、原始创新投入的 α 系数均大于 0.75，且各项因子载荷均大于 0.7，变量解释方差均在 70%以上，说明修改后的企业合作型原始创新绩效评价指标体系是合理的。

3. 企业合作型原始创新绩效评价指标体系

由表 7.2 最终确定的企业合作型原始创新绩效评价指标体系可以发现，该评价指标均符合定性与定量相结合的原则。此外，基于平衡计分卡法建立的评价指标体系实现了短期目标与长期目标相结合、财务指标与非财务指标相结合、滞后性指标与领先性指标相结合、内部绩效与外部绩效相结合的目标，能够更准确、更科学地反映企业合作型原始创新的绩效情况。

7.2　企业合作型原始创新绩效评价模型

7.2.1　评价方法的选择

由于顺利开展并取得一定研究成果的企业合作型原始创新难度较大，所以获取企业合作型原始创新绩效的数据较为困难，在评价方法的选择方面需要兼顾样本量的要求。相比于其他评价方法[510]，AHP 适用于样本数量少的评价[511]，可以确定企业合作型原始创新绩效评价指标的权重。

7.2.2　基于 AHP 的企业合作型原始创新绩效评价模型构建

1. 评价思路

基于 AHP 的企业合作型原始创新绩效评价的基本思路如下[511]。

（1）将系统包含的各因素按照其隶属关系排列成若干层次，并建立不同层次的元素间的相互关系。

（2）请专家基于对客观事实的判断，对每个层次各元素的相对重要性进行打分。

（3）运用数学方法，确定每个层次全部元素的相对重要性次序的权重，并依据排序结果对问题进行分析和决策。

2. 评价步骤

AHP 的评价步骤如图 7.1 所示。

（1）建立递阶层次结构模型。建立递阶层次结构模型的思想是将决策分解为目标层、分目标层（准则层）和指标层（方案层）。

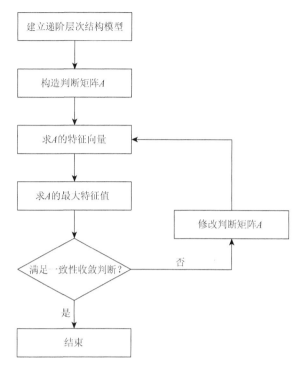

图 7.1　AHP 的评价步骤

（2）构造判断矩阵。设 W_i 表示反映第 i 个指标（方案）对某个最低层目标的优越性或某层的第 i 个目标对上一层某个目标的重要性权重。判断矩阵为以每两个指标（或子目标）的相对重要性为元素的矩阵。AHP 采取两两比较方法，主要通过专家咨询获得各指标两两之间的相对重要性赋值，为了对重要性判断定量化，一般采用 1～9 级分制进行比较，如表 7.3 所示。

表 7.3　1～9 级分制

标度	定义（比较因子 i 与 j）
1	因子 i 与 j 同等重要
3	因子 i 与 j 稍微重要
5	因子 i 与 j 较强重要
7	因子 i 与 j 强烈重要
9	因子 i 与 j 绝对重要
2, 4, 6, 8	两相邻判断的绝对值
倒数	当比较因子 i 与 j 时，得到判断值 $C_{ij}=1/C_{ji}$，且 $C_{ii}=1$

（3）求解特征向量及最大特征值。采用和积法求解特征向量。

①将判断矩阵 A 每一列归一化：

$$\overline{a}_{ij} = \frac{a_{ij}}{\sum\limits_{i=1}^{n} a_{ij}} \quad i, j = 1, 2, \cdots, n \tag{7-1}$$

②将每一列经归一化后的矩阵按行相加：

$$M_i = \sum\limits_{j=1}^{n} \overline{a}_{ij} \quad i = 1, 2, \cdots, n \tag{7-2}$$

③将向量 $M = (M_1, M_2, \cdots, M_n)^{\mathrm{T}}$ 归一化：

$$W_i = \frac{M_i}{\sum\limits_{j=1}^{n} M_j} \quad i = 1, 2, \cdots, n \tag{7-3}$$

$W_i = (W_1, W_2, \cdots, W_n)^{\mathrm{T}}$ 即所求解的特征向量。

④计算判断矩阵最大特征值：

$$\lambda_{\max} = \sum\limits_{i=1}^{n} \frac{(\mathrm{AW})_i}{nW_i} \tag{7-4}$$

其中，$(\mathrm{AW})_i$ 为向量 AW 的第 i 个元素。

（4）一致性收敛判断。依据判断矩阵分别计算各准则层相对应各元素的相对权重，并检验其一致性，通过一致性指标（consistency indicator，CI）和检验系数（consistency ratio，CR）进行检验。

$$CI = \frac{\lambda_{\max} - n}{n - 1} \tag{7-5}$$

CI 越大，判断矩阵的一致性越差，CI = 0 表示判断矩阵具有完全一致性。

$$CR = \frac{CI}{RI} \tag{7-6}$$

其中，RI（random index）为平均随机一致性指标，是足够多个由随机发生的判断矩阵计算的一致性指标的均值。3～9 阶矩阵的 RI 值如表 7.4 所示。

表 7.4　3～9 阶矩阵的 RI 值

阶数	RI	阶数	RI
3	0.58	7	1.32
4	0.90	8	1.41
5	1.12	9	1.45
6	1.24		

　　CR 越小，判断矩阵的一致性越好。一般地，当 CR ≤ 0.1 时，判断矩阵具有满意的一致性，否则，需要调整判断矩阵，直至达到满意的一致性。

3. 评价模型

1）建立递阶层次结构模型

根据基于 AHP 构建评价指标体系的层次结构要求，确定以企业合作型原始创新绩效（A）为总目标，原始创新效果（B_1）、原始创新效益（B_2）、原始创新管理（B_3）、原始创新投入（B_4）为准则层，建立递阶层次结构模型，如图 7.2 所示。心理学认为，在对某些因子进行相对比较分析时所选择的因子不宜多于 9，因此在 B_1、B_2、B_3 及 B_4 准则层的评价指标中将 B_1、B_3 及 B_4 进一步细分为定性与定量指标，并与专家讨论后确定权重，如表 7.5 所示。

表 7.5　定量指标与定性指标权重

指标类型	原始创新效果	原始创新管理	原始创新投入
定量指标	0.5	0.5	0.7
定性指标	0.5	0.5	0.3

2）构造判断矩阵

请研究团队所在学校的两位专家及 MBA 班的八位企业高层管理人员对指标进行逐对比较，按照规定的标度方法定量化，写出数值判断矩阵。将问卷调查获得的 10 个矩阵取均值，以减小误差，通过一致性检验不断进行调整。最终获得 A、B_1（定量）、B_1（定性）、B_2、B_3（定量）、B_3（定性）、B_4（定量）、B_4（定性）的判断矩阵，分别如表 7.6～表 7.13 所示。

表 7.6　A 的判断矩阵

准则层	B_1	B_2	B_3	B_4
B_1	1	1/2	2	2
B_2	2	1	4	5
B_3	1/2	1/4	1	2
B_4	1/2	1/5	1/2	1

表 7.7　B_1（定量）的判断矩阵

方案层	C_{11}	C_{12}	C_{13}	C_{14}	C_{15}	C_{16}
C_{11}	1	1/2	2	1/2	2	3
C_{12}	2	1	4	1	4	7
C_{13}	1/2	1/4	1	1/4	2	3
C_{14}	2	1	4	1	5	6
C_{15}	1/2	1/4	1/2	1/5	1	2
C_{16}	1/3	1/7	1/3	1/6	1/2	1

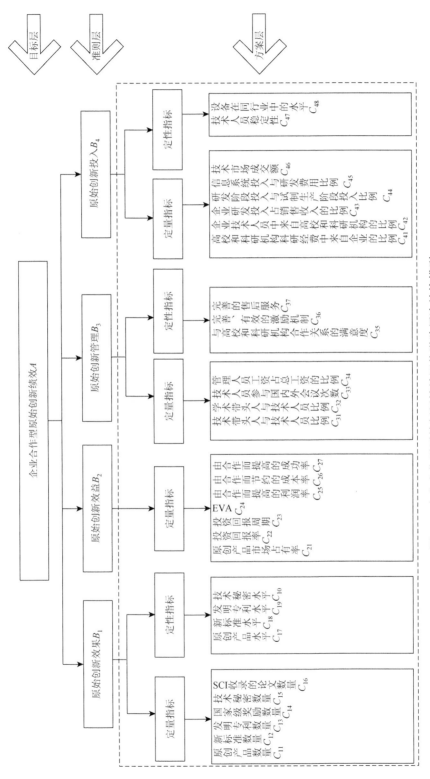

图 7.2　企业合作型原始创新绩效评价递阶层次结构模型

表 7.8　B_1（定性）的判断矩阵

方案层	C_{17}	C_{18}	C_{19}	C_{10}
C_{17}	1	1/2	2	2
C_{18}	2	1	4	4
C_{19}	1/2	1/4	1	2
C_{10}	1/2	1/4	1/2	1

表 7.9　B_2 的判断矩阵

方案层	C_{21}	C_{22}	C_{23}	C_{24}	C_{25}	C_{26}	C_{27}
C_{21}	1	4	4	2	6	6	5
C_{22}	1/4	1	2	1/2	4	4	3
C_{23}	1/4	1/2	1	1/2	4	4	3
C_{24}	1/2	2	2	1	5	5	4
C_{25}	1/6	1/4	1/4	1/5	1	1	1/2
C_{26}	1/6	1/4	1/4	1/5	1	1	1/2
C_{27}	1/5	1/3	1/3	1/4	2	2	1

表 7.10　B_3（定量）的判断矩阵

方案层	C_{31}	C_{32}	C_{33}	C_{34}
C_{31}	1	2	3	4
C_{32}	1/2	1	2	3
C_{33}	1/3	1/2	1	2
C_{34}	1/4	1/3	1/2	1

表 7.11　B_3（定性）的判断矩阵

方案层	C_{35}	C_{36}	C_{37}
C_{35}	1	2	4
C_{36}	1/2	1	3
C_{37}	1/4	1/3	1

表 7.12　B_4（定量）的判断矩阵

方案层	C_{41}	C_{42}	C_{43}	C_{44}	C_{45}	C_{46}
C_{41}	1	1/2	1/4	1/3	1	1/3
C_{42}	2	1	1/2	1/2	1	1/2
C_{43}	4	2	1	2	3	2
C_{44}	3	2	1/2	1	2	2
C_{45}	1	1	1/3	1/2	1	1/2
C_{46}	3	2	1/3	1/2	2	1

表 7.13　B_4（定性）的判断矩阵

方案层	C_{47}	C_{48}
C_{47}	1	2
C_{48}	1/2	1

3）特征向量、特征值及一致性检验

根据专家对两个因子重要性比较的打分，直接计算其各因子的权重。具体结果见表 7.14 和表 7.15。

表 7.14　准则层因子权重及一致性检验结果

项目	B_1	B_2	B_3	B_4
权重	0.243	0.511	0.147	0.099
一致性检验	$\lambda_{max} = 4.048$，CR = 0.018＜0.1			

表 7.15　方案层因子权重及一致性检验结果

项目	C_{11}	C_{12}	C_{13}	C_{14}	C_{15}	C_{16}	C_{17}	C_{18}	C_{19}	C_{10}
权重	0.153	0.314	0.100	0.318	0.071	0.044	0.247	0.494	0.152	0.107
一致性检验	$\lambda_{max} = 6.086$，CR = 0.014＜0.1						$\lambda_{max} = 4.061$，CR = 0.023＜0.1			
项目	C_{21}	C_{22}	C_{23}	C_{24}	C_{25}	C_{26}	C_{27}			
权重	0.361	0.151	0.127	0.218	0.040	0.040	0.063			
一致性检验	$\lambda_{max} = 7.238$，CR = 0.030＜0.1									
项目	C_{31}	C_{32}	C_{33}	C_{34}	C_{35}	C_{36}	C_{37}			
权重	0.466	0.277	0.161	0.096	0.557	0.320	0.123			
一致性检验	$\lambda_{max} = 4.031$，CR = 0.011＜0.1			$\lambda_{max} = 3.018$，CR = 0.016＜0.1						
项目	C_{41}	C_{42}	C_{43}	C_{44}	C_{45}	C_{46}	C_{47}	C_{48}		
权重	0.072	0.118	0.312	0.222	0.097	0.179	0.667	0.333		
一致性检验	$\lambda_{max} = 6.129$，CR = 0.021＜0.1						$\lambda_{max} = 2$，CR=0			

表 7.14 和表 7.15 中，CR＜0.1 均成立，说明判断矩阵具有较好的一致性。

4）指标权重

根据表 7.5、表 7.14 和表 7.15，得出企业合作型原始创新绩效评价指标体系的权重如表 7.16 所示。

表 7.16　企业合作型原始创新绩效评价指标体系的权重

目标层	准则层	权重	方案层	权重
企业合作型原始创新绩效（A）	原始创新效果（B_1）	0.243	C_{11}	0.019
			C_{12}	0.038
			C_{13}	0.012
			C_{14}	0.039
			C_{15}	0.009
			C_{16}	0.005
			C_{17}	0.030
			C_{18}	0.060
			C_{19}	0.018
			C_{10}	0.013
	原始创新效益（B_2）	0.511	C_{21}	0.184
			C_{22}	0.077
			C_{23}	0.065
			C_{24}	0.111
			C_{25}	0.021
			C_{26}	0.021
			C_{27}	0.032
	原始创新管理（B_3）	0.147	C_{31}	0.034
			C_{32}	0.020
			C_{33}	0.012
			C_{34}	0.007
			C_{35}	0.041
			C_{36}	0.024
			C_{37}	0.009
	原始创新投入（B_4）	0.099	C_{41}	0.005
			C_{42}	0.008
			C_{43}	0.022
			C_{44}	0.015
			C_{45}	0.007
			C_{46}	0.012
			C_{47}	0.020
			C_{48}	0.010

　　根据表 7.16 得出的企业合作型原始创新绩效评价指标体系的权重可以发现，原始创新效益的权重为 0.511，原始创新效果的权重为 0.243，原始创新管理的权重为 0.147，原始创新投入的权重不足 0.1，说明企业与高校

和科研机构在开展合作型原始创新时更加注重经济效益，其次是原始创新的知识积累，对于具有长期效益的原始创新资源管理与投入，以及与高校和科研机构合作关系的维护关注不足。

本章基于 AHP 构建的企业合作型原始创新绩效评价模型确定了各个指标的权重，力求为企业对合作型原始创新绩效评价的实施提供思路及有益参考。企业可以根据自身与高校和科研机构开展合作型原始创新的实际情况制定合适的评价标准、评价指标及指标权重，甚至可以对企业合作型原始创新过程中的阶段性目标的实现情况进行阶段性评价，评估原始创新要素投入的有效性，有利于及时采取纠偏措施，保证最终目标的顺利实现。

7.3　本 章 小 结

本章分析了企业合作型原始创新绩效评价指标体系的构建及指标权重的确定。首先，依据企业合作型原始创新绩效评价指标体系的特征，选择平衡计分卡法，从原始创新效果、原始创新效益、原始创新管理及原始创新投入四个维度构建了评价指标体系，并运用指标间相关性分析及单个指标的探索性因子分析的方法进行了指标的筛选，确定了最终的评价指标体系。然后，根据最终的评价指标体系，运用 AHP 确定了各指标的权重。

第8章 基于互惠理论的企业合作型原始创新的共生演化研究

基于外部环境的不确定性和多变性，企业合作型原始创新的共生演化伴随着两类原始创新主体的规模及主体间共生关系的演化。本章从共生理论视角研究两类原始创新主体的互动发展，通过构建企业合作型原始创新的共生演化模型，从不同共生关系视角分析两类原始创新主体规模的演化，探究企业合作型原始创新中企业与高校和科研机构之间共生关系的动态演化过程。

8.1 企业合作型原始创新的共生演化分析

按照现代生物学的观点，自然生命系统的基本特性包括新陈代谢性、自我复制性及突变性[512]。企业生命周期理论中的企业演化论认为，企业也具有类似生物的以上三种基本特性[512]。具体而言，企业的新陈代谢性体现为在企业发展过程中，通过不断获取人才、物质、资金及信息等外部资源，并将其吸收为内部要素进而转化为企业的自身优势。企业的自我复制性体现在企业的再生产过程中，随着企业创新能力和技术水平的不断提高，企业的规模逐渐扩大，在这个过程中企业不仅保持着原有的特质，而且会形成新的复制功能。企业的突变性体现为在企业发展过程中，一些突发状况（如经济政策的变化、新技术的产生、产业链的跨越式发展、市场竞争态势的变化）会使企业的发展路径发生改变。

在企业合作型原始创新中，企业根据市场需求，以委托开发的形式，向高校和科研机构提出创新需求，为高校和科研机构的原始创新研发活动提供资金支持和人才交流，高校和科研机构为企业提供纯基础研究原始创新的成果，企业在该成果的基础上继续进行应用基础研究原始创新，并完成技术商品化和商品市场化。将企业合作型原始创新视为一个具有自组织特征的系统，随着系统内两类原始创新主体关系的发展，主体之间会出现类似生物学中的共生特征。企业合作型原始创新的共生演化主要包括参与共生演化的两类原始创新主体及主体间关系的演化。

在企业合作型原始创新中，企业与高校和科研机构分别是两类共生单元，是合作关系与共生关系。共生关系包括寄生、偏利共生、互惠共生等[513]。寄生关系表现为一类原始创新主体收益的增加建立在另一类原始创新主体收益减少的基础上。偏利共生关系表现为一类原始创新主体收益增加的同时，另一类原始创新主体收益既没有减少也没有增加。互惠共生关系表现为两类原始创新主体相互配合，通过对资源的合理配置与整合，使得双方的收益都增加。此外，根据增加收益在主体间分配得均匀与否，互惠共生关系还可以分为对称性互惠共生和非对称性互惠共生[514]。企业合作型原始创新中两类原始创新主体间的共生演化是基于主体间不同共生关系的演化，会呈现出从寄生、偏利共生到互惠共生的转变。

原始创新主体之间的协调和相互合作并不是一蹴而就的，它是一个通过逐渐加强彼此之间的社会交互以提升主体间互惠程度的动态过程。其中，两类原始创新主体的社会交互形式主要包括人才交流、社会网络、专利和技术秘密的授让、企业横向课题，以及学术界与企业间的交流等[307]。主体间互惠程度的不断提升对于双方信任关系的形成和加强起到至关重要的作用。企业与高校和科研机构之间形成共同接受的行为规范并实现信任机制的构建，使得合作关系更加协调和稳定。在互惠关系的基础上，两类原始创新主体都愿意为了共同的总体目标而努力，减少知识隐藏行为，提高知识共享的效率和质量，这有助于消除两类原始创新主体之间知识流动的障碍，对企业合作型原始创新起到促进作用。

企业合作型原始创新的两类原始创新主体自身均满足超循环特性，其产生的成果对自身发展和合作伙伴都有积极的促进作用[16]。高校和科研机构产生纯基础研究原始创新成果，这些成果通常是应用基础研究的创新源，是企业进行原始创新活动的重要基础和来源。企业首先通过获取、消化、吸收高校和科研机构的纯基础研究原始创新成果，然后在该成果的基础上继续进行应用基础研究原始创新，最终主导企业可以实现对核心技术及自主知识产权的掌握，并完成技术商品化和商品市场化，这些不仅会为企业取得竞争优势，而且对企业的发展起到积极的促进作用。此外，企业合作型原始创新还会给企业带来丰厚的利润，使企业增加对高校和科研机构的资金支持，并以此来表达自己的善意，这有助于高校和科研机构进一步开展纯基础研究原始创新的研发活动。因此，两类原始创新主体最终会发展为自我增进与相互增进的耦合作用方式[16]，形成互惠共生关系，成为一个利益共生体。

8.2　企业合作型原始创新的共生演化模型

8.2.1　logistic 模型

企业合作型原始创新是由企业与高校和科研机构两类共生单元组成的系统，研究系统内部两类原始创新主体的规模变化及主体间共生关系的演化问题，可以借鉴生态学中的 logistic 模型。logistic 模型由数学生物学家维赫尔斯特（Verhulst）于 1838 年提出，最初应用于人口增长的预测和估计，后来被广泛应用于生物学、医学、社会学等方面[515]。logistic 模型是在马尔萨斯（Malthus）模型的基础上推导而成的。生态学认为生物种群的变化规律如下：在短期内，种群规模通常遵循 Malthus 模型增长规律，呈指数规律增长；但随着时间的推移，种群规模的增长会受到种群密度的制约，使得种群规模的增长速度逐渐减小最终达到饱和状态，遵循 logistic 模型增长规律[513]。logistic 模型可以描述生态系统中生物种群的变化过程，种群的发展会受到资源和种群密度等因素的约束，该模型可以表示为

$$\frac{\mathrm{d}N}{\mathrm{d}t} = rN\left(1 - \frac{N}{K}\right) \tag{8-1}$$

其中，N 为 t 时刻的种群规模；K 为种群规模增长所能达到的极限，即环境最大容量；r 为种群的自然增长率，$r > 0$；当 $t = 0$ 时，种群规模的初始值为 N_0。

对式（8-1）求解，可以得到

$$N = \frac{K}{1 + \left(\dfrac{K}{N_0} - 1\right)\mathrm{e}^{-rt}} \tag{8-2}$$

式（8-2）是种群规模的演化方程。由式（8-2）可知，当 $t \to +\infty$ 时，$N \to K$，即种群规模趋于极限值。对式（8-1）求二阶导数，可以得到

$$\frac{\mathrm{d}^2 N}{\mathrm{d}t^2} = r\left(1 - \frac{2N}{K}\right)\frac{\mathrm{d}N}{\mathrm{d}t} = r^2 N\left(1 - \frac{N}{K}\right)\left(1 - \frac{2N}{K}\right) \tag{8-3}$$

式（8-3）是种群规模增长的加速度方程。令 $\dfrac{\mathrm{d}^2 N}{\mathrm{d}t^2} = 0$，可以得到演化方程曲线的拐点，即 $N^* = \dfrac{K}{2}$。当 $N < \dfrac{K}{2}$ 时，$\dfrac{\mathrm{d}^2 N}{\mathrm{d}t^2} > 0$，说明种群规模增长没有受到限制，增长速度很快；当 $N > \dfrac{K}{2}$ 时，$\dfrac{\mathrm{d}^2 N}{\mathrm{d}t^2} < 0$，说明随着种群

规模逐渐增长，受密度制约的影响增大，种群规模增长受到限制，增长速度下降。种群规模的演化方程曲线如图 8.1 所示。

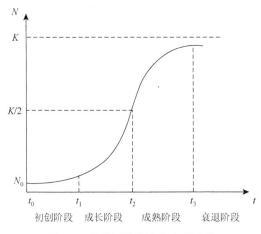

图 8.1 　种群规模的演化方程曲线

8.2.2　模型假设

（1）假设用两类原始创新主体的规模变化来表示主体的发展情况，规模越大表示主体的发展越好，规模越小表示主体的发展越差。

（2）假设两类原始创新主体的发展均遵循 logistic 模型增长规律。因为资源总量有限，所以双方的规模变化会受到彼此的影响，一类原始创新主体的增长率不仅会受到自身密度的影响，而且会受到另一类原始创新主体密度的影响，随着密度的增加，原始创新主体的增长率会下降。

（3）假设当一类原始创新主体的边际产出等于边际投入时，该类原始创新主体停止增长，达到最大规模。

8.2.3　共生演化模型

设企业合作型原始创新的两类原始创新主体中企业的规模为 N_1，高校和科研机构的规模为 N_2，企业与高校和科研机构的自然增长率分别为 r_1 和 r_2，企业与高校和科研机构规模的最大值分别为 K_1 和 K_2。企业合作型原始创新中两类原始创新主体的动态演化方程如下：

$$\begin{cases} \dfrac{\mathrm{d}N_1}{\mathrm{d}t} = r_1 \left[1 - \dfrac{N_1(t)}{K_1} \right] N_1(t), \quad N_1(0) = N_{10} \\[3mm] \dfrac{\mathrm{d}N_2}{\mathrm{d}t} = r_2 \left[1 - \dfrac{N_2(t)}{K_2} \right] N_2(t), \quad N_2(0) = N_{20} \end{cases} \tag{8-4}$$

其中，N_{10} 和 N_{20} 分别为企业与高校和科研机构的初始规模；$r_1N_1(t)$ 和 $r_2N_2(t)$ 分别为企业与高校和科研机构的自身发展趋势；$1 - \dfrac{N_1(t)}{K_1}$ 和 $1 - \dfrac{N_2(t)}{K_2}$ 为 logistic 系数，分别表示由企业与高校和科研机构对有限资源的消耗而产生的增长阻滞作用。

当企业与高校和科研机构相互作用时，双方的规模变化会受到彼此的影响，一类原始创新主体的增长率不仅会受到自身规模的影响，而且会受到另一类原始创新主体规模的影响。因此，企业与高校和科研机构规模的增长会受到共生系数的影响。考虑两类原始创新主体间共生关系的动态演化模型如下：

$$
\begin{cases}
\dfrac{dN_1}{dt} = r_1\left[1 - \dfrac{N_1(t)}{K_1} - \alpha\dfrac{N_2(t)}{K_2}\right]N_1(t), & N_1(0) = N_{10} \\[3mm]
\dfrac{dN_2}{dt} = r_2\left[1 - \dfrac{N_2(t)}{K_2} - \beta\dfrac{N_1(t)}{K_1}\right]N_2(t), & N_2(0) = N_{20}
\end{cases}
\tag{8-5}
$$

其中，α 为高校和科研机构对企业的共生系数；β 为企业对高校和科研机构的共生系数。α 和 β 不同的取值组合代表了企业合作型原始创新中两类原始创新主体间不同的共生关系，如表 8.1 所示。

表 8.1　企业合作型原始创新中两类原始创新主体间的共生关系

取值组合	共生关系
$\alpha = 0, \beta = 0$	不存在共生关系，即独立发展关系，两类原始创新主体互不影响、独立发展
$\alpha\beta < 0$	寄生关系，共生系数为负的原始创新主体受益，共生系数为正的原始创新主体受损
$\alpha < 0, \beta = 0$ 或 $\alpha = 0, \beta < 0$	偏利共生关系，共生系数为负的原始创新主体受益，共生系数为 0 的原始创新主体没有影响
$\alpha < 0, \beta < 0$	互惠共生关系，当共生系数均为负且大小不等时，为非对称性互惠共生关系；当共生系数均为负且大小相等时，为对称性互惠共生关系

8.2.4　模型稳定性分析

为了研究企业合作型原始创新中两类原始创新主体间共生关系的演化问题，需要对演化模型（式（8-5））的平衡点进行稳定性分析。令 $\dfrac{dN_1}{dt} = 0$，$\dfrac{dN_2}{dt} = 0$，可以得到两类原始创新主体间共生关系演化的四个局部均衡点，分别是 $E_1(0,0)$、$E_2(K_1,0)$、$E_3(0,K_2)$ 和 $E_4\left(\dfrac{K_1(1-\alpha)}{1-\alpha\beta}, \dfrac{K_2(1-\beta)}{1-\alpha\beta}\right)$。

对演化模型（式（8-5））关于 N_1 和 N_2 求偏导，可以得到企业合作型原始创新中两类原始创新主体间共生关系演化的雅可比矩阵：

$$J = \begin{bmatrix} r_1\left(1 - \dfrac{2N_1}{K_1} - \alpha\dfrac{N_2}{K_2}\right) & -\dfrac{r_1\alpha N_1}{K_2} \\[3mm] -\dfrac{r_2\beta N_2}{K_1} & r_2\left(1 - \dfrac{2N_2}{K_2} - \beta\dfrac{N_1}{K_1}\right) \end{bmatrix} \tag{8-6}$$

通过雅可比矩阵可以判断均衡点的稳定性。雅可比矩阵的行列式记为 $\det(J)$，迹记为 $\mathrm{tr}(J)$，当均衡点使得 $\det(J) > 0$ 且 $\mathrm{tr}(J) < 0$ 时，该点就是稳定的均衡点。企业合作型原始创新共生演化的均衡点及稳定性条件如表 8.2 所示。

表 8.2　企业合作型原始创新共生演化的均衡点及稳定性条件

均衡点	$\det(J)$	$\mathrm{tr}(J)$	稳定性条件
$E_1(0,0)$	$r_1 r_2$	$r_1 + r_2$	不稳定
$E_2(K_1,0)$	$-r_1 r_2(1-\beta)$	$-r_1 + r_2(1-\beta)$	$\beta > 1$
$E_3(0,K_2)$	$-r_1 r_2(1-\alpha)$	$-r_1 + r_2(1-\alpha)$	$\alpha > 1$
$E_4\left(\dfrac{K_1(1-\alpha)}{1-\alpha\beta}, \dfrac{K_2(1-\beta)}{1-\alpha\beta}\right)$	$\dfrac{r_1 r_2(\alpha-1)(\beta-1)}{1-\alpha\beta}$	$\dfrac{r_1(\alpha-1)+r_2(\beta-1)}{1-\alpha\beta}$	$\alpha < 1$ 且 $\beta < 1$

通过表 8.1 和表 8.2 可以得到在不同的 α 和 β 取值组合下，企业合作型原始创新中两类原始创新主体间的共生关系与稳定均衡点的关系。具体而言，偏利共生关系和互惠共生关系的均衡点都为 $E_4\left(\dfrac{K_1(1-\alpha)}{1-\alpha\beta}, \dfrac{K_2(1-\beta)}{1-\alpha\beta}\right)$，而寄生关系的均衡点可能为 $E_2(K_1,0)$、$E_3(0,K_2)$ 和 $E_4\left(\dfrac{K_1(1-\alpha)}{1-\alpha\beta}, \dfrac{K_2(1-\beta)}{1-\alpha\beta}\right)$。

8.3　仿真分析

假设企业合作型原始创新中企业与高校和科研机构的自然增长率分别为 0.02 和 0.01，即 $r_1 = 0.02$，$r_2 = 0.01$；在资源约束条件下，企业与高校和科研机构规模的最大值分别为 120 和 100，即 $K_1 = 120$，$K_2 = 100$；企业与高校和科研机构的初始规模都为 20，即 $N_{10} = N_{20} = 20$；演化周期为 800[①]。运用 MATLAB 软件对演化模型（式（8-5））进行仿真分析，可以得到在不同的

---

① 本节相关变量不考虑单位

α 和 β 取值组合下，企业与高校和科研机构之间共生关系的动态演化过程。

1. 独立发展关系

取 $\alpha = 0$，$\beta = 0$，企业与高校和科研机构之间的共生系数都为 0，此时两类原始创新主体互不影响、独立发展，当两类原始创新主体都处于稳定状态时，其规模分别达到各自的数量上限，如图 8.2 所示。

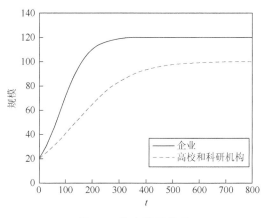

图 8.2　独立发展关系

2. 寄生关系

取 $\alpha = -0.1$，$\beta = 0.1$，企业与高校和科研机构之间的共生系数一个小于 0，另一个大于 0，其中，共生系数 α 为负的企业属于受益的一方，高校和科研机构对企业规模的增长起到正向作用，因此企业的规模超过独立发展时的数量上限；共生系数 β 为正的高校和科研机构属于受损的一方，企业对高校和科研机构规模的增长起到负向作用，因此高校和科研机构的规模低于独立发展时的数量上限，如图 8.3 所示。

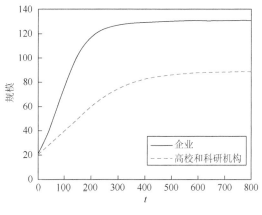

图 8.3　寄生关系

3. 偏利共生关系

取 $\alpha=-0.1$，$\beta=0$，企业与高校和科研机构之间的共生系数一个小于 0，另一个等于 0，其中，共生系数 α 为负的企业属于受益的一方，高校和科研机构对企业规模的增长起到正向作用，因此企业的规模超过独立发展时的数量上限；共生系数 β 为 0 的高校和科研机构属于没有受到影响的一方，企业对高校和科研机构规模的增长没有影响，因此高校和科研机构的规模等于独立发展时的数量上限，如图 8.4 所示。

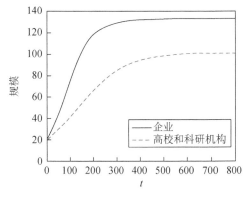

图 8.4　偏利共生关系

4. 互惠共生关系

（1）非对称性互惠共生关系。取 $\alpha=-0.2$，$\beta=-0.1$，企业与高校和科研机构之间的共生系数都小于 0，此时企业与高校和科研机构规模的增长都受益于对方，两类原始创新主体对彼此规模的增长起到正向作用，因此企业与高校和科研机构的规模都超过各自独立发展时的数量上限。另外，由于 $|\alpha|>|\beta|$，高校和科研机构对企业的影响更大，企业规模上限的增长幅度大于高校和科研机构规模上限的增长幅度，如图 8.5 所示。

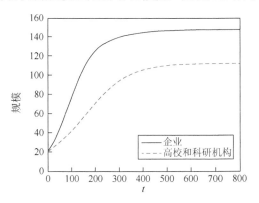

图 8.5　非对称性互惠共生关系

（2）对称性互惠共生关系。取 $\alpha = -0.2$，$\beta = -0.2$，企业与高校和科研机构之间的共生系数都小于 0，此时企业与高校和科研机构规模的增长都受益于对方，两类原始创新主体对彼此规模的增长起到正向作用，因此企业与高校和科研机构的规模都超过各自独立发展时的数量上限。另外，由于 $|\alpha| = |\beta|$，两类原始创新主体对彼此规模增长的影响程度相同，企业规模上限的增长幅度等于高校和科研机构规模上限的增长幅度，如图 8.6 所示。

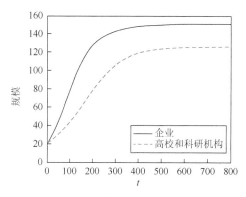

图 8.6　对称性互惠共生关系

以上分析表明，企业合作型原始创新是由企业与高校和科研机构两类原始创新主体共生演化组成的系统，其共生演化结果是由两类原始创新主体间共生关系的演化所决定的，不同的共生关系导致不同的演化均衡状态。互惠共生关系对企业与高校和科研机构两类原始创新主体的发展最为有利，是最佳的演化方向。两类原始创新主体在初期建立共生关系时，也许很难直接形成互惠共生关系，随着时间的推移，两类原始创新主体间共生关系的演化可以呈现出从寄生关系、偏利共生关系到互惠共生关系的转变，企业与高校和科研机构应该共同致力于形成互惠共生关系，促进企业合作型原始创新稳定发展。

8.4　本 章 小 结

本章首先从互惠理论视角对企业合作型原始创新的共生演化进行了理论分析；然后基于生态学中的 logistic 模型，构建了企业合作型原始创新的共生演化模型，并对模型的稳定性进行了分析；最后运用 MATLAB 软件仿真研究了企业合作型原始创新中企业与高校和科研机构之间共生关系的动态演化过程。

第9章 促进企业合作型原始创新稳定发展的对策和建议

本章在理论研究与实证研究的基础上，分别从企业合作型原始创新的行为生成机制、合作形成阶段、知识交互阶段、成果分配阶段，以及企业合作型原始创新中主体间互惠关系共生演化五个方面，提出促进企业合作型原始创新稳定发展的对策和建议。

9.1 基于行为生成机制的企业合作型原始创新稳定发展的对策和建议

9.1.1 提高企业自身技术能力

通过第3章对企业合作型原始创新行为生成机制的研究可以发现，企业自身技术能力在高企业合作型原始创新行为产生的四条组态路径中均作为核心要素存在，在非高企业合作型原始创新行为中作为核心要素缺失，说明技术能力是重要影响因素。作为企业发展的基础，技术能力的有效提升能够使企业在原始创新中获取先发优势，不至于落入跟随式创新的怪圈。企业自身的技术能力主要通过企业所拥有的资源反映出来，包括人力资源、智力资源与物质资源等，因此可以在这些方面提高企业自身的技术能力。

（1）加大引进及培养复合型人才的力度。研究结果表明，企业所拥有的知识量及科研人员数量是提高企业自身技术能力的关键，新知识的产生要以原有知识为基础，通过复合型人才对跨产业、跨行业、跨学科的原有知识进行有效整合，从而为企业开展合作型原始创新提供智力支持。因此，一方面，企业要积极并深度参与"产教融合"模式，通过与科研机构、高校等积极合作，联合培养所需的紧缺人才，如哈尔滨工程大学牵头成立的龙江工程师学院暨高端智能装备产教融合育人联盟、在合肥成立的智能制造产教融合联盟等，企业群体站在市场的角度，提出人才培养需求，高校基于德智体美劳全面发展的角度，遵循高校育人方面探索出的经验与规律，共同构建互动型课程体系，从根本上为企业输送复合型人才。另一方面，企业可以通过构建企业内部的信息共享平台，加强企业内部的信息交流，促进跨部门的知识共享和整合，培养更多的复合型人才。

（2）增强企业研发投入，提高资源的有效配置。研究结果表明，增加研发投入与优化资源配置是增强技术能力的重要方面。企业开展合作型原始创新，需要企业投入更多的创新成本并进行有效配置，以此来满足其长周期、高风险的特征需求。由此，在企业层面，可以通过企业内部信息系统开发建设，采用数字化模型、数字化管理模式对企业资源进行统筹协调，实现研发投入的边际效用最大化。同时，在政府层面，应该制定相应的税收优惠政策或给予相应的配套资金支持，加强企业自身技术能力。另外，知识量是反映企业技术能力的重要指标，尤其对于开展合作型原始创新的企业，其拥有或创造的知识更加迫切地需要知识产权制度的保护，因此政府要完善知识产权保护制度，鼓励企业利用专利、商标及行业标准等形式进行知识产权保护。

9.1.2 提升企业发展与市场环境及政府政策的契合度

通过第 3 章对企业合作型原始创新行为生成机制的研究可以发现，企业合作型原始创新具有多重并发和殊途同归的特点，企业合作型原始创新行为的产生是多种前因条件共同作用的结果，包括技术能力-意愿驱动型、技术能力-市场导向型、技术能力-双重导向型，以及意愿-双重导向型，企业内外部因素的互补效应与融合效应十分重要。因此，要注重内外部因素的有效结合，积极探索与发掘市场动态，提升企业发展与政府政策的契合度，通过"市场-政策"导向共同推动企业合作型原始创新开展。企业应该根据所处情境，选择适宜的企业合作型原始创新路径，重点关注企业技术能力与原始创新合作意愿是否能够支撑原始创新，有效避免企业合作型原始创新失败。

具体而言，企业可以分别创建企业内部的信息共享平台与涵盖供应链上下游顾客、政府等主体共同参与的综合创新信息共享与互助双平台。运用大数据、云计算等数字化技术，及时并充分掌握市场需求的变化，挖掘市场机会信息，在找准合作型原始创新的发力点的同时，让企业对自身的能力及所处环境有更加清晰、更加准确的认知，从而在明晰市场环境和政策的同时，提升自身能力与市场环境及政府政策的契合度。在这一过程中，政府作为重要的参与方，其政策制定的速度与信息公开程度会严重影响企业对环境预判的准确度，因此政府要提高信息公开的透明度与政策的制定速度,有效减少企业的犹豫成本和信息获取成本;拓宽市场信息渠道,及时掌握国内和国际市场发展信息,以便于能够及时准确地制定政策,引导企业积极开展合作型原始创新,并加大对相关政策的宣传力度,通过现有知名平台广泛宣传,通过广播电视平台、网络平台对政策进行讲解,提高信息传播的效率和效果。至此,通过企业与政府的共同发力,提升企业发展与市场环境及政府政策的契合度。

9.2 基于合作形成阶段的企业合作型原始创新稳定发展的对策和建议

9.2.1 完善企业合作型原始创新互惠共生的伙伴选择机制

企业对合作伙伴进行正确的评估并选择相匹配的合作伙伴是企业合作型原始创新顺利开展的保障。合作伙伴的选择是企业获取外部资源的有效途径,通过与合适的高校和科研机构开展合作型原始创新,企业不仅可以实现资源互补,增强其原始创新能力,而且可以分担研发成本和创新风险。选择恰当的互惠共生伙伴并非易事,一方面,影响伙伴选择的因素有很多,依据什么样的原则来选择互惠共生伙伴至关重要;另一方面,在伙伴选择的过程中,难免存在合作双方信息不对称风险,企业可能很难对合作伙伴的知识与自己的知识是否互补及匹配做出非常明确且准确的判断,如果判断失误,就会导致伙伴选择不恰当,并造成企业合作型原始创新的失败。企业在选择合作伙伴时可以遵循以下原则。

(1)原始创新能力互补性原则。原始创新能力的互补性主要体现在高校和科研机构具备的原始创新能力及其能力与企业自身拥有的原始创新能力的互补性,具有互补的原始创新能力是伙伴选择的基础与前提条件,只有双方具备互补的原始创新能力,才能满足开展企业合作型原始创新的需求。高校和科研机构的贡献主要是纯基础研究领域的新知识,包括科学上的新发现、新概念和新原理等。相比之下,企业面向市场,侧重以实际应用为导向进行应用基础研究领域的原始创新。高校和科研机构产生的原始创新成果通常是企业进行原始创新活动的重要基础和来源。因此,企业在选择互惠共生伙伴时,要优先选择原始创新能力强且能够与企业互补的高校和科研机构。

(2)互惠性文化、技术及目标兼容性原则。兼容性反映的是企业与高校和科研机构的匹配程度,当双方具有较高的兼容性时,双方很容易在战略方向、事务决策等方面达成有效共识，更有利于企业合作型原始创新的顺利开展。企业应该注重考察与高校和科研机构在以下三方面的兼容性情况。第一，互惠性文化的兼容性，由于参与原始创新主体的成员来自不同的组织，各成员在文化价值观方面难免存在差异，企业应该着重考察高校和科研机构是否具有互惠性文化环境及兼容性。通过互惠性文化的熏陶，使双方能够采取互惠行为，从而对共享态度及信念的形成起到促进作用。第二，技术的兼容性，主要指在开展企业合作型原始创新时，企业所缺乏的技术与高校和科研机构拥有的技术之间的兼容性，兼容性越高，企业合作型原始创新越容易顺利开展并取得原始创新成果。第三，目标的兼容性，企业应该选择参与原始创新合作意愿较强的高校和科研机构，这有助于合作双方缩小差异，形成共同接受的行为规范，达成共同的总体目标，实现两类原始创新主体互惠共生。

（3）信任持久性原则。良好的信任沟通机制有利于消除两类原始创新主体的机会主义动机和行为，改善彼此的关系质量，持久的信任关系更能够满足原始创新长周期的需求，促进原始创新主体之间的知识共享。因此，企业在选择互惠共生伙伴时，应该优先选择有过合作经验的且声誉良好的高校和科研机构，这在一定程度上可以降低前期搜集和分析伙伴的信息成本；还应该优先选择对利益分配和产权归属能够基本达成共识的伙伴，这在一定程度上可以避免双方因过多的讨价还价而引发的纠纷和风险。

（4）总成本最低与风险最小化原则。原始创新是一项周期长、投入大、风险高的创新活动，而企业需要有足够的资金流保证其正常生产经营活动，因此企业在选择合作伙伴时要充分考虑总成本这一因素，通过对合作的创新成本进行预算和评估，选择在自身预算范围内的备选伙伴进行合作，这样才能保障企业合作型原始创新的顺利开展。在考虑成本因素的同时还要尽量降低风险，选择能够与企业共担研发风险的高校或科研机构，包括评估其对未来可能面对风险的态度及在发生风险时的应对能力，基于总成本最低与风险最小化原则选择合作伙伴。

9.2.2　培育企业合作型原始创新的互惠合作氛围

企业合作型原始创新的互惠合作氛围是企业与高校和科研机构对企业合作型原始创新状况的共同感知，反映了企业与高校和科研机构对于企业合作型原始创新的整体态度，也影响着两类原始创新主体在企业合作型原始创新过程中的行为选择。这种氛围会为两类原始创新主体营造自由宽松、学术气氛浓厚、宽容失败的创新环境，它会潜移默化地影响两类原始创新主体的科研人员，调动他们创新的积极性，鼓励他们敢于冒险、刻苦钻研、勇于创新的精神，是一种软性的理智约束。

首先，营造开放交流合作的环境氛围。原始创新中科技前沿的重大突破大多来自交叉学科和边缘学科，因此要努力创造条件让两类原始创新主体中不同领域的科研人员可以经常自由讨论、相互启发，促进思想的交流碰撞，以激发彼此的灵感，开拓创新思路。大力支持跨地区和跨国界的原始创新合作项目，特别是高层次的国际科研合作项目，充分利用全球前沿的科技资源，提高我国企业的原始创新能力。

其次，培育互惠合作文化，从声誉方面建立明确的激励和惩罚管理机制。互惠强调的是合作、协调和利他，互惠合作文化的培育要结合具体的文化平台，充分发挥两类原始创新主体的主动性，对成员的互惠行为进行规范性的引导，通过影响原始创新主体成员的价值取向，逐渐将心理认同内化为主体文化，使得企业合作型原始创新总体的目标追求转化为各主体成员的自觉行为，有效提高双方的合作效率，以产生协同的效果。此外，声誉能够从侧面反映出其他众多主体对其过往行为的客观评价，是主体行为得到社会认可并获得资源和机会以完成价值创造的能力。声誉需要长期的积累和维持，它是主体成员是否彼此合作的重要衡量标准，良好的声誉是两类原始创新主体成员合作的前提及重要激励机制，声誉好的主体成员会考虑长期利益，维持自身声誉的积极性较高，会付出高的努力程度以促进合作；声誉不好的主体成员只考虑短期利益，维持自身声誉的积极性较低，采取机会主义行为的可能性更大。因此，两类原始创新主体应该通过声誉效应来激励成员付出高的努力程度，其目的是进一步维护自身声誉，同时应该实施明确的激励与惩罚管理机制，对于付出高努力程度的成员进行奖励，对于采取机会主义行为的成员进行惩罚。

再次，建立稳固的信任关系。主体间建立稳固的信任关系是培养互惠合作氛围的重要基础，也是主体间顺利开展企业合作型原始创新的保障。通过建立稳定的信任关系，主体间沟通交流的深度和广度可以得到有效拓展，在主体间能够得到良性互动。原始创新主体可以通过以下三方面建立双方稳固的信任关系。第一，设立专项投入。通过双方主体共同出资设立专项投入，以专项投入为纽带促成原始创新主体间形成不可分割的利益共同体，一旦形成利益共同体，主体间就会具有一荣俱荣、一损俱损的互利共生关系，以维护共同利益为己任，从而减少欺骗行为的发生，建立稳固的信任关系。第二，建立多种通畅的沟通交流渠道。企业合作型原始创新的开展意味着主体间要经常进行沟通交流，拓展正式与非正式、线上与线下相结合的沟通渠道是主体间建立稳固信任关系的重要手段。第三，共同解决合作遇到的问题。原始创新的特征决定了原始创新主体在开展企业合作型原始创新的过程中势必会遇到从未经历的问题，合作双方通过充分发挥自身的专业知识对遇到的问题共同分析、共同提出解决方案、共同实施，既能够增加彼此的信任关系，形成浓厚的互惠性氛围，又能够为后续的双方合作提供信任基础，从而保障企业合作型原始创新的顺利开展。

最后，预设冲突解决机制。冲突的解决方式影响合作双方伙伴关系的形成和保持。冲突与合作是同时存在的，即使原始创新主体间在各个方面都具有非常高的契合度，并且在开展合作时已经培育了良好的互惠性氛围，但是合作的主体毕竟来自两个不同的组织，尤其是企业与高校和科研机构的性质本就存在差异，因此冲突不可避免，但可以通过预设冲突解决机制将冲突对双方开展企业合作型原始创新的影响降到最小。第一，建立以信任为基础的伙伴关系，提高沟通效率，冲突解决的最佳途径就是通过有效的沟通找出冲突点，基于彼此的信任找出解决冲突的方法。第二，完备的契约保障，当明晰双方冲突的原因之后，可以按照契约规定的权利和义务进行解决。契约制定得越全面、越具体，越具有明确的依据，越有利于冲突的顺利解决。

9.3 基于知识交互阶段的企业合作型原始创新稳定发展的对策和建议

9.3.1 引导合作主体知识共享的态度和主观规范

原始创新主体作为有限理性人，会评估知识共享行为带来的利益是否可接受，之后确定是否采取知识共享行为或知识共享的程度，即知识共享意愿会受到主体知识共享态度及主观规范的影响，而且知识共享很难通过强制的方式来实现，通常依赖于主体的共享意愿。因此，应该通过制定有效的激励机制来激发两类原始创新主体的知识共享意愿，进而促进知识共享行为的发生。

首先，建立科学有效的知识共享规范体系，引导两类原始创新主体对知识共享的积极态度，增强对知识共享主观规范的感知。只有当两类原始创新主体对知识共享的态度积极时，才能产生积极的共享意愿，并发生知识共享行为。企业与高校和科研机构可以通过加强互惠共赢的价值观、建立共同的目标等措施，引导主体成员对知识共享行为产生正确认知，通过建设知识共享文化，树立知识共享信念，使知识共享逐渐成为主体成员的自我规范。

其次，在企业与高校和科研机构内部倡导组织公民行为，努力营造和谐的社交氛围，积极培育两类原始创新主体成员的利他主义精神，拓展和加强彼此的社会交互，建立长期的合作关系，鼓励主体成员积极主动实施互惠性社会行为规范，在合作中培养彼此的默契，提升主体成员间的信任感，鼓励成员之间增强交流，促进知识共享行为的发生，共同维持企业与高校和科研机构合作关系的稳定发展。

最后，注重对合作主体知识共享行为的信息反馈，通过改变主体对自身知识的价值判断和共享能力的绩效感知，提升主体的知识共享自我效能。在企业与高校和科研机构之间打造和谐的人际氛围，尽可能为成员间的社会互动创造良好的条件和机会，通过增进成员间的相互了解和信任，培育成员间的互惠关系，促进知识共享行为。

9.3.2 完善企业合作型原始创新知识协同的互惠激励机制

原始创新主体在知识交互时可能受到多种条件的制约或影响，降低主体间知识交互的效率和效果，可以通过完善企业合作型原始创新知识协同的互惠激励机制促进主体间的知识交互。

首先，在两类原始创新主体刚刚建立合作关系之后，由于原始创新无可借鉴的经验，且双方缺乏合作基础，需要建立两类原始创新主体间的知识共享平台及相应的激励机制，当高校和科研机构内在的互惠动机足够大时，企业应提高自身的知识共享努力程度，以激发高校和科研机构的互惠偏好，这将更有利于显性知识和隐性知识的共享与吸收，使企业与高校和科研机构之间形成更为默契的良性互动，同时企业应该注重培养整合知识的能力，从而为新知识的创造提供支撑。

其次，两类原始创新主体应该正确平衡及把握好知识共享与知识整合的关系，不应该过度关注知识共享而不注重知识整合，而且要及时将共享的知识与自身的知识进行整合，避免碎片化的知识共享，避免因知识的趋同性而阻碍对知识的整合与进一步共享。

最后，互惠性文化在原始创新主体知识交互过程中具有重要作用，企业与高校和科研机构要大力培育互惠性文化的氛围，将互惠性思想和理念融合到管理理论中，两者结合后可以形成互惠性管理模式。同时，从思想层到决策层进行互惠性文化的渗透，强化主体间的互惠行为，通过降低知识隐藏行为进而提高知识整合的效率，通过促进显性知识和隐性知识的相互转化进而提高知识创造的价值，从而通过对企业合作型原始创新知识流动的三个阶段的促进作用优化其演化进程。

9.4　基于成果分配阶段的企业合作型原始创新稳定发展的对策和建议

9.4.1　建立合理的企业合作型原始创新收益分配机制

由于企业合作型原始创新过程涉及多方利益主体，各原始创新主体的个人利益及共同利益与整体的利益分配机制紧密相关，在企业合作型原始创新利益分配过程中，企业起到主导作用，根据合作各方参与合作型原始创新的贡献度确定各原始创新主体的分配比例。公正合理的利益分配机制是企业合作型原始创新稳定发展的关键，它能够有效减少两类原始创新主体之间的冲突和纠纷，降低两类原始创新主体面临的风险，同时可以调动各主体成员参与企业合作型原始创新的积极性，从而保证双方能够顺利地实现企业合作型原始创新。

一方面，建立完善的利益分配激励机制。这既有利于减少两类原始创新主体之间的冲突和纠纷，又可以充分调动各主体成员参与的积极性，促进主体之间的沟通和协调。企业与高校和科研机构是两类独立的利益主体，企业开展合作型原始创新的目的是获取创新源、保持竞争优势及实现高收益，高校和科研机构参与合作型原始创新的目的是获得纯基础研究领域原始创新研发活动的资金支持和人才交流，促进原始创新成果转化。各原始创新主体之间不一致的利益诉求使得企业合作型原始创新可能陷入个体利益和其他主体利益及共同利益相冲突的合作困境，不利于合作的稳定发展。为了有效治理合作困境，需要建立完善的利益分配激励机制，企业在向高校和科研机构支付研发费用的同时，可以考虑通过销售提成的方式来激励高校和科研机构的积极互惠行为，如果高校和科研机构采取了积极互惠行为，企业就会得到高校和科研机构给予的互惠性回报，这不仅提高了原始创新主体的收益，而且增加了总体价值，体现出互惠性经济效应，还可能激发合作双方的热情，为两类原始创新主体开展更深层次的合作奠定基础，为企业合作型原始创新提供动力。

另一方面，建立利益分配对企业合作型原始创新风险的分担机制。第一，利益分配对合作信用风险的分担，合作信用风险主要包括道德风险和逆向选择风险。应该增强两类原始创新主体的关系嵌入度，加强企业与高校和科研机构的研发团队和高层管理者之间的沟通与交流，提高企业与高校和科研机构之间的互惠程度，增加两类原始创新主体的合作时间及合作次数，促进主体间形成共同接受的行为规范，同时提高合作伙伴机会主义行为的成本，充分发挥法律威慑作用，迫使合作伙伴降低机会主义行为倾向。第二，利益分配对技术风险的分担，根据合作各方参与企业合作型原始创新的贡献度及风险承担比例来确定各原始创新主体的利益分配比例。在企业合作型原始创新中，企业起到主导作用，主要承担企业合作型原始创新项目的整体风险，包括应用基础研究领域技术研发、技术商品化和商品市场化的风险；高校和科研机构主要承担纯基础研究领域技术研发的风险。只有将风险承担比例和利益分配比例挂钩，才能形成有效的风险分担机制，促进企业合作型原始创新的稳定有序进行。第三，利益分配对市场风险的分担，市场风险包括商品市场化失败的风险，以及因市场需求的变化使双方合作的项目失去预测值的风险。整体而言，企业作为原始创新成果市场化的重要角色，需要承担更大的市场风险，因此企业的利益分配比例应该大于高校和科研机构。

9.4.2 建立合理的企业合作型原始创新知识产权保护机制

企业合作型原始创新的开展需要良好的营商环境，而良好的营商环境需要完善的知识产权保护机制作为保障。知识产权是原始创新的原动力，是原始创新成果转化为生产力的纽带。

首先，加强知识产权的信息化管理，提升知识产权管理水平。企业应该依据自身的技术优势建立完备的知识产权库，保证知识产权库内的信息不被窃取、攻击或盗用，并具有鉴别真伪的能力；高校和科研机构作为知识产权库的主要提供者，应该根据市场的需求变化不断完善知识产权信息管理系统，从而保证企业与高校和科研机构掌握最前沿的科学技术，制定适合自身发展的创新策略。此外，为了防范原始创新主体的知识产权被其他合作方故意侵犯，可以采用以下措施：①在合同中明确背景知识产权和前景知识产权的使用范围及条件；②签订保密协议；③在侵权监查和维权方面加大投入力度；④尽量采用模块化的技术分配形式，避免单个科研人员掌握全部的技术信息；⑤通过培训增强科研人员及相关管理人员的知识产权保护意识。

其次，加强国家层面的知识产权保护政策法规制度建设。第一，加强对知识产权所有者权利的法律保护能够降低侵权的风险。第二，加强对知识产权使用者权利的法律保护可以减少在原始创新成果实施中的机会主义行为倾向，有助于合作双方在知识产权权利分配方面达成一致。第三，尽快建立知识产权的预警和协调机制，提高原始创新主体抵御风险的能力，加大对故意泄露知识产权技术秘密的惩处力度。第四，进一步完善企业合作型原始创新知识产权纠纷的调解制度，增设专职调解机构，建立知识产权纠纷行政调解前置、调解协议司法确认及证据互认制度，同时加强主管部门在知识产权纠纷方面的调解能力，通过立法赋予行政调解协议强制执行的法律效力。

最后，选择合适的知识产权保护方式。第一种方式是通过申请专利的法律手段来保护原始创新研究成果，这种方式可以确保原始创新主体在一定期限内拥有该项成果的独占权，但是需要公开相应的技术内容，因此存在被模仿的可能。第二种方式是以商业秘密的形式来保护原始创新研究成果，这种方式可以确保对于该项成果技术内容的保密不受时间的限制，被模仿的可能性很小，但是一旦被泄露，原始创新主体就无法阻止其他主体对该项成果的使用和进一步研发。基于以上两种保护方式的特点，要根据研究成果的实际情况（如反向工程的难易程度、技术实施条件、原始创新主体的保密能力），选择最合适的保护方式，避免知识产权风险。

9.5　基于共生演化的企业合作型原始创新稳定发展的对策和建议

9.5.1　发挥政府在企业合作型原始创新中的支持作用

一方面，针对异质性主体制定相应激励政策。由于企业合作型原始创新中两类原始创新主体具有分布性特征，政府应该采取差异化的措施对两类原始创新主体进行激励。其中，高校和科研机构以教授、科学家等高层次科研人员为主，他们受过长期的科研训练，已经逐渐形成"科学共同体"的内部激励机制[307]。对于这类原始创新主体的激励，政府应该尊重高层次科研人员的科学规范，以职称评定和科研立项为主，通过设立重大的科研专项，支持具有更高应用价值的基础性研究；鼓励高层次科研人员在完成本职工作的前提下到企业兼职，推动科技成果的转化。对于企业这类原始创新主体的激励，由于企业以营利为主，政府应该以促进科技成果转化、拓宽融资渠道、税收优惠、完善知识产权保护机制等方式为主，通过加强建设国家重点实验室，为企业提供更多优质的、可选择的原始创新合作伙伴；通过评估行业内领先企业与优秀的高校或科研机构的资源优势，牵头建立包含政府、企业、高校和科研机构的联合研发中心，由政府把握研究方向，攻克面向行业共性的关键核心问题，开展应用基础原始创新研究；加大财政对基础研究的支持力度，通过税收优惠、研发资金支持、拓宽融资渠道等手段建立多元化的投入机制。

另一方面，积极引导原始创新主体集聚，完善信息共享平台。政府要从整体上制定宏观政策，积极拓宽主体沟通渠道，引导原始创新主体集聚，通过增加各类原始创新主体的初始规模，促进主体之间共生演化速度的提高；努力搭建平台，加强两类原始创新主体之间的社会交互，进一步优化两类原始创新主体的共生界面；建立专门的企业合作型原始创新中介服务机构，形成良好的信息获取及传递机制，以实现创新资源的合理有效配置；对原始创新技术标准与技术接口进行标准化与对接化，促进企业与高校和科研机构之间的合作。

9.5.2 促进企业合作型原始创新中主体间的耦合互动

首先，积极培育支持原始创新的文化氛围，鼓励企业与高校和科研机构两类原始创新主体开展企业合作型原始创新，尽可能使企业与高校和科研机构在合作初期就形成互惠共生关系，或者随着主体原始积累的不断增加、主体原始创新能力的逐步提高，尽快实现两类原始创新主体间共生关系从寄生关系、偏利共生关系到互惠共生关系的转变，通过增加主体间的耦合互动，提升双方的依赖程度，保证企业合作型原始创新的顺利实施。

其次，双方共建原始创新的知识库，集中存储企业在应用基础研究原始创新领域的知识资源与高校和科研机构在纯基础研究原始创新领域的知识资源。这些知识资源不仅包括已有的显性知识，而且包括存在于科研人员脑中的经验、诀窍和技术秘密等隐性知识。此外，还应该积极拓展两类原始创新主体之间社会交互的渠道，如社会网络、人才交流、专利和技术秘密的授让、企业横向课题，以及学术界与企业间的交流。这些都有利于两类原始创新主体之间信息和知识的流动，促进涵盖多种原始创新资源网络的形成，为原始创新主体在网络内有效开展知识的搜索、获取、吸收、共享、整合、应用和创造提供便利，形成主体间良性循环的知识流动过程，提高原始创新效率。同时，建立并完善主体间耦合互动的管理机制，通过多次的互动沟通，社会网络的范围与深度不断扩大和增强，主体间的互惠程度不断提升，双方信任关系逐步建立，有利于互惠共生关系的形成，促进企业合作型原始创新稳定发展。

9.6　本　章　小　结

本章在理论研究和实证研究的基础上分别从企业合作型原始创新的行为生成机制、合作形成阶段、知识交互阶段、成果分配阶段，以及共生演化五个方面，提出了促进企业合作型原始创新稳定发展的对策和建议，为企业治理企业合作型原始创新过程中的合作困境，促进企业与高校和科研机构合作关系的稳定发展，以及我国企业提高原始创新能力提供依据和指导。

参 考 文 献

[1] 吴建南，徐萌萌，赵志华，等. 变与不变、同与不同：中美研发经费投入再比较[J]. 科学学研究，2016，34（10）：1472-1478，1506.

[2] 张炜，吴建南，徐萌萌，等. 基础研究投入：政策缺陷与认识误区[J]. 科研管理，2016，37（5）：87-93，160.

[3] 舒成利，高山行. 基于知识生产模式的原始性创新发生机制的研究[J]. 科学学研究，2008，26（3）：640-644.

[4] 林昭文，张同建，张利深. 互惠性知识型团队技术创新能力培育机制研究[J]. 科学学研究，2013，31（8）：1275-1280.

[5] Schumpeter J A. The Theory of Economic Development[M]. Cambridge：Harvard University Press，1911.

[6] Bush V. Science：The Endless Frontier[R]. Washington D.C.：National Science Foundation，1945.

[7] Barber B. Science and the Social Order[M]. New York：Collier，1952.

[8] 赖欣巴哈. 科学哲学的兴起[M]. 2版. 北京：商务印书馆，1983.

[9] Goldenberg J，Mazursky D，Solomon S. Templates of original innovation：Projecting original incremental innovations from intrinsic information[J]. Technological Forecasting and Social Change，1999，61（1）：1-12.

[10] 托马斯·库恩. 科学的革命结构[M]. 北京：北京大学出版社，2003.

[11] Zhu Z M，Li J S，Chen T. Research on evolution mechanism of technological original innovation-with mutation theory of respective[J]. Journal of Service Science and Management，2012，5（1）：28-36.

[12] Heinze T. Creative accomplishments in science：Definition，theoretical considerations，examples from science history，and bibliometric findings[J]. Scientometrics，2013，95（3）：927-940.

[13] Hochberg M E，Marquet P A，Boyd R，et al. Innovation：An emerging focus from cells to societies[J]. Philosophical Transactions of the Royal Society B：Biological Sciences，2017，372（1735）：20160414.

[14] 彭纪生，吴林海. 论技术协同创新模式及建构[J]. 研究与发展管理，2000，12（5）：12-16.

[15] Kline S，Rosenberg N. An Overview of Innovation[M]. Washington D.C.：National Academy Press，1986.

[16] 苏屹. 我国大型工业企业原始创新模式研究[D]. 哈尔滨：哈尔滨工程大学，2011.

[17] 辛爱芳. 我国产学研合作模式与政策设计研究[D]. 南京：南京工业大学，2004.

[18] Bolton R. A broader view of university-industry relationships[J]. SRA Journal，1994，26（3）：45-47.

[19]　Liyanage S. Breeding innovation clusters through collaborative research networks[J]. Technovation，1995，15（9）：553-567.

[20]　Cohen W M，Nelson R R，Walsh J P. Links and impacts：The influence of public research on industrial R&D[J]. Management Science，2002，48（1）：1-23.

[21]　Drejer I，Jørgensen B H. The dynamic creation of knowledge：Analyzing public-private collaborations[J]. Technovation，2005，25（2）：83-94.

[22]　Saariluoma P，Kannisto E，Kujala T. Analysing micro-innovation processes：Universities and enterprises collaboration[J]. Communications of the IBIMA，2009，9（3）：19-23.

[23]　Joly P B. Beyond the competitiveness framework? Models of innovation revisited[J]. Journal of Innovation Economics and Management，2017，22（1）：79-96.

[24]　Rothwell R. Successful industrial innovation：Critical factors for the 1990s[J]. R&D Management，1992，22（3）：221-240.

[25]　Rothwell R. Towards the fifth-generation innovation process[J]. International Marketing Review，1994，11（1）：7-31.

[26]　Chaminade C，Roberts H. Social capital as a mechanism：Connecting knowledge within and across firms[C]. Athens：Third European Conference on Organizational Knowledge，Learning and Capabilities，2002.

[27]　Ma T J，Nakamori Y. Agent-based modeling on technological innovation as an evolutionary process[J]. European Journal of Operational Research，2005，166（3）：741-755.

[28]　Galanakis K. Innovation process. Make sense using systems thinking[J]. Technovation，2006，26（11）：1222-1232.

[29]　Song M，Swink M. Marketing-manufacturing integration across stages of new product development：Effects on the success of high and low innovativeness products[J]. IEEE Transactions on Engineering Management，2009，56（1）：31-44.

[30]　Koppinen S，Lammasniemi J，Kalliokoski P. Practical application of a parallel research-business innovation process to accelerate the deployment of research results[J]. R&D Management，2009，40（1）：101-106.

[31]　Ali M，Park K，Chevalier F. A study on the process model of knowledge absorptive capacity for technological innovation capabilities：The case of Samsung Electronics [J/OL].（2011-12）[2024-02-19]. http://www.ungs.edu.ar/globelics/wp-content/uploads/2011/12/ID-101-Ali-Park-Chevalier-Learning-and-innovation-lessons-from-sectorial-studies.pdf.

[32]　van Lancker J，Mondelaers K，Wauters E，et al. The organizational innovation system：A systemic framework for radical innovation at the organizational level[J]. Technovation，2016，52-53：40-50.

[33]　Kahn K B. Understanding innovation[J]. Business Horizons，2018，61（3）：453-460.

[34]　Jasinski A H. Can we still speak about the innovation process per Se? Challenges for managers[J]. Triple Helix，2021，8（1）：7-36.

[35]　Kalaignanam K，Shankar V，Varadarajan R. Asymmetric new product development alliances：Win-win or win-lose partnerships?[J]. Management Science，2007，53（3）：

357-374.

[36] Antoncic B，Prodan I. Alliances，corporate technological entrepreneurship and firm performance：Testing a model on manufacturing firms[J]. Technovation，2008，28（5）：257-265.

[37] Bosch-Sijtsema P M，Postma T J B M. Cooperative innovation projects：Capabilities and governance mechanisms[J]. Journal of Product Innovation Management，2009，26（1）：58-70.

[38] Diestre L，Rajagopalan N. Are all "sharks" dangerous? New biotechnology ventures and partner selection in R&D alliances[J]. Strategic Management Journal，2012，33（10）：1115-1134.

[39] Xie X M. Cooperative factors，cooperative innovation effect and innovation performance for Chinese firms：An empirical study[J]. Physics Procedia，2012，24（Part B）：1086-1091.

[40] Wu J. Technological collaboration in product innovation：The role of market competition and sectoral technological intensity[J]. Research Policy，2012，41（2）：489-496.

[41] Zhang W，Zhang Q P，Wu G D. Interorganizational knowledge division decision model based on cooperative innovation of supply chain system[J]. Abstract and Applied Analysis，2014（3）：1-9.

[42] Vásquez-Urriago Á R，Barge-Gil A，Modrego Rico A . Science and Technology Parks and cooperation for innovation：Empirical evidence from Spain[J]. Research Policy，2016，45（1）：137-147.

[43] Müller R，Do Rocio Strauhs F，Queiroz J V，et al. Cooperative networks for innovation：A panorama of the Brazillian scenario between 2003 and 2011[J]. RAI Revista de Administração e Inovação，2017，14（1）：41-51.

[44] Jiang X H，Wang L F，Cao B，et al. Benefit distribution and stability analysis of enterprises' technological innovation cooperation alliance[J]. Computers and Industrial Engineering，2021，161（5）：107637.

[45] Nie P Y，Wen H X，Wang C. Cooperative green innovation[J]. Environmental Science and Pollution Research，2022，29（20）：30150-30158.

[46] Santoro M D，Gopalakrishnan S. Relationship dynamics between university research centers and industrial firms：Their impact on technology transfer activities[J]. The Journal of Technology Transfer，2001，26（1）：163-171.

[47] Eom B Y，Lee K. Determinants of industry-academy linkages and their impact on firm performance：The case of Korea as a latecomer in knowledge industrialization[J]. Research Policy，2010，39（5）：625-639.

[48] Broström A. Firms' rationales for interaction with research universities and the principles for public co-funding[J]. The Journal of Technology Transfer，2012，37（3）：313-329.

[49] Ankrah S N，Burgess T F，Grimshaw P，et al. Asking both university and industry actors about their engagement in knowledge transfer：What single-group studies of motives omit[J]. Technovation，2013，33（2-3）：50-65.

[50] de Moraes Silva D R, Vonortas N S. University-industry R&D cooperation in Brazil: A sectoral approach[J]. The Journal of Technology Transfer, 2018, 43 (2): 285-315.

[51] Etzkowitz H, Leydesdorff L. The triple helix—University-industry-government relations: A laboratory for knowledge based economic development[J]. EASST Review, 1995, 14 (1): 14-19.

[52] Etzkowitz H, Dzisah J. Rethinking development: Circulation in the triple helix[J]. Technology Analysis and Strategic Management, 2008, 20 (6): 653-666.

[53] Chen S H, Huang M H, Chen D Z. Driving factors of external funding and funding effects on academic innovation performance in university-industry-government linkages[J]. Scientometrics, 2013, 94 (3): 1077-1098.

[54] Leydesdorff L, Park H W, Lengyel B. A routine for measuring synergy in university-industry-government relations: Mutual information as a triple-helix and quadruple-helix indicator[J]. Scientometrics, 2014, 99 (1): 27-35.

[55] Farinha L, Ferreira J, Gouveia B. Networks of innovation and competitiveness: A triple helix case study[J]. Journal of the Knowledge Economy, 2016, 7 (1): 259-275.

[56] Li E L, Yao F, Xi J X, et al. Evolution characteristics of government-industry-university-research cooperative innovation network for China's agriculture and influencing factors: Illustrated according to agricultural patent case[J]. Chinese Geographical Science, 2018, 28 (1): 137-152.

[57] de Fuentes C, Dutrénit G. Best channels of academia-industry interaction for long-term benefit[J]. Research Policy, 2012, 41 (9): 1666-1682.

[58] Plewa C, Korff N, Johnson C, et al. The evolution of university-industry linkages—A framework[J]. Journal of Engineering and Technology Management, 2013, 30 (1): 21-44.

[59] Pu G L, Zhu X M, Dai J, et al. Understand technological innovation investment performance: Evolution of industry-university-research cooperation for technological innovation of lithium-ion storage battery in China[J]. Journal of Energy Storage, 2022, 36: 103607.

[60] Meyer-Krahmer F, Schmoch U. Science-based technologies: University-industry interactions in four fields[J]. Research Policy, 1998, 27 (8): 835-851.

[61] Abbasnejad T, Baerz A M, Asghar A, et al. Factors affecting on collaboration of industry with university[J]. African Journal of Business Management, 2011, 5 (32): 12401-12407.

[62] Lee P. Transcending the tacit dimension: Patents, relationships, and organizational integration in technology transfer[J]. California Law Review, 2012, 100 (6): 1503-1572.

[63] Fernández-Esquinas M, Pinto H, Yruela M P, et al. Tracing the flows of knowledge transfer: Latent dimensions and determinants of university-industry interactions in peripheral innovation systems[J]. Technological Forecasting and Social Change, 2016, 113 (Part B): 266-279.

[64] Azagra-Caro J M, Barberá-Tomás D, Edwards-Schachter M, et al. Dynamic interactions between university-industry knowledge transfer channels: A case study of

the most highly cited academic patent[J]. Research Policy，2017，46（2）：463-474.

[65] Makkonen T，Williams A M，Weidenfeld A，et al. Cross-border knowledge transfer and innovation in the European neighbourhood：Tourism cooperation at the Finnish-Russian border[J]. Tourism Management，2018，68：140-151.

[66] Cao X，Li C Y. Evolutionary game simulation of knowledge transfer in industry-university-research cooperative innovation network under different network scales[J]. Scientific Reports，2020，10（1）：4027.

[67] Figueiredo N，Fernandes C. Cooperation university-industry：A systematic literature review[J]. International Journal of Innovation and Technology Management，2021，17（8）：2130001.

[68] Schartinger D，Rammer C，Fischer M M，et al. Knowledge interactions between universities and industry in Austria：Sectoral patterns and determinants[J]. Research Policy，2002，31（3）：303-328.

[69] Grimpe C，Hussinger K. Formal and informal technology transfer from academia to industry：Complementarity effects and innovation performance[J]. SSRN Electronic Journal，2008（2）：16-22.

[70] Motoyama Y. Long-term collaboration between university and industry：A case study of nanotechnology development in Japan[J]. Technology in Society，2014，36（1）：39-51.

[71] Xiang W，Chen X，Zhang F. The diffusion of green technology innovation based on cloud platform for energy saving[J]. Ekoloji，2019，28（107）：1641-1650.

[72] Wang X Y，Jing S. The construction and path analysis of the school-enterprise cooperative innovation model under the background of the open independent innovation[J]. Intelligent Automation and Soft Computing，2020，26（4）：765-771.

[73] Bonaccorsi A，Piccaluga A. A theoretical framework for the evaluation of university-industry relationships[J]. R&D Management，1994，24（3）：229-247.

[74] Barnes T，Pashby I，Gibbons A. Effective university-industry interaction：A multi-case evaluation of collaborative R&D projects[J]. European Management Journal，2002，20（3）：272-285.

[75] von Raesfeld A，Geurts P，Jansen M，et al. Influence of partner diversity on collaborative public R&D project outcomes：A study of application and commercialization of nanotechnologies in the Netherlands[J]. Technovation，2012，32（3-4）：227-233.

[76] Wu A H，Wang Z，Chen S. Impact of specific investments，governance mechanisms and behaviors on the performance of cooperative innovation projects[J]. International Journal of Project Management，2017，35（3）：504-515.

[77] Xia H S，Weng J，Zhang J. Effectiveness of industry-university-research cooperation in China：Impact of innovation input and open innovation environment[J]. International Journal of Innovation Science，2022，14（1）：62-78.

[78] Ai Z H. Relationship quality，absorptive capacity and innovation performance of industry university research cooperative enterprises[J]. Journal of Computational Methods in Sciences and Engineering，2022，22（2）：447-456.

[79] 阎云翔. 礼物的流动：一个中国村庄中的互惠原则与社会网络[M]. 李放春，刘瑜，

译. 上海：上海人民出版社，2000.

[80] 马利诺夫斯基. 西太平洋的航海者[M]. 梁永佳，李绍明，译. 北京：华夏出版社，2002.

[81] 王铭铭. 社会人类学与中国研究[M]. 北京：三联书店，1997.

[82] Hamilton W D. The genetical evolution of social behavior. I [J]. Journal of Theoretical Biology，1964，7（1）：1-16.

[83] Trivers R L. The evolution of reciprocal altruism[J]. The Quarterly Review of Biology，1971，46（1）：35-57.

[84] Axelrod R M，Hamilton W D. The evolution of cooperation[J]. Science，1981，211（4489）：1390-1396.

[85] Nowak M A，Sigmund K. Evolution of indirect reciprocity by image scoring[J]. Nature，1998，393（6685）：573-577.

[86] Nowak M A. Five rules for the evolution of cooperation[J]. Science，2006，314（5805）：1560-1563.

[87] Gintis H. Strong reciprocity and human sociality[J]. Journal of Theoretical Biology，2000，206（2）：169-179.

[88] Arrow K J. Optimal and voluntary income redistribution[M]//Steven R. Economic Welfare and the Economics of Soviet Socialism：Essays in Honor of Abram Bergson. Cambridge：Cambridge University Press，1981：267-288.

[89] North D C. Institutions，Institutional Change and Economic Performance[M]. Cambridge：Cambridge University Press，1990.

[90] Samuelson P A. Altruism as a problem involving group versus individual selection in economics and biology[J]. American Economic Review，1993，83（2）：143-148.

[91] Güth W，Schmittberger R，Schwarze B. An experimental analysis of ultimatum bargaining[J]. Journal of Economic Behavior and Organization，1982，3（4）：367-388.

[92] Güth W. On ultimatum bargaining experiments—A personal review[J]. Journal of Economic Behavior and Organization，1995，27（3）：329-344.

[93] Camerer C F，Thaler R H. Anomalies：Ultimatums，dictators and manners[J]. Journal of Economic Perspectives，1995，9（2）：209-219.

[94] Fehr E，Kirchsteiger G，Riedl A. Does fairness prevent market clearing? An experimental investigation[J]. The Quarterly Journal of Economics，1993，108（2）：437-459.

[95] Falk A，Fehr E，Fischbacher U. Testing theories of fairness—Intentions matter[J]. Games and Economic Behavior，2008，62（1）：287-303.

[96] Charness G，Kuhn P. Lab labor：What can labor economists learn from the lab?[J]. Handbook of Labor Economics，2011，4（Part A）：229-330.

[97] Andreoni J. Cooperation in public-goods experiments：Kindness or confusion?[J]. American Economic Review，1995，85（4）：891-904.

[98] Fischbacher U，Gächter S，Fehr E. Are people conditionally cooperative? Evidence from a public goods experiment[J]. Economics Letters，2001，71（3）：397-404.

[99] Fischbacher U，Gächter S. Social preferences，beliefs，and the dynamics of free riding in public goods experiments[J]. American Economic Review，2010，100（1）：541-556.

[100]　Chaudhuri A. Sustaining cooperation in laboratory public goods experiments: A selective survey of the literature[J]. Experimental Economics, 2011, 14（1）: 47-83.

[101]　Berg J, Dickhaut J, McCabe K. Trust, reciprocity, and social history[J]. Games and Economic Behavior, 1995, 10（1）: 122-142.

[102]　Fahr R, Irlenbusch B. Fairness as a constraint on trust in reciprocity: Earned property rights in a reciprocal exchange experiment[J]. Economics Letters, 2000, 66（3）: 275-282.

[103]　Johnson N D, Mislin A A. Trust games: A meta-analysis[J]. Journal of Economic Psychology, 2011, 32（5）: 865-889.

[104]　Fehr E, Schmidt K M. A theory of fairness, competition, and cooperation[J]. The Quarterly Journal of Economics, 1999, 114（3）: 817-868.

[105]　Takezawa M, Price M E. Revisiting "The evolution of reciprocity in sizable groups": Continuous reciprocity in the repeated N-person prisoner's dilemma[J]. Journal of Theoretical Biology, 2010, 264（2）: 188-196.

[106]　Moreno-Okuno A T, Mosiño A. A theory of sequential group reciprocity[J]. Latin American Economic Review, 2017, 26（6）: 1-19.

[107]　Ito T, Suzuki R, Arita T. Evolution of four forms of reciprocity in the prisoner's dilemma game[J]. Artificial Life and Robotics, 2019, 24（2）: 140-146.

[108]　Zonca J, Folsø A, Sciutti A. Dynamic modulation of social influence by indirect reciprocity[J]. Scientific Reports, 2021, 11（1）: 11104.

[109]　Bolton G E, Ockenfels A. ERC: A theory of equity, reciprocity and competition[J]. The American Economic Review, 2000, 90（1）: 166-193.

[110]　Rabin M. Incorporating fairness into game theory and economics[J]. The American Economic Review, 1993, 83（5）: 1281-1302.

[111]　Dufwenberg M, Kirchsteiger G. A theory of sequential reciprocity[J]. Games and Economic Behavior, 2004, 47（2）: 268-298.

[112]　Falk A, Fischbacher U. A theory of reciprocity[J]. Games and Economic Behavior, 2006, 54（2）: 293-315.

[113]　Charness G, Rabin M. Understanding social preferences with simple tests[J]. Quarterly Journal of Economics, 2002, 117（3）: 817-869.

[114]　Tanimoto J, Sagara H. Relationship between dilemma occurrence and the existence of a weakly dominant strategy in a two-player symmetric game[J]. Biosystems, 2007, 90（1）: 105-114.

[115]　Sahlins M. Stone Age Economics[M]. New York: Aldine de Gruyter, 1972.

[116]　Sparrowe R T, Liden R C. Process and structure in leader-member exchange[J]. Academy of Management Review, 1997, 22（2）: 522-552.

[117]　Wu J B, Hom P W, Tetrick L E, et al. The norm of reciprocity: Scale development and validation in the Chinese context[J]. Management and Organization Review, 2006, 2（3）: 377-402.

[118]　Molm L D. The structure of reciprocity[J]. Social Psychology Quarterly, 2010, 73（2）: 119-131.

[119]　Li X, Zhu P H, Yu Y, et al. The effect of reciprocity disposition on giving and

repaying reciprocity behavior[J]. Personality and Individual Differences，2017，109：201-206.

[120] Gong B L，Yang C L. Cooperation through indirect reciprocity：The impact of higher-order history[J]. Games and Economic Behavior，2019，118：316-341.

[121] Szcześniak M，Świątek A H，Świątek M A，et al. Positive downstream indirect reciprocity scale（PoDIRS-6）：Construction and psychometric characteristics[J]. Current Psychology，2022，41（7）：4379-4400.

[122] Ockenfels P. Cooperation in prisoners' dilemma：An evolutionary approach[J]. European Journal of Political Economy，1993，9（4）：567-579.

[123] Bach L A，Helvik T，Christiansen F B. The evolution of N-player cooperation—Threshold games and ESS bifurcations[J]. Journal of Theoretical Biology，2006，238（2）：426-434.

[124] Liu R R，Jia C X，Wang B H. Effects of heritability on evolutionary cooperation in spatial prisoner's dilemma games[J]. Physics Procedia，2010，3（5）：1853-1858.

[125] El Seidy E，Almuntaser A M. On the evolution of cooperative behavior in prisoner's dilemma[J]. Journal of Game Theory，2015，4（1）：1-5.

[126] Núñez Rodríguez I，Neves A G M. Evolution of cooperation in a particular case of the infinitely repeated prisoner's dilemma with three strategies[J]. Journal of Mathematical Biology，2016，73（6）：1665-1690.

[127] Knight V T，Harper M，Glynatsi N E，et al. Evolution reinforces cooperation with the emergence of self-recognition mechanisms：An empirical study of strategies in the Moran process for the iterated prisoner's dilemma[J]. PLoS One，2018，13（10）：1-33.

[128] Li R Y，Xu Z J，Zhang L Z. Heterogeneity of networks promotes cooperation in the prisoner's dilemma and the snowdrift game[J]. Journal of the Korean Physical Society，2019，74（9）：831-837.

[129] Shi J，Hu D，Tao R，et al. Interaction between populations promotes cooperation in voluntary prisoner's dilemma[J]. Applied Mathematics and Computation，2021，392：125728.

[130] Bahel E，Ball S，Sarangi S. Communication and cooperation in prisoner's dilemma games[J]. Games and Economic Behavior，2022，133：126-137.

[131] Hauert C，Doebeli M. Spatial structure often inhibits the evolution of cooperation in the snowdrift game[J]. Nature，2004，428（6983）：643-646.

[132] Lee K H，Chan C H，Hui P M，et al. Cooperation in N-person evolutionary snowdrift game in scale-free Barabási-Albert networks[J]. Physica A：Statistical Mechanics and its Applications，2008，387（22）：5602-5608.

[133] Ni Y C，Xu C，Hui P M，et al. Cooperative behavior in evolutionary snowdrift game with bounded rationality[J]. Physica A：Statistical Mechanics and its Applications，2009，388（23）：4856-4862.

[134] Xu M，Zheng D F，Xu C，et al. Cooperative behavior in N-person evolutionary snowdrift games with punishment[J]. Physica A：Statistical Mechanics and its Applications，2015，424：322-329.

[135] Su Q，Li A M，Wang L. Spatial structure favors cooperative behavior in the snowdrift game with multiple interactive dynamics[J]. Physica A：Statistical Mechanics and its Applications，2017，468：299-306.

[136] Li W J，Jiang L L，Gu C J，et al. Influentials promote cooperation in spatial snowdrift games[J]. Journal of Statistical Mechanics：Theory and Experiment，2018（6）：063406.

[137] Pu J，Jia T，Li Y. Effects of time cost on the evolution of cooperation in snowdrift game[J]. Chaos，Solitons and Fractals，2019，125：146-151.

[138] Zhu J B，Liu X W. The number of strategy changes can be used to promote cooperation in spatial snowdrift game[J]. Physica A：Statistical Mechanics and its Applications，2021，575：126044.

[139] Nowak M A，May R M. Evolutionary games and spatial chaos[J]. Nature，1992，359（6398）：826-829.

[140] Santos F C，Pacheco J M. Scale-free networks provide a unifying framework for the emergence of cooperation[J]. Physical Review Letters，2005，95（9）：098104.

[141] Langer P，Nowak M A，Hauert C. Spatial invasion of cooperation[J]. Journal of Theoretical Biology，2008，250（4）：634-641.

[142] Wu B，Zhou D，Fu F，et al. Evolution of cooperation on stochastic dynamical networks[J]. PLoS One，2010，5（6）：e11187.

[143] Luo C，Zhang X L，Zheng Y J. Chaotic evolution of prisoner's dilemma game with volunteering on interdependent networks[J]. Communications in Nonlinear Science and Numerical Simulation，2017，47：407-415.

[144] Su Q，McAvoy A，Plotkin J B. Evolution of cooperation with contextualized behavior[J]. Science Advances，2022，8（6）：6066.

[145] Wang Z R，Deng Z H，Wang H B，et al. Uneven resources network promotes cooperation in the prisoner's dilemma game[J]. Applied Mathematics and Computation，2022，413：126619.

[146] 白春礼. 原始性创新基础研究之魂[J]. 中国基础科学，1999，1（1）：8-9.

[147] 徐冠华. 推动原始性创新培养创新型人才[J]. 中国基础科学，2001（2）：4-10.

[148] 叶鑫生. 源头创新小议[J]. 中国科学基金，2001（2）：113-114.

[149] 邹承鲁，陈述彭，陈平原，等. 自然、人文、社科三大领域聚焦原始创新[J]. 中国软科学，2002（8）：8-25.

[150] 陈雅兰，韩龙士，王金祥，等. 原始性创新的影响因素及演化机理探究[J]. 科学学研究，2003，21（4）：433-437.

[151] 973计划基础研究共性重大问题战略研究组. 对提升原始性创新能力的一些建议[J]. 中国基础科学，2004（2）：7-12.

[152] 陈劲，宋建元，葛朝阳，等. 试论基础研究及其原始性创新[J]. 科学学研究，2004（3）：317-321.

[153] 陈民芳，陈京民，宋薇. 企业原始技术创新与创新团队管理[J]. 科技与经济，2005，18（1）：18-20.

[154] 裴云龙，江旭，刘衡. 战略柔性、原始性创新与企业竞争力——组织合法性的调节作用[J]. 科学学研究，2013，31（3）：446-455.

[155] 李妹，高山行. 环境不确定性、组织冗余与原始性创新的关系研究[J]. 管理评论，2014，26（1）：47-56.

[156] 原长弘，章芬，高金燕. 产学研战略联盟与企业原始创新能力[J]. 研究与发展管理，2015，27（6）：29-39.

[157] 王聪. 知识生产过程中的原始性创新及其在我国评价制度中的风险[J]. 自然辩证法研究，2015，31（7）：65-70.

[158] 王云飞. 基础前沿科学原始创新能力提升机制研究[J]. 科学管理研究，2018，36（5）：1-4.

[159] 程磊. 新中国 70 年科技创新发展：从技术模仿到自主创新[J]. 宏观质量研究，2019，7（3）：17-37.

[160] 余江，刘佳丽，甘泉，等. 以跨学科大纵深研究策源重大原始创新：新一代集成电路光刻系统突破的启示[J]. 中国科学院院刊，2020，35（1）：112-117.

[161] 韩晨，高山行. 员工导向提升原始性创新的机制研究[J]. 科研管理，2022，43（5）：131-140.

[162] 顾超. 科学史视域下的原始创新：以高温超导研究为例[J]. 科学学研究，2022，40（7）：1172-1180.

[163] 沈超，王学力. 原始性创新的影响因素及其机制与模式分析[J]. 科技管理研究，2008，28（8）：11-13.

[164] 韩晨，高山行. 双元市场学习、原始性创新能力与企业竞争力的关系研究[J]. 研究与发展管理，2018，30（1）：1-11.

[165] 刘立春. 药品原始创新模式演化及对中国的启示[J]. 科技进步与对策，2019，36（1）：74-82.

[166] 叶金国，张世英. 企业技术创新过程的自组织与演化模型[J]. 科学学与科学技术管理，2002，23（12）：74-77.

[167] 张子刚，周永红，刘开军. 知识管理对企业技术创新过程的能动效应及其机理分析[J]. 科学学与科学技术管理，2004，25（3）：45-49.

[168] 汪寅，王忠，刘仲林. 基于知识螺旋的原始创新过程与机制研究[J]. 科学学与科学技术管理，2007，28（8）：42-47.

[169] 檀润华，马建红，陈子顺，等. 基于 TRIZ 中需求进化定律的一类原始创新过程研究[J]. 中国工程科学，2008，10（11）：52-58.

[170] 石芝玲，和金生. 基于知识发酵理论的技术创新过程研究[J]. 科技管理研究，2009，29（11）：352-354.

[171] 涂振洲，顾新. 基于知识流动的产学研协同创新过程研究[J]. 科学学研究，2013，31（9）：1381-1390.

[172] 刘小花，高山行. 原始性创新触发机制研究——基于实践团体及其嵌入网络的视角[J]. 科学学研究，2013，31（3）：430-436.

[173] 杨燕，蔡新蕾. 原始性创新的触发机制研究——基于动机性信息处理理论和利益相关者视角[J]. 科研管理，2016，37（9）：1-10.

[174] 苏屹，林周周，李新，等. 微小改变的累积：原始创新成果的产生——以屠呦呦诺贝尔奖为例[J] 科技进步与对策，2016，33（23）：1-5.

[175] 王晨筱，周洋，陆露，等. 颠覆性创新四阶段扩散过程模型——基于液晶电视机与山寨手机案例[J]. 科技进步与对策，2018，35（22）：1-7.

[176] 王健, 黄群慧. 组织遗忘、组织即兴与环境动态性视角下企业原始性创新构建路径[J]. 科技进步与对策, 2019, 36 (10): 84-90.

[177] 郑登攀, 党兴华. 技术溢出对中小企业合作创新倾向的影响研究[J]. 科学学与科学技术管理, 2008, 29 (8): 63-67.

[178] 李玲. 技术创新网络中企业间依赖、企业开放度对合作绩效的影响[J]. 南开管理评论, 2011, 14 (4): 16-24.

[179] 黄健柏, 白冰. 电动汽车企业技术合作创新模式投资决策[J]. 系统工程理论与实践, 2011, 31 (9): 1707-1717.

[180] 郑登攀, 党兴华. 网络嵌入性对企业选择合作技术创新伙伴的影响[J]. 科研管理, 2012, 33 (1): 154-160.

[181] 杨皎平, 张恒俊, 侯楠. 集群企业间关系强度对合作技术创新的影响——基于企业类型和创新类型的视角[J]. 运筹与管理, 2015, 24 (1): 280-287.

[182] 单英华, 李忠富. 基于演化博弈的住宅建筑企业技术合作创新机理[J]. 系统管理学报, 2015, 24 (5): 673-681.

[183] 苏先娜, 谢富纪. 企业技术创新合作策略选择的演化博弈研究[J]. 研究与发展管理, 2016, 28 (1): 132-140.

[184] 苏先娜, 谢富纪. 产学合作技术创新策略与收益分配博弈分析[J]. 研究与发展管理, 2016, 28 (6): 10-18.

[185] 孙玉涛, 臧帆. 企业区域内/间研发合作与创新绩效——技术多元化的调节作用[J]. 科研管理, 2017, 38 (3): 52-60.

[186] 吴言波, 邵云飞. 联盟组合重构有利于合作创新绩效吗? [J]. 科研管理, 2021, 42 (9): 103-111.

[187] 张芳, 蔡建峰. 基于政府支持的军民合作技术创新演化博弈研究[J]. 运筹与管理, 2021, 30 (2): 8-15.

[188] 宋潇, 张龙鹏. 成渝地区双城经济圈优质跨域合作创新的驱动逻辑——基于区域科技进步奖获奖数据的分析[J]. 中国科技论坛, 2021 (10): 143-152.

[189] 张涑贤, 王强, 王文隆. BIM应用下项目主体间信任和被信任感对合作创新绩效的影响研究[J]. 预测, 2021, 40 (6): 76-83.

[190] 池睿, 张剑渝, 樊志文, 等. 合作创新如何更有效? ——基于专用性投资与战略信息共享的视角[J]. 财经理论与实践, 2022, 43 (3): 59-67.

[191] 陈劲, 张学文. 日本型产学官合作创新研究——历史、模式、战略与制度的多元化视角[J]. 科学学研究, 2008, 26 (4): 880-886, 792.

[192] 许长青. 产学新型合作伙伴关系的国际考察——美国案例研究[J]. 高等工程教育研究, 2009 (2): 27-34.

[193] 施莉莉. 论大学与企业协同创新中政府的作用——基于日本大学与企业创新体制的演变[J]. 高校教育管理, 2015, 9 (3): 22-29.

[194] 赵东霞, 郭书男, 周维. 国外大学科技园"官产学"协同创新模式比较研究——三螺旋理论的视角[J]. 中国高教研究, 2016 (11): 89-94.

[195] 孙天慈, 孟宇. 英国创新模式下的产学研合作落后于美国? ——基于大学知识生产与转移的考察[J]. 清华大学教育研究, 2022, 43 (1): 137-148.

[196] 仲伟俊, 梅姝娥, 谢园园. 产学研合作技术创新模式分析[J]. 中国软科学, 2009 (8): 174-181.

[197] 鲁若愚，张鹏，张红琪. 产学研合作创新模式研究——基于广东省部合作创新实践的研究[J]. 科学学研究，2012，30（2）：186-193，224.

[198] 李梅芳，刘国新，刘璐. 企业与高校对产学研合作模式选择的比较研究[J]. 科研管理，2012，33（9）：154-160.

[199] 马家喜，金新元. 一种以企业为主导的"产学研"集成创新模式——基于合作关系与控制权视角的建模分析[J]. 科学学研究，2014，32（1）：130-139.

[200] 董睿，张海涛. 产学研协同创新模式演进中知识转移机制设计[J]. 软科学，2018，32（11）：6-10.

[201] 秦玮，徐飞. 产学联盟绩效的影响因素分析：一个基于动机和行为视角的整合模型[J]. 科学学与科学技术管理，2011，32（6）：12-18.

[202] 徐静，冯锋，张雷勇，等. 我国产学研合作动力机制研究[J]. 中国科技论坛，2012（7）：74-80.

[203] 章熙春，蒋兴华. 合作动机对产学研战略联盟建设绩效影响的研究[J]. 中国科技论坛，2013（6）：45-51.

[204] 马文聪，叶阳平，徐梦丹，等. "两情相悦"还是"门当户对"：产学研合作伙伴匹配性及其对知识共享和合作绩效的影响机制[J]. 南开管理评论，2018，21（6）：95-106.

[205] 朱桂龙，杨小婉. 大学视角下的产学研合作动机研究评述——层次、分类与框架[J]. 华南理工大学学报（社会科学版），2019，21（5）：26-33.

[206] 盛永祥，胡俊，吴洁，等. 技术因素影响产学研合作创新意愿的演化博弈研究[J]. 管理工程学报，2020，34（2）：172-179.

[207] 罗利，鲁若愚. Shapley 值在产学研合作利益分配博弈分析中的应用[J]. 软科学，2001，15（2）：17-19，73.

[208] 詹美求，潘杰义. 校企合作创新利益分配问题的博弈分析[J]. 科研管理，2008，29（1）：8-13，28.

[209] 鲍新中，王道平. 产学研合作创新成本分摊和收益分配的博弈分析[J]. 研究与发展管理，2010，22（5）：75-81.

[210] 游达明，宋姿庆. 政府规制对产学研生态技术合作创新及扩散的影响研究[J]. 软科学，2018，32（1）：1-6，10.

[211] 方卫华. 创新研究的三螺旋模型：概念、结构和公共政策含义[J]. 自然辩证法研究，2003，19（11）：69-72，78.

[212] 饶凯，孟宪飞，徐亮. 政府研发投入对中国大学技术转移合同的影响——基于三螺旋理论的视角[J]. 科学学与科学技术管理，2012，33（8）：74-81.

[213] 庄涛，吴洪. 基于专利数据的我国官产学研三螺旋测度研究——兼论政府在产学研合作中的作用[J]. 管理世界，2013（8）：175-176.

[214] 韩秋明，王革. 丹麦空间技术协同发展策略研究[J]. 中国科技论坛，2018（4）：180-188.

[215] 杨博旭，王玉荣，李兴光. 多维邻近与合作创新[J]. 科学学研究，2019，37（1）：154-164.

[216] 柳剑平，何凤琴. 基于三螺旋理论的多主体协同创新模式与路径——以江西赣江新区为例[J]. 江西社会科学，2019，39（8）：75-81.

[217] 周春彦，亨利·埃茨科威兹. 双三螺旋：创新与可持续发展[J]. 东北大学学报

（社会科学版），2006，8（3）：170-174.

[218] 冯锋，王亮. 产学研合作创新网络培育机制分析——基于小世界网络模型[J]. 中国软科学，2008（11）：82-86，95.

[219] 陈伟，张永超，马一博，等. 区域装备制造业产学研合作创新网络的实证研究——基于网络结构和网络聚类的视角[J]. 科学学研究，2012，30（4）：600-607.

[220] 张雷勇，冯锋，肖相泽，等. 产学研共生网络：概念、体系与方法论指向[J]. 研究与发展管理，2013，25（2）：37-44.

[221] 曹霞，刘国巍. 资源配置导向下产学研合作创新网络协同演化路径[J]. 系统管理学报，2015，24（5）：769-777.

[222] 刘国巍. 产学研合作创新网络时空演化模型及实证研究——基于广西 2000—2013 年的专利数据分析[J]. 科学学与科学技术管理，2015，36（4）：64-74.

[223] 刘国巍. PF-MF 视角下产学研合作创新网络多核型结构演化[J]. 系统工程，2016，34（3）：30-37.

[224] 王建国，王飞，华连连，等. 内蒙古产学研合作创新网络结构演化研究[J]. 科学管理研究，2018，36（6）：78-81.

[225] 胡海鹏，吕拉昌. 中关村产学研合作创新网络的时空演化[J]. 中国科技论坛，2018（12）：52-59.

[226] 高霞，其格其，曹洁琼. 产学研合作创新网络开放度对企业创新绩效的影响[J]. 科研管理，2019，40（9）：231-240.

[227] 李晨光，赵继新. 产学研合作创新网络随机交互连通性研究——角色和地域多网络视角[J]. 管理评论，2019，31（8）：110-122.

[228] 高霞，曹洁琼，包玲玲. 产学研合作开放度的异质性对企业创新绩效的影响[J]. 科研管理，2021，42（9）：112-119.

[229] 林莉，郑旭，葛继平. 产学研联盟知识转移的影响因素及促进机制研究[J]. 中国科技论坛，2009（5）：39-43.

[230] 刘芳. 社会资本对产学研合作知识转移绩效影响的实证研究[J]. 研究与发展管理，2012，24（1）：103-111.

[231] 孙卫，王彩华，刘民婷. 产学研联盟中知识转移绩效的影响因素研究[J]. 科学学与科学技术管理，2012，33（8）：58-65.

[232] 刁丽琳，朱桂龙. 产学研合作中的契约维度、信任与知识转移——基于多案例的研究[J]. 科学学研究，2014，32（6）：890-901.

[233] 刁丽琳，朱桂龙. 产学研联盟契约和信任对知识转移的影响研究[J]. 科学学研究，2015，33（5）：723-733.

[234] 吴洁，彭星星，盛永祥，等. 基于动态控制模型的产学研知识转移合作博弈研究[J]. 中国管理科学，2017，25（3）：190-196.

[235] 洪勇，李琪. 基于主体间多维交互的产学研知识转移机理[J]. 科学学研究，2018，36（5）：857-867.

[236] 李梓涵昕，朱桂龙. 产学研合作中的主体差异性对知识转移的影响研究[J]. 科学学研究，2019，37（2）：320-328.

[237] 吴蓉，汪志强，于娱，等. 考虑企业规模的产学研合作知识转移多情景仿真分析[J]. 科技进步与对策，2021，38（14）：116-124.

[238] 戴勇，肖丁丁，锁颖馨. 研发投入、企业家精神与产学研绩效的关系研究——以

广东省部产学研合作企业为例[J]. 科学学与科学技术管理，2010，31（11）：136-142.

[239] 李成龙，刘智跃. 产学研耦合互动对创新绩效影响的实证研究[J]. 科研管理，2013，34（3）：23-30.

[240] 张秀峰，陈光华，杨国梁，等. 企业所有权性质影响产学研合作创新绩效了吗?[J]. 科学学研究，2015，33（6）：934-942.

[241] 陈光华，杨国梁. 边界效应对跨区域产学研合作创新绩效的影响研究——来自广东省的证据[J]. 研究与发展管理，2015，27（1）：92-99.

[242] 曹霞，刘国巍. 产学研合作创新网络规模、连接机制与创新绩效的关系研究——基于多主体仿真和动态系统论视角[J]. 运筹与管理，2015，24（2）：246-254.

[243] 卢艳秋，叶英平. 产学研合作中网络惯例对创新绩效的影响[J]. 科研管理，2017，38（3）：11-17.

[244] 张树静，张秀峰. 城市创新环境对产学研合作创新的影响[J]. 中国科技论坛，2018（4）：25-32.

[245] 李鹏，李美娟，陈维花. 企业 R&D 投入与产学研协同创新绩效分析[J]. 统计与决策，2019，35（2）：183-185.

[246] 王丽平，栾慧明. 组织距离、价值共创与产学研合作创新绩效[J]. 管理学报，2019，16（5）：704-711.

[247] 张秀峰，陈光华，海本禄. 融资约束、政府补贴与产学研合作创新绩效[J]. 科学学研究，2019，37（8）：1529-1536.

[248] 李明星，苏佳璐，胡成，等. 产学研合作创新绩效影响因素元分析研究[J]. 科技进步与对策，2020，37（6）：61-69.

[249] 阮青松，黄向晖. 西方公平偏好理论研究综述[J]. 外国经济与管理，2005，27（6）：10-16.

[250] 叶航，汪丁丁，罗卫东. 作为内生偏好的利他行为及其经济学意义[J]. 经济研究，2005，40（8）：84-94.

[251] 龚霁茸，费方域. 寻求公平的经济人——相关实验经济学研究综述[J]. 经济学家，2006（2）：32-39.

[252] 魏光兴. 公平偏好的博弈实验及理论模型研究综述[J]. 数量经济技术经济研究，2006，23（8）：152-160.

[253] 蒲勇健. 植入"公平博弈"的委托-代理模型——来自行为经济学的一个贡献[J]. 当代财经，2007（3）：5-11.

[254] 蒲勇健. 建立在行为经济学理论基础上的委托-代理模型：物质效用与动机公平的替代[J]. 经济学季刊，2007，7（1）：297-318.

[255] 李训，曹国华. 基于公平偏好理论的激励机制研究[J]. 管理工程学报，2008，22（2）：107-111，116.

[256] 万迪昉，罗进辉，赵建锋. 管理者可信行为对员工激励作用的实验研究[J]. 管理科学，2009，22（6）：46-55.

[257] 刘敬伟. 基于互惠性偏好的委托代理理论及其对和谐经济的贡献[D]. 重庆：重庆大学，2010.

[258] 韩姣杰，周国华，李延来，等. 基于互惠偏好的多主体参与项目团队合作行为[J]. 系统管理学报，2012，21（1）：111-119.

[259] 赵宸元. 基于公平偏好的多重委托-代理激励机制研究[D]. 重庆：重庆大学，2016.

[260] 徐鹏，王磊，伏红勇，等. 互惠性偏好视角下农产品供应链金融的 4PL 对 3PL 的激励策略研究[J]. 管理评论，2019，31（1）：62-70.

[261] 安庆贤，胡明杰. 互惠性偏好视角下医患委托代理模型研究[J]. 北京航空航天大学学报（社会科学版），2021，34（4）：115-123.

[262] 刘国芳，辛自强. 间接互惠中的声誉机制：印象、名声、标签及其传递[J]. 心理科学进展，2011，19（2）：233-242.

[263] 梁平汉，孟涓涓. 人际关系、间接互惠与信任：一个实验研究[J]. 世界经济，2013，36（12）：90-110.

[264] 林润辉，米捷. 知识共享与间接互惠：基于计算实验方法的研究[J]. 运筹与管理，2017，26（9）：157-165.

[265] 孙熠譞，张建华，李菁萍. 间接互惠理论研究进展[J]. 经济学动态，2022（1）：146-160.

[266] 万迪昉，罗进辉，赵建锋. 管理者可信行为与员工努力水平——基于两阶段的序贯互惠博弈模型分析[J]. 系统工程，2009，27（7）：101-106.

[267] 钱峻峰，蒲勇健. 管理者-员工纵向信任行为分析——基于序贯互惠"囚徒困境"博弈模型[J]. 预测，2011，30（2）：46-50.

[268] 蒲勇健，师伟. 基于利益冲突视角的互惠激励效应研究[J]. 系统工程学报，2013，28（1）：28-37.

[269] 师伟，蒲勇健. 基于不同信息条件下的动态互惠效应研究[J]. 系统工程学报，2013，28（2）：167-179.

[270] 韩敬稳，彭正银. 基于关系传递的企业网络嵌入的动态过程研究——考虑"互惠性偏好"的序贯博弈分析[J]. 预测，2015，34（5）：55-60.

[271] 占永志，陈金龙，邹小红. 基于互惠动机的平台型供应链金融利益权衡机制[J]. 系统科学学报，2018，26（2）：131-136.

[272] 王亦虹，任晓晨，尹贻林，等. 巨型项目信任互惠行为机理研究框架[J]. 工业工程与管理，2018，23（1）：122-134.

[273] 赵俊，陈旭梅，刘志硕，等. 航权资源双边谈判的序贯互惠博弈建模与分析[J]. 哈尔滨工业大学学报，2022，54（3）：1-11.

[274] 林昭文，张同健，蒲勇健. 基于互惠动机的个体间隐性知识转移研究[J]. 科研管理，2008，29（4）：28-33，63.

[275] 张同健，蒲勇健. 互惠性偏好、隐性知识转化与技术创新能力的相关性研究——基于研发型团队的数据检验[J]. 管理评论，2010，22（10）：100-106.

[276] 李锋，涂如男，贾茂想. 互惠偏好下高校科研创新团队内部隐性知识转移激励机制研究[J]. 江苏科技大学学报（自然科学版），2019，33（4）：74-81.

[277] 陈佳丽，吕玉霞，戚桂杰，等. 开放式创新平台中创新用户的互惠行为研究——以乐高创意平台为例[J]. 软科学，2019，33（3）：96-100.

[278] 谢洪明，张霞蓉，程聪，等. 网络互惠程度对企业技术创新绩效的影响：外部社会资本的中介作用[J]. 研究与发展管理，2012，24（3）：49-55.

[279] 谢洪明，赵薇，陈盈，等. 网络互惠程度与企业管理创新——基于知识流出视角的实证研究[J]. 科学学研究，2012，30（10）：1584-1592.

[280] 谢洪明, 任艳艳, 陈盈, 等. 网络互惠程度与企业管理创新关系研究——基于学习能力和成员集聚度的视角[J]. 科研管理, 2014, 35 (1): 90-97.

[281] 姜照君, 吴志斌. 社会网络嵌入、信任互惠与文化集群企业创新绩效: 基于企业生命周期的动态分析[J]. 深圳大学学报 (人文社会科学版), 2021, 38: 38-47.

[282] 刘鹤玲. 从竞争进化到合作进化: 达尔文自然选择学说的新发展[J]. 科学技术哲学研究, 2005, 22 (1): 38-40, 67.

[283] 易余胤, 肖条军, 盛昭瀚. 合作研发中机会主义行为的演化博弈分析[J]. 管理科学学报, 2005, 8 (4): 80-87.

[284] 陈阳. 合作演化研究进展[J]. 科技进步与对策, 2007, 24 (4): 189-192.

[285] 韦森. 从合作的演化到合作的复杂性——评阿克斯罗德关于人类合作生成机制的博弈论试验及其相关研究[J]. 东岳论丛, 2007, 28 (3): 1-9, 20.

[286] 黄璜. 基于社会资本的合作演化研究——"基于主体建模"方法的博弈推演[J]. 中国软科学, 2010 (9): 173-184.

[287] 黄璜. 合作进化模型综述[J]. 北京大学学报 (自然科学版), 2011, 47 (1): 185-192.

[288] 王先甲, 全吉, 刘伟兵. 有限理性下的演化博弈与合作机制研究[J]. 系统工程理论与实践, 2011, 31 (S1): 82-93.

[289] 刘凤朝, 马荣康, 姜楠. 基于"985 高校"的产学研专利合作网络演化路径研究[J]. 中国软科学, 2011 (7): 178-192.

[290] 黄璜. 合作的逻辑: 基于强欺骗策略的演化分析[J]. 管理科学学报, 2013, 16 (9): 1-8.

[291] 王龙, 丛睿, 李昆. 合作演化中的反馈机制[J]. 中国科学: 信息科学, 2014, 44 (12): 1495-1514.

[292] 曹霞, 刘国巍. 基于博弈论和多主体仿真的产学研合作创新网络演化[J]. 系统管理学报, 2014, 23 (1): 21-29.

[293] 曹霞, 张路蓬. 利益驱动对创新网络合作行为演化的影响机理及仿真——基于复杂网络拓扑结构视角[J]. 运筹与管理, 2015, 24 (6): 160-169.

[294] 韩姣杰, 魏杰. 项目复杂团队合作中利他偏好的生存和演化[J]. 管理科学学报, 2015, 18 (11): 35-46.

[295] 曹霞, 张路蓬. 基于利益分配的创新网络合作密度演化研究[J]. 系统工程学报, 2016, 31 (1): 1-12.

[296] 原驰, 于洪雷, 杨德礼. 基于强互惠理论的企业合作创新行为演化研究[J]. 运筹与管理, 2017, 26 (11): 169-175.

[297] 何建佳, 蒋雪琳, 徐福缘. 基于供需网企业合作博弈模型的演化路径分析[J]. 运筹与管理, 2018, 27 (9): 79-86.

[298] 全吉, 储育青, 王先甲. 具有惩罚策略的公共物品博弈与合作演化[J]. 系统工程理论与实践, 2019, 39 (1): 141-149.

[299] 李壮阔, 吕亚兰. 考虑公众参与的 PPP 合作演化博弈研究[J]. 系统科学学报, 2020, 28 (1): 72-77.

[300] 杨剑, 方易新, 杜少甫. 考虑参照依赖的企业合作创新演化博弈分析[J]. 中国管理科学, 2020, 28 (1): 191-200.

[301] 全吉, 储育青, 王先甲. 自愿参与机制下的公共物品博弈与合作演化[J]. 系统工

程学报，2020，35（2）：188-200.

[302] 徐杰，李果林. 风险收益动态视角下政府与社会资本合作演化博弈分析[J]. 软科学，2020，34（6）：126-130.

[303] 吴军，郝伟怡，张天星，等. 基于演化博弈的企业合作创新策略研究[J]. 系统科学与数学，2020，40（10）：1766-1776.

[304] 冯琳，刘龙方，匡海波. 21世纪海上丝绸之路沿线合作演化博弈研究[J]. 科研管理，2020，41（11）：113-123.

[305] 李文鹏，戴良平，郭本海，等. 后补贴时代复合牵引机制下新能源汽车上下游企业合作创新博弈分析[J]. 软科学，2021，35（1）：81-88.

[306] 赵丹，严啸宸，汪和平，等. 双积分政策下汽车企业合作创新演化博弈分析[J/OL].（2022-05-30）[2024-02-20]. https://doi.org/10.16381/j.cnki.issn1003-207x.2021.1443.

[307] 舒成利，高山行. 原始性创新：效率、分布性主体间的交互机制[J]. 科学学研究，2010，28（3）：436-443.

[308] 亚当·斯密. 道德情操论[M]. 蒋自强，钦北愚，译. 北京：商务印书馆，2009.

[309] 邹文篪，田青，刘佳. "投桃报李"——互惠理论的组织行为学研究述评[J]. 心理科学进展，2012，20（11）：1879-1888.

[310] Gouldner A W. The norm of reciprocity：A preliminary statement[J]. American Sociological Review，1960，25（2）：161-178.

[311] Uhl-Bien M，Maslyn J M. Reciprocity in manager-subordinate relationships：Components，configurations，and outcomes[J]. Journal of Management，2003，29（4）：511-532.

[312] Choi J N，Sung S Y，Lee K，et al. Balancing cognition and emotion：Innovation implementation as a function of cognitive appraisal and emotional reactions toward innovation[J]. Journal of Organizational Behavior，2011，32（1）：107-124.

[313] Fehr E，Gächter S. Fairness and retaliation：The economics of reciprocity[J]. Journal of Economic Perspectives，2000，14（3）：159-181.

[314] Nowak M A，Sigmund K. Evolution of indirect reciprocity[J]. Nature，2005，437（7063）：1291-1298.

[315] Stanca L. Measuring indirect reciprocity：Whose back do we scratch?[J]. Journal of Economic Psychology，2009，30（2）：190-202.

[316] 马丁·诺瓦克，罗杰·海菲尔德. 超级合作者[M]. 龙志勇，魏薇，译. 杭州：浙江人民出版社，2013.

[317] Quan J，Nie J C，Chen W M，et al. Keeping or reversing social norms promote cooperation by enhancing indirect reciprocity[J]. Chaos，Solitons and Fractals，2022，158（5）：111986.

[318] Ma L K，Tunney R J，Ferguson E. Does gratitude enhance prosociality?A meta-analytic review[J]. Psychological Bulletin，2017，143（6）：601-635.

[319] 张艳玲，刘爱志，孙长银. 间接互惠与合作演化的若干问题研究进展[J]. 自动化学报，2018，44（1）：1-12.

[320] 邓魁英. 基于博弈论的群体合作演化动力学分析[D]. 北京：北京大学，2012.

[321] Nash J F. Equilibrium points in N-person games[J]. Proceedings of the National Academy of Sciences of the United States of America，1950，36（1）：48-49.

[322] Carpenter J P. Social preferences[M]// Durlauf S N，Blume L E. The New Palgrave Dictionary of Economics. 2nd ed. New York：Macmillan Publishers Ltd，2008.

[323] 孟潇. 面向重大项目的跨组织科研合作过程研究[D]. 哈尔滨：哈尔滨工业大学，2016.

[324] 简兆权,刘念,黄如意. 动态能力、企业规模与双元创新关系研究——基于 fsQCA 方法的实证分析[J]. 科技进步与对策，2020，37（19）：77-86.

[325] 肖丁丁，王保隆，田文华. 海外技术并购对双元能力成长模式的影响研究[J]. 科学学研究，2020，38（11）：2048-2057.

[326] 吴伟伟,刘业鑫,于渤. 技术管理与技术能力匹配对产品创新的内在影响机制[J]. 管理科学，2017，30（2）：3-15.

[327] Chen J S, Tsou H T. Performance effects of IT capability，service process innovation，and the mediating role of customer service[J]. Journal of Engineering and Technology Management，2012，29（1）：71-94.

[328] 徐建中，徐莹莹. 企业协同能力、网络位置与技术创新绩效——基于环渤海地区制造业企业的实证分析[J]. 管理评论，2015，27（1）：114-125.

[329] Ajzen I. The theory of planned behavior[J]. Organizational Behavior and Human Decision Processes，1991，50（2）：179-211.

[330] 徐硼，赵超，徐宏毅. 外商直接投资对科技服务业上市公司创新能力影响[J]. 科研管理，2020，41（11）：228-239.

[331] Lee S，Park G，Yoon B，et al. Open innovation in SMEs—An intermediated network model[J]. Research Policy，2010，39（2）：290-300.

[332] Stock G N，Greis N P，Fischer W A. Firm size and dynamic technological innovation[J]. Technovation，2002，22（9）：537-549.

[333] Shefer D，Frenkel A. R&D，firm size and innovation：An empirical analysis[J]. Technovation，2005，25（1）：25-32.

[334] 王旭，褚旭. 基于企业规模门槛效应的外部融资对绿色创新影响研究[J]. 系统工程理论与实践，2019，39（8）：2027-2037.

[335] 唐曼萍，李后建. 企业规模、最低工资与研发投入[J]. 研究与发展管理，2019，31（1）：44-55.

[336] Kohli A K，Jaworski B J. Market orientation：The construct，research propositions，and managerial implications[J]. Journal of Marketing，1990，54（2）：1-18.

[337] Atuahene-Gima K，Slater S F，Olson E M. The contingent value of responsive and proactive market orientations for new product program performance[J]. Journal of Product Innovation Management，2005，22（6）：464-482.

[338] Slater S F，Narver J C. The positive effect of a market orientation on business profitability：A balanced replication[J]. Journal of Business Research，2000，48（1）：69-73.

[339] Leonard-Barton D. Core capabilities and core rigidities：A paradox in managing new product development[J]. Strategic Management Journal，1992，13：111-125.

[340] 郝生宾，于渤，王瑜. 新创企业市场导向对产品创新绩效的影响机制[J]. 管理科学，2018，31（5）：84-96.

[341] 陈启杰，江若尘，曹光明. "市场-政策"双重导向对农业企业绩效的影响机制

研究——以泛长三角地区农业龙头企业为例[J]. 南开管理评论，2010，13（5）：123-130.

[342] 罗兴武，项国鹏，宁鹏，等. 商业模式创新如何影响新创企业绩效?——合法性及政策导向的作用[J]. 科学学研究，2017，35（7）：1073-1084.

[343] 吴晓云，张欣妍. 企业能力、技术创新和价值网络合作创新与企业绩效[J]. 管理科学，2015，28（6）：12-26.

[344] 刘群慧，李丽. 关系嵌入性、机会主义行为与合作创新意愿——对广东省中小企业样本的实证研究[J]. 科学学与科学技术管理，2013，34（7）：83-94.

[345] Narver J C，Slater S F. The effect of a market orientation on business profitability[J]. Journal of Marketing，1990，54（4）：20-35.

[346] 杨卓尔，高山行. 战略柔性在分维度企业家导向与原始性创新的中介作用[J]. 管理评论，2020，32（3）：136-151.

[347] 杜运周，贾良定. 组态视角与定性比较分析（QCA）：管理学研究的一条新道路[J]. 管理世界，2017（6）：155-167.

[348] Fiss P C. Building better causal theories：A fuzzy set approach to typologies in organization research[J]. Academy of Management Journal，2011，54（2）：393-420.

[349] Ragin C C. Redesigning Social Inquiry：Fuzzy Sets and Beyond[M]. Chicago：University of Chicago Press，2008.

[350] 杜运周，刘秋辰，程建青. 什么样的营商环境生态产生城市高创业活跃度？——基于制度组态的分析[J]. 管理世界，2020，36（9）：141-155.

[351] Nijssen E J，Ordanini A. How important is alignment of social media use and R&D—Marketing cooperation for innovation success?[J]. Journal of Business Research，2020，116：1-12.

[352] Chen S H，Wang P W，Chen C M，et al. An analytic hierarchy process approach with linguistic variables for selection of an R&D strategic alliance partner[J]. Computers and Industrial Engineering，2010，58（2）：278-287.

[353] Chen S H，Lee H T，Wu Y F. Applying ANP approach to partner selection for strategic alliance[J]. Management Decision，2008，46（3）：449-465.

[354] Shah R H，Swaminathan V. Factors influencing partner selection in strategic alliances：The moderating role of alliance context[J]. Strategic Management Journal，2008，29（5）：471-494.

[355] Choi J，Yeniyurt S. Contingency distance factors and international research and development（R&D），marketing，and manufacturing alliance formations[J]. International Business Review，2015，24（6）：1061-1071.

[356] 薛伟贤，张娟. 高技术企业技术联盟互惠共生的合作伙伴选择研究[J]. 研究与发展管理，2010，22（1）：82-89，113.

[357] Tao F，Qiao K，Zhang L，et al. GA-BHTR：An improved genetic algorithm for partner selection in virtual manufacturing[J]. International Journal of Production Research，2012，50（8）：2079-2100.

[358] 曹霞，刘国巍，付向梅. 基于偏好和动态直觉的产学研合作伙伴选择群决策分析[J]. 运筹与管理，2013，22（4）：33-41.

[359] 游达明，黄曦子. 突破性技术创新合作伙伴选择及其评价[J]. 系统工程，2014，

32（3）：99-103.

[360] 韩国元，陈伟，冯志军. 企业合作创新伙伴的选择研究——基于微粒群算法定权的改进 TOPSIS 法[J]. 科研管理，2014，35（2）：119-126.

[361] 孙圣兰. 基于模糊的创新动态联盟伙伴选择多属性决策模型[J]. 运筹与管理，2015，24（4）：36-40.

[362] 袁纯清. 共生理论及其对小型经济的应用研究（上）[J]. 改革，1998（2）：101-105.

[363] 司尚奇，曹振全，冯锋. 研究机构和企业共生机理研究——基于共生理论与框架[J]. 科学学与科学技术管理，2009，30（6）：15-19.

[364] 王发明，刘丹. 产业技术创新联盟中焦点企业合作共生伙伴选择研究[J]. 科学学研究，2016，34（2）：246-252.

[365] 张树山，郭坤，孙毅. 全球供应链系统环境下科技协同创新伙伴关系模糊组合评估方法[J]. 中国软科学，2014（5）：164-172.

[366] 朱清，杨毅，何青松，等. 基于 ELECTRE-I 法的"互联网+"项目创新联盟伙伴选择研究[J]. 中国软科学，2016（4）：143-149.

[367] 党兴华，张晨. 基于 FANP 的创新型企业评价模型研究[J]. 科学学与科学技术管理，2015，36（3）：114-122.

[368] Chen C T. A fuzzy approach to select the location of the distribution center[J]. Fuzzy Sets and Systems，2001，118（1）：65-73.

[369] Shafiee M. A fuzzy analytic network process model to mitigate the risks associated with offshore wind farms[J]. Expert Systems with Applications，2015，42（4）：2143-2152.

[370] 曹科岩，窦志铭. 组织创新氛围、知识分享与员工创新行为的跨层次研究[J]. 科研管理，2015，36（12）：83-91.

[371] 范钧，梁号天. 社区创新氛围与外向型知识共创：内部人身份认知的中介作用[J]. 科学学与科学技术管理，2017，38（11）：71-82.

[372] 顾远东，彭纪生. 组织创新氛围对员工创新行为的影响：创新自我效能感的中介作用[J]. 南开管理评论，2010，13（1）：30-41.

[373] 王辉，常阳. 组织创新氛围、工作动机对员工创新行为的影响[J]. 管理科学，2017，30（3）：51-62.

[374] 阎亮，张治河. 组织创新氛围对员工创新行为的混合影响机制[J]. 科研管理，2017，38（9）：97-105.

[375] 解学梅，徐茂元. 协同创新机制、协同创新氛围与创新绩效——以协同网络为中介变量[J]. 科研管理，2014，35（12）：9-16.

[376] Shanker R，Bhanugopan R，van der Heijden B I J M，et al. Organizational climate for innovation and organizational performance：The mediating effect of innovative work behavior[J]. Journal of Vocational Behavior，2017，100：67-77.

[377] Bain P G，Mann L，Pirola-Merlo A. The innovation imperative：The relationships between team climate，innovation，and performance in research and development teams[J]. Small Group Research，2001，32（1）：55-73.

[378] 党兴华，王方. 核心企业领导风格、创新氛围与网络创新绩效关系研究[J]. 预测，2014，33（2）：7-12.

[379] Amabile T M，Conti R，Coon H，et al. Assessing the work environment for

creativity[J]. Academy of Management Journal，1996，39（5）：1154-1184.

[380] Anderson N R，West M A. Measuring climate for work group innovation：Development and validation of the team climate inventory[J]. Journal of Organizational Behavior，1998，19（3）：235-258.

[381] 刘云，石金涛，张文勤. 创新气氛的概念界定与量表验证[J]. 科学学研究，2009，27（2）：289-294.

[382] 杨百寅，连欣，马月婷. 中国企业组织创新氛围的结构和测量[J]. 科学学与科学技术管理，2013，34（8）：43-55.

[383] 冉爱晶，周晓雪，肖咪咪，等. 我国中小企业组织创新氛围的架构和异质性研究[J]. 科学学与科学技术管理，2017，38（5）：72-84.

[384] Forehand G A，Vonhallergilmer B. Environmental variation in studies of organizational behavior[J]. Psychological Bulletin，1964，62（2）：361-382.

[385] James L R，Jones A P. Organizational climate：A review of theory and research[J]. Psychological Bulletin，1974，81（12）：1096-1112.

[386] Schulte M，Ostroff C，Shmulyian S，et al. Organizational climate configurations：Relationships to collective attitudes，customer satisfaction，and financial performance[J]. Journal of Applied Psychology，2009，94（3）：618-634.

[387] 段锦云，王娟娟，朱月龙. 组织氛围研究：概念测量、理论基础及评价展望[J]. 心理科学进展，2014，22（12）：1964-1974.

[388] Schneider B，Reichers A E. On the etiology of climates[J]. Personnel Psychology，1983，36（1）：19-39.

[389] 卡尔·维克. 组织社会心理学：如何理解和鉴赏组织[M]. 贾柠瑞，高隽，译. 北京：中国人民大学出版社，2009.

[390] Argyle M. Cooperation：The Basis of Sociability[M]. London：Routledge，1991.

[391] Hinde R A，Groebel J. Cooperation and Prosocial Behavior[M]. New York：Cambridge University Press，1991.

[392] Mesterton-Gibbons M，Dugatkin L A. Cooperation among unrelated individuals：Evolutionary factors[J]. Quarterly Review of Biology，1992，67（3）：267-281.

[393] 黄少安，韦倩. 合作行为与合作经济学：一个理论分析框架[J]. 经济理论与经济管理，2011（2）：5-16.

[394] 黄少安，韦倩. 合作与经济增长[J]. 经济研究，2011，46（8）：51-64.

[395] 吴强，张卫国. 大规模群体知识共享氛围形成机理研究——以间接互惠为视角[J]. 科技进步与对策，2014，31（5）：132-136.

[396] 郑月龙. 基于演化博弈论的企业共性技术合作研发形成机制研究[D]. 重庆：重庆大学，2015.

[397] Nowak M A，Sigmund K. The dynamics of indirect reciprocity[J]. Journal of Theoretical Biology，1998，194（4）：561-574.

[398] Milinski M，Semmann D，Bakker T C M，et al. Cooperation through indirect reciprocity：Image scoring or standing strategy?[J]. Proceedings of the Royal Society B：Biological Sciences，2001，268（1484）：2495-2501.

[399] Karl S. Moral assessment in indirect reciprocity[J]. Journal of Theoretical Biology，2012，299：25-30.

[400] 乔根·W. 威布尔. 演化博弈论[M]. 王永钦, 译. 上海: 格致出版社, 2015.

[401] 高宇, 高山行, 杨建君. 知识共享、突变创新与企业绩效——合作背景下企业内外部因素的调节作用[J]. 研究与发展管理, 2010, 22 (2): 56-63.

[402] Michailova S, Husted K. Knowledge-sharing hostility in Russian firms[J]. California Management Review, 2003, 45 (3): 59-77.

[403] Powell W W. Neither market nor hierarchy: Network forms of organization[J]. Research in Organizational Behavior, 1990, 12: 295-336.

[404] Ouchi W G. Markets, bureaucracies, and clans[J]. Administrative Science Quarterly, 1980, 25 (1): 129-141.

[405] Zucker L G. Production of trust: Institutional sources of economic structure, 1840—1920 [J]. Research in Organizational Behavior, 1986, 8 (2): 53-111.

[406] Zhou K Z, Wu F. Technological capability, strategic flexibility, and product innovation[J]. Strategic Management Journal, 2010, 31 (5): 547-561.

[407] Li Y, Su Z F, Liu Y. Can strategic flexibility help firms profit from product innovation?[J]. Technovation, 2010, 30 (5-6): 300-309.

[408] Barney J B. Firm resources and sustained competitive advantage[J]. Journal of Management, 1991, 17 (1): 99-120.

[409] 张红兵. 知识转移对联盟企业创新绩效的作用机理——以战略柔性为中介[J]. 科研管理, 2015, 36 (7): 1-9.

[410] Rabin M. Psychology and economics[J]. Journal of Economics Literature, 1998, 36 (1): 11-46.

[411] Fehr E, Gächter S. Cooperation and punishment in public goods experiments[J]. American Economic Review, 2000, 90 (4): 980-994.

[412] Wincent J, Anokhin S, Örtqvist D, et al. Quality meets structure: Generalized reciprocity and firm-level advantage in strategic networks[J]. Journal of Management Studies, 2010, 47 (4): 597-624.

[413] Bock G W, Kim Y G. Breaking the myths of rewards: An exploratory study of attitudes about knowledge sharing[J]. Information Resources Management Journal, 2002, 15 (2): 14-21.

[414] Bock G W, Zmud R W, Kim Y G, et al. Behavioral intention formation in knowledge sharing: Examining the roles of extrinsic motivators, social-psychological factors, and organizational climate[J]. MIS Quarterly, 2005, 29 (1): 87-111.

[415] Lin H F. Effects of extrinsic and intrinsic motivation on employee knowledge sharing intentions[J]. Journal of Information Science, 2007, 33 (2): 135-149.

[416] Chennamaneni A. Determinants of Knowledge Sharing Behaviors: Developing and Testing an Integrated Theoretical Model[D]. Arlington: University of Texas at Arlington, 2006.

[417] 刘冰峰. 产学合作知识共享研究[D]. 武汉: 武汉理工大学, 2010.

[418] 王娟茹, 罗岭. 知识共享行为、创新和复杂产品研发绩效[J]. 科研管理, 2015, 36 (6): 37-45.

[419] Heide J B. Interorganizational governance in marketing channels[J]. Journal of Marketing, 1994, 58 (1): 71-85.

[420] 周玉泉，李垣. 组织学习、能力与创新方式选择关系研究[J]. 科学学研究，2005，23（4）：525-530.

[421] Shimizu K，Hitt M A. Strategic flexibility：Organizational preparedness to reverse ineffective strategic decisions[J]. Academy of Management Perspectives，2004，18（4）：44-59.

[422] Sanchez R. Preparing for an uncertain future：Managing organizations for strategic flexibility[J]. International Studies of Management and Organization，1997，27（2）：71-95.

[423] 郭海，李垣，廖貅武，等. 企业家导向、战略柔性与自主创新关系研究[J]. 科学学与科学技术管理，2007，28（1）：73-77.

[424] Kraatz M S，Zajac E J. How organizational resources affect strategic change and performance in turbulent environments：Theory and evidence[J]. Organization Science，2001，12（5）：632-657.

[425] 潘松挺，蔡宁. 企业创新网络中关系强度的测量研究[J]. 中国软科学，2010（5）：108-115.

[426] 孟庆伟. 产学研联盟知识共享机制研究[D]. 哈尔滨：哈尔滨工业大学，2012.

[427] 宋超. 跨组织合作企业的知识共享与保护机制研究[D]. 吉林：吉林大学，2015.

[428] 王铁男，陈涛，贾镕霞. 战略柔性对企业绩效影响的实证研究[J]. 管理学报，2011，8（3）：388-395.

[429] 陈雅兰，李必强，韩龙士. 原始性创新的界定与识别[J]. 发展研究，2004（7）：51，78.

[430] Baron R M，Kenny D A. The moderator-mediator variable distinction in social psychological research：Conceptual，strategic，and statistical considerations[J]. Journal of Personality and Social Psychology，1986，51（6）：1173-1182.

[431] 温忠麟，张雷，侯杰泰. 有中介的调节变量和有调节的中介变量[J]. 心理学报，2006，38（3）：448-452.

[432] 叶江峰，任浩，郝斌. 企业内外部知识异质度对创新绩效的影响——战略柔性的调节作用[J]. 科学学研究，2015，33（4）：574-584.

[433] Brañas-Garza P，Cobo-Reyes R，Espinosa M P，et al. Altruism and social integration[J]. Games and Economic Behavior，2010，69（2）：249-257.

[434] Fehr E，Fischbacher U. The nature of human altruism[J]. Nature，2003，425（6960）：785-791.

[435] Saeed M，Hassan H，Al Allah S N，et al. Impact of perceived justice and trust on team's social loafing in knowledge contribution：Research and development teams in industrial town of Toos，Mashhad[J]. Journal of Executive Management，2011，3（5）：137-162.

[436] Ba S L，Stallaert J，Whinston A B. Research commentary：Introducing a third dimension in information systems design—The case for incentive alignment[J]. Information Systems Research，2001，12（3）：225-239.

[437] Taylor E Z. The effect of incentives on knowledge sharing in computer-mediated communication：An experimental investigation[J]. Journal of Information Systems，2006，20（1）：103-116.

[438] 马亚男. 大学-企业基于知识共享的合作创新激励机制设计研究[J]. 管理工程学报, 2008, 22 (4): 36-39.

[439] Hu L Y, Randel A E. Knowledge sharing in teams: Social capital, extrinsic incentives, and team innovation[J]. Group and Organization Management, 2014, 39 (2): 213-243.

[440] Osterloh M, Frey B S. Motivation, knowledge transfer, and organizational forms[J]. Organization Science, 2000, 11 (5): 538-550.

[441] 蔡珍红. 知识位势、隐性知识分享与科研团队激励[J]. 科研管理, 2012, 33 (4): 108-115.

[442] 金辉. 内、外生激励因素与员工知识共享: 挤出与挤入效应[J]. 管理科学, 2013, 26 (3): 31-44.

[443] 施建刚, 林陵娜, 唐代中. 考虑互惠偏好的项目团队成员知识共享激励[J]. 同济大学学报 (自然科学版), 2014, 42 (10): 1618-1625.

[444] 施建刚, 林陵娜, 唐代中. 项目型组织成员横向公平偏好下的知识共享双向激励[J]. 系统工程, 2014, 32 (5): 37-43.

[445] 施建刚, 林陵娜, 唐代中. 考虑横向公平偏好的项目团队成员知识共享激励研究[J]. 运筹与管理, 2015, 24 (6): 242-250.

[446] 吴强, 张卫国. 大规模知识共享的激励方式选择策略[J]. 系统管理学报, 2016, 25 (3): 498-505.

[447] 李越, 李秉祥. 双重代理关系下大股东与经理动态互惠激励效应[J]. 系统工程学报, 2017, 32 (5): 710-720.

[448] Battigalli P, Dufwenberg M. Dynamic psychological games[J]. Journal of Economic Theory, 2009, 144 (1): 1-35.

[449] Santoro M D, Bierly P E. Facilitators of knowledge transfer in university-industry collaborations: A knowledge-based perspective[J]. IEEE Transactions on Engineering Management, 2006, 53 (4): 495-507.

[450] Acworth E B. University-industry engagement: The formation of the knowledge integration community (KIC) model at the Cambridge-MIT institute[J]. Research Policy, 2008, 37 (8): 1241-1254.

[451] 张绍丽, 于金龙. 产学研协同创新的文化协同过程及策略研究[J]. 科学学研究, 2016, 34 (4): 624-629.

[452] 张铁男, 韩兵, 张亚娟. 基于B-Z反应的企业系统协同演化模型[J]. 管理科学学报, 2011, 14 (2): 42-52.

[453] 叶伟巍, 梅亮, 李文, 等. 协同创新的动态机制与激励政策——基于复杂系统理论视角[J]. 管理世界, 2014 (6): 79-91.

[454] 项杨雪, 梅亮, 陈劲. 基于高校知识三角的产学研协同创新实证研究——自组织视角[J]. 管理工程学报, 2014, 28 (3): 100-109, 99.

[455] Draghici A, Baban C F, Gogan M L, et al. A knowledge management approach for the university-industry collaboration in open innovation[J]. Procedia Economics and Finance, 2015 (23): 23-32.

[456] de Boer M, van den Bosch F A J, Volberda H W. Managing organizational knowledge integration in the emerging multimedia complex[J]. Journal of Management Studies,

1999，36（3）：379-398.

[457] 柯江林，孙健敏，石金涛，等. 企业 R&D 团队之社会资本与团队效能关系的实证研究——以知识分享与知识整合为中介变量[J]. 管理世界，2007（3）：89-101.

[458] Geisler E. Industry-university technology cooperation: A theory of inter-organizational relationships[J]. Technology Analysis and Strategic Management，1995，7（2）：217-229.

[459] Sunardi O，Tjakraatmadja J H，Bangun Y R. Human capital traits and informal knowledge sharing: The role of reciprocity norm，mutual trust，and cultural interpretation perspective[J]. International Journal of Knowledge Management Studies，2015，6（2）：123-135.

[460] 苏屹，姜雪松，雷家骕，等. 区域创新系统协同演进研究[J]. 中国软科学，2016（3）：44-61.

[461] Tschacher W，Haken H. Intentionality in non-equilibrium systems? The functional aspects of self-organized pattern formation[J]. New Ideas in Psychology，2007，25（1）：1-15.

[462] Zhang D M，Györgyi L，Peltier W R. Deterministic chaos in the Belousov-Zhabotinsky reaction: Experiments and simulations[J]. Chaos，1993，3（4）：723-745.

[463] 华达银，罗久里. BZ 反应系非理想性对化学振荡动力学区域的影响[J]. 高等学校化学学报，1998，19（7）：1121-1125.

[464] 贾天明，雷良海. 企业技术创新系统功能建模与协同演化动态机制[J]. 中国科技论坛，2016（7）：79-85.

[465] Yang J. Knowledge integration and innovation: Securing new product advantage in high technology industry[J]. Journal of High Technology Management Research，2005，16（1）：121-135.

[466] 蔡猷花，陈国宏，蔡彬清. 产业集群网络、知识整合能力及创新绩效关系研究——基于福建省三个制造业集群的实证分析[J]. 福州大学学报（哲学社会科学版），2013，27（2）：21-28，36.

[467] 刘敬伟，张同健，林昭文. 互惠性环境下研发型团队技术创新能力形成的经验性研究[J]. 科学学研究，2009，27（7）：1093-1100.

[468] 陈劲，阳银娟. 协同创新的理论基础与内涵[J]. 科学学研究，2012，30（2）：161-164.

[469] 朱怀念，刘贻新，张成科，等. 基于随机微分博弈的协同创新知识共享策略[J]. 科研管理，2017，38（7）：17-25.

[470] 罗利，鲁若愚. 产学研合作对策模型研究[J]. 管理工程学报，2000，14（2）：1-4.

[471] 任培民，赵树然. 期权-博弈整体方法与产学研结合利益最优分配[J]. 科研管理，2008，29（6）：171-177.

[472] 黄波，孟卫东，李宇雨. 基于双边激励的产学研合作最优利益分配方式[J]. 管理科学学报，2011，14（7）：31-42.

[473] 刘勇，菅利荣，赵焕焕，等. 基于双重努力的产学研协同创新价值链利润分配模型[J]. 研究与发展管理，2015，27（1）：24-34.

[474] 张瑜，菅利荣，刘思峰，等. 基于优化 Shapley 值的产学研网络型合作利益协调机制研究——以产业技术创新战略联盟为例[J]. 中国管理科学，2016，24（9）：36-44.

[475] Zhang Y，Li J，Gou Q L. An allocation game model with reciprocal behavior and its

applications in supply chain pricing decisions[J]. Annals of Operations Research，2017，258（2）：347-368.

[476] 杨洁，赖礼邦. 具有限制结盟结构的供应链合作创新及其收益分配[J]. 运筹与管理，2018，27（2）：48-53.

[477] Offerman T. Hurting hurts more than helping helps[J]. European Economic Review，2002，46（8）：1423-1437.

[478] 何瑞卿，黄瑞华，徐志强. 合作研发中的知识产权风险及其阶段表现[J]. 研究与发展管理，2006，18（6）：77-82，101.

[479] Bertolotti N. Valuing intellectual property[J]. Managing Intellectual Property，1995，46：28-32.

[480] 闫化海，高山行. 智力资本评价理论和模型研究述评[J]. 研究与发展管理，2004，16（6）：85-91.

[481] 李东红. 企业联盟研发：风险与防范[J]. 中国软科学，2002（10）：47-50.

[482] Szulanski G. Exploring internal stickiness：Impediments to the transfer of best practice within the firm[J]. Strategic Management Journal，1996，17（S2）：27-43.

[483] 谢建平. 涉及生物医药的许可/合作研发合同中的知识产权问题[J]. 中国生物工程杂志，2002，22（3）：85-86.

[484] Ransley D L，Rogers J L. A consensus on best R&D practices[J]. Research-Technology Management，1994，37（2）：19-26.

[485] Ahuja G. Collaboration networks，structural holes，and innovation：A longitudinal study[J]. Administrative Science Quarterly，2000，45（3）：425-455.

[486] Andersen T J. Information technology，strategic decision making approaches and organizational performance in different industrial settings[J]. Journal of Strategic Information Systems，2001，10（2）：101-119.

[487] Daniell W. Are we running out of new ideas? A look at patents and R&D[J]. FRBSF Economic Letter，2003（9）：1-3.

[488] 党兴华，王育晓，刘泽双. 网络环境下企业技术创新绩效评价研究[J]. 中国管理科学，2004，12（3）：130-135.

[489] 陈劲，陈钰芬. 企业技术创新绩效评价指标体系研究[J]. 科学学与科学技术管理，2006，27（3）：86-91.

[490] 尹建海，杨建华. 基于加强型平衡记分法的企业技术创新绩效评价指标体系研究[J]. 科研管理，2008，29（1）：1-7.

[491] 吴际，矫贺明，石春生. 基于模糊理论的 R&D 员工创新绩效评价模型[J]. 管理学报，2011，8（5）：734-738.

[492] Zahra S A，George G. Absorptive capacity：A review，reconceptualization，and extension[J]. Academy of Management Review，2002，27（2）：185-203.

[493] Hellstrom T，Jacob M. Evaluating and managing the performance of university-industry partnership [J]. Evaluation，1999（5）：330-339.

[494] 曹静，范德成，唐小旭. 产学研结合技术创新绩效评价研究[J]. 科技进步与对策，2010，27（7）：114-118.

[495] Philbin S. Measuring the performance of research collaborations[J]. Measuring Business Excellence，2008，12（3）：16-23.

[496] 范德成，唐小旭. 我国各省市产学研结合技术创新的绩效评价[J]. 科学学与科学技术管理，2009，30（1）：66-70.

[497] 金芙蓉，罗守贵. 产学研合作绩效评价指标体系研究[J]. 科学管理研究，2009，27（3）：43-46.

[498] 邓颖翔，朱桂龙. 产学研合作绩效的测量研究[J]. 科技管理研究，2009，29（11）：468-470.

[499] 王铁男，李一军，刘娇. 基于 BSC 的企业信息化绩效评价应用研究[J]. 中国软科学，2006（4）：136-141.

[500] Adams J D. Fundamental stocks of knowledge and productivity growth[J]. Journal of Political Economy，1990，98（4）：673-702.

[501] David P A，Mowery D C，Steinmueller W E. Analysing the economic payoffs from basic research[J]. Economics of Innovation and New Technology，1992，2（1）：73-90.

[502] David P A，Hall B H，Toole A A. Is public R&D a complement or substitute for private R&D? A review of the econometric evidence[J]. Research Policy，2000，29（5）：497-529.

[503] Bozeman B. Technology transfer and public policy：A review of research and theory[J]. Research Policy，2000，29（2）：627-655.

[504] Cockburn I M，Henderson R M. Publicly funded science and the productivity of the pharmaceutical industry[J]. Innovation Policy and the Economy，2000，1：1-34.

[505] 孙永凤，李桓. 企业绩效评价的理论综述及存在的问题分析[J]. 预测，2004，23（2）：41-47.

[506] 董媛媛，张寒松，赵刚. 基于系统动力学的企业原始创新能力系统研究[J]. 中国科技论坛，2009（10）：61-65.

[507] 宋志红，陈澍，范黎波. 知识特性、知识共享与企业创新能力关系的实证研究[J]. 科学学研究，2010，28（4）：597-604.

[508] 刘运国，陈国菲. BSC 与 EVA 相结合的企业绩效评价研究——基于 GP 企业集团的案例分析[J]. 会计研究，2007（9）：50-59.

[509] 王秀丽，王利剑. 产学研合作创新效率的 DEA 评价[J]. 统计与决策，2009（3）：54-56.

[510] 邓剑平. 高新技术创新项目绩效评价研究[D]. 哈尔滨：哈尔滨工程大学，2008.

[511] 杜栋，庞庆华. 现代综合评价方法与案例精选[M]. 北京：清华大学出版社，2005.

[512] 甘德安. 复杂性的家族企业演化理论系列研究之三——基于复杂性的家族企业生命周期探究[J]. 理论月刊，2010（3）：147-152.

[513] 欧忠辉，朱祖平，夏敏，等. 创新生态系统共生演化模型及仿真研究[J]. 科研管理，2017，38（12）：49-57.

[514] 胡浩，李子彪，胡宝民. 区域创新系统多创新极共生演化动力模型[J]. 管理科学学报，2011，14（10）：85-94.

[515] 冯锋，肖相泽，张雷勇. 产学研合作共生现象分类与网络构建研究——基于质参量兼容的扩展 logistic 模型[J]. 科学学与科学技术管理，2013，34（2）：3-11.